编著

数字出版产业导论

武汉大学出版社
WUHAN UNIVERSITY PRESS

图书在版编目(CIP)数据

数字出版产业导论/余林编著.—武汉：武汉大学出版社,2022.4
ISBN 978-7-307-22782-8

Ⅰ.数…　Ⅱ.余…　Ⅲ.电子出版物—产业发展—高等学校—教材
Ⅳ.G237.6

中国版本图书馆 CIP 数据核字(2021)第 244391 号

责任编辑:黄河清　　　责任校对:李孟潇　　　版式设计:马　佳

出版发行：**武汉大学出版社**　　(430072　武昌　珞珈山)
　　　　　　(电子邮箱：cbs22@ whu.edu.cn　网址：www.wdp.com.cn)
印刷：武汉中远印务有限公司
开本：720×1000　1/16　印张：16.75　字数：281 千字　　插页：1
版次：2022 年 4 月第 1 版　　2022 年 4 月第 1 次印刷
ISBN 978-7-307-22782-8　　定价：46.00 元

前　言

出版在人类文明传承过程中一直扮演着主要角色，自文字被发明起出版就肩负着传播文化成果、积蓄精神宝库的使命。印刷术的出现使出版告别手书时代，造纸术、雕版印刷、活字排印等技术推动人类知识、文化传播走向兴盛，书籍、报刊开始大规模走入民众，人类社会真正步入大众传播时代。这些凭靠出版技术而存在的大众传播媒介从此自然地承担起宣传思想、教育、传播知识、交流信息、积累文化等重要职责，而出版作为文明基因将贯穿人类社会所有的发展历程。作为享用出版各类成果的我们，有必要积极关注和研究出版的新内涵、新变化、新影响和新趋势。

早在《新闻出版业"十一五"发展规划》中就明确提出发展数字出版，在《中华人民共和国国民经济和社会发展第十三个五年规划纲要》中更是将数字出版列入国家规划纲要。第十届中国数字出版博览会上公告，"2019 年，我国数字出版产业整体收入规模为 9881.43 亿元，较上年增长 11.16%"。数字出版收入占到第三产业总值的 1.85%，已成为国民经济中不容小觑的部分，也是中国文化繁荣、产业生态多元化蓬勃发展的有力佐证。中国数字出版跟随世界发展进程、立足自身国情与现实条件，一路走过来历经曲折回环，在取得了辉煌的成就的同时，也留下了宝贵的先进经验以及试错教训。全面研究我国数字出版产业发展实践，有益于深入了解全行业发展状况、瓶颈问题，同时对企业探索创新模式、政府科学制定管理政策都有着积极意义。

《数字出版产业导论》以"总—分—总"为基本体例，总体辨究数字出版的学理概念、梳理中外数字出版发展脉络，按产业领域分论了电子图书、数字报纸、互联网期刊、网络游戏、网络（数字）动漫等的业态特性及发展规律，就起到重要示范推动作用的国家重点项目——国家数字出版基地做了单篇剖析，并结合新时代文化产业发展要求及 5G、AI 等新技术论述数字出版的未来发展趋向。理论部分着重从编辑出版学、新闻传播学等角度历时性审视数字出版各阶段的发展机理，结合学界既有理论成果考证各类形态的关联性与差异性，在纷繁多样的业态称谓中建立起清晰的概念体系；数字出版细分领域是本书的重点，以产业经济学、传播学交叉视角考察各类细分领域的定义范畴、重要历史发展阶段、产业详细状况，通过详实多维的数据分析，试图归纳出可持续性的发展模式，同时也注重总结曾经付出较大试错成本的探索经验，最后，基于前篇所构建的全貌式产业发展研究脉络，从新阶段技术驱动、外内部生态环境、产业内在发展规律的角度展望数字出版的未来远景。

　　十九届五中全会公报指出，"当今世界正经历百年未有之大变局，新一轮科技革命和产业革命深入发展"。举国迈进"两个一百年"奋斗目标的大势之下，包括数字出版在内的各行各业必将迎来新的再突破发展。同时，数字出版的相关学术研究、人才培养等也会应产业蓬勃之机并进共荣。

余林

2020 年 12 月 25 日

目　　录

第一章 数字出版概念

数字化浪潮催生出不断进化的信息技术，改造着社会生产的应用层面及内在机理。在这一过程中出现的诸多新生事物，远远超出人们的既往认知。由于数字技术从底层重塑着生产要素及关系，技术的内爆力冲破传统业态固化的流程链条，并向外扩张辐射联结不同的行业领域，由此产生了再构重组的新形态、新环节、新流程。这种裂变式的产业重构进程中伴生的新业态呈现出爆发性、相邻性、湮灭再生快速等特点。就数字出版领域而言，出版业态在数字化进程中密集出现了电子出版、网络出版、桌面出版等既有差异又有重合的事物概念，并且这一现象仍在持续。因而从学术上对数字出版进行界定考究，不仅有利于辩证认知数字出版的发展流变及特性规律，而且有助于构建明确的范畴体系来剖析数字出版产业的各类对象、元素及关系。

第一节 数字出版的发展动因

技术驱动是近现代各行业的典型特征，出版行业也不例外。15 世纪中期铅活字印刷术为现代印刷奠定了基础。1845 年德国生产出第一台快速印刷机，代表着机械印刷时代的到来，自此人们不断对机械印刷术进行改良、完善。20 世纪初，制版、印刷、装订三大工序，凸、平、凹、孔四大印刷门类并立的格局基本形成并延续至今。20 世纪 50 年代末集成电路出现后，电子技术被迅速引入各行各业并着手改造机械生产工具，电子出版随即应运而生。短短的 20 年后，崭露头角的计算机技术拉开全球数字化的持续浪潮，出版行业步入数字化正轨。在以科技主导的全球经济、文化下，我们迎来了万象勃发、多彩兴盛的数字出版时代。

一、数字技术主导出版业革新转型

20世纪初至60年代是电子技术从发端到模拟电子技术顶峰的黄金时期，这个时期里人们陆续迎来无线电广播、电视、磁带录音机、人造地球卫星等伟大发明，并且科学家完成前三代电子计算机的研发。1971年世界上第一台微处理器在美国硅谷诞生，开创出第四代计算机（大规模、超大规模集成电路和微型计算机）的新时代，数字技术正式开始大规模应用，从科学计算、事务管理、过程控制等应用领域逐步走向家庭。20世纪70年代至90年代，各种无线通信技术不断涌现，光纤通信得到迅速普遍的应用，国际互联网得到极大发展。数字出版在这一时期从萌芽走向兴起。

进入21世纪后，信息化、全球化、网络化、智能化成为人类社会新纪元的主要特征。传统硅芯片计算机已经发展成熟，科学家已经着手研制光计算机、超导计算机、量子计算机。以千兆以太网、ATM①网络为基础的计算机网络已经成为全球信息社会最重要的基础设施。4C（Computer、Communication、Contents、Customized）技术的融合发展，用户接入计算机网络的方式由传统的个人电脑、笔记本电脑、工作站向消费类电子设备（数字电视、智能手机等）、可穿戴设备等微型化、移动化的嵌入系统转变。数字出版随之步入高速发展阶段，网络文学、网络游戏、网络动漫等出版形态积聚和培育出超量的数字用户，各类终端产品层出不穷，各大出版集团开始实施数字化的深度转型。

2010年起信息技术迭代骤然进入爆炸期，云计算、大数据、区块链、物联网、5G、人工智能等技术蜂拥而至，汹涌地冲击着社会各个领域。在出版领域，云出版、大数据应用、机器人写作、AI主播（图1-1）、5G+4K超高清影音、VR/AR数字阅读（图1-2）等应用场景已日益成熟，数字出版的产品理念、平台架构、知识消费场景、运营模式，乃至市场结构及环境，都将迎来新一轮的颠覆和变革。

---

①　ATM是Asynchronous Transfer Mode异步传输模式的缩写，是实现B-ISDN的业务的核心技术之一。ATM是以信元为基础的一种分组交换和复用技术。它是一种为了多种业务设计的通用的面向连接的传输模式。它适用于局域网和广域网，具有高速数据传输率和支持多种类型如声音、数据、传真、实时视频、CD质量音频和图像的通信。

图 1-1　新华社机器人记者"i 思"（右）

图 1-2　VR/AR 数字阅读场景

二、媒介融合推动数字出版纵深演化

计算机和网络技术的通用促成 21 世纪信息社会一个典型现象——融合，包含技术的融合、载体的融合、资源的融合以及产业的融合等多个层面。融合使得过去泾渭分明的传统行业边界日趋模糊，不同行业的产品、服务、生产链和市场不断聚合，其中最为典型和最为关注的是新闻出版领域的媒介融合。

早在 20 世纪 70 年代，麻省理工学院的尼格拉斯·尼葛洛庞帝（Nicholas Negroponte）提出"三圆交叠"说，三个圆环分别代表电脑业、广播和动画业、印刷和出版业，用以演绎媒介融合的理论模型，如图 1-3。尼葛洛庞帝其后成立世界知名的 MIT 媒体实验室，其也被誉为"数字化教父"及"互联网的启蒙者"。当今媒介行业的发展已经证实尼葛洛庞帝的预言，并呈现出更具深度和广度的融合态势。

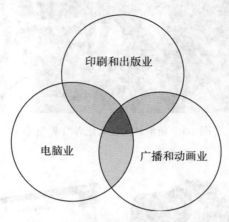

图 1-3　"三圆交叠"媒体融合模型

媒体融合是在计算机网络、电子通信技术驱动下，聚集既有的报刊、电视、广播乃至互联网、新媒体等，在信息时代的熔炉中，融合锻造出超出所有传统媒体的新媒介综合体。媒体互不兼容的传播载体被打通，报纸、期刊、广播、电视过去相互之间无法呈现的传播形式统统都能够在一个平台即互联网上呈现，而且是从内容、渠道到接受的全传播流程呈现。

不同媒介相互渗透、边界模糊后在业务操作、组织管理上走向融合，在以全媒体传播效果最大化为项目目标的前提下，报刊、广播、电视、网络、新媒体等出版媒介打破传统组织管理的藩篱，重构媒体资源，并以流程管理为主导形成全新的"融媒体中心""全媒体编辑部"等组织机构。

此外，在媒体融合的推动下，不同文化、社会组织交流沟通进而相互吸收、渗透，在冲突中走向融合并迸发出多元形态。不同阶层的社会群体之间的交流、角力、说服及相互影响达到前所未有的频率和高度，并融合形成蔚为壮观的媒介文化生态。媒体融合所造就的媒介大综合体、传播大业态必然将信息传播的社会地位推上更高的历史台阶，与此同时，对信息传播的规制管理也必然带来变革。

与以往传播史的时期不同的是，对媒体融合的规制会是一项牵动全社会的复杂工程。

在我国，媒体融合被上升到国家战略，提升到国家治国理政的高度，媒体融合已不再是单纯媒介的概念。近几年来，从 2014 年 8 月 8 日习近平关于"推动传统媒体与新兴媒体深度融合"的重要讲话，到 2019 年 1 月 25 日，习近平主持中共中央政治局第十二次集体学习的"全媒体时代和媒体融合发展"主题，党中央密集发声，强力推动媒体从深度融合向纵深发展，凸显出政治过程中的"媒体化"和新闻舆论工作的媒体"中心化"现象。在这一背景下，数字出版将顺势而为，在形态、组织、管理等层面深入推进融合式改革。

三、市场繁荣见证数字出版未来潜力

21 世纪初的全球经济危机拉开传统出版行业萎缩的序幕，2008 年年底，美国芝加哥论坛报业集团旗下经营的《洛杉矶时报》《芝加哥论坛报》《巴尔的摩太阳报》等美国重要媒体向特拉华地方法院申请破产保护，70%的英国地方报纸倒闭，80 余家报纸裁员。2007 年作为缔造世界新闻摄影开端的美国老牌杂志《生活》停止发行印刷版，将内容全部转移到互联网上。2009 年世界畅销杂志《读者文摘》申请破产保护。2010 年大名鼎鼎的《纽约时报》也宣布停止印刷版转向网络发行。中国报业自 2008 年"报业寒冬论"一直成为纸媒从业者心头压抑的话题，2013 年年末《新闻晚报》休刊再次引发"纸媒将死"的争论。2013 年，纸媒业绩延续了 2012 年的大幅下滑，并有蔓延的趋势，广告业务作为报刊媒体的核心收入来源，面临量价齐跌的困境。根据 CTR 市场研究公司的数据，2013 年传统媒体广告市场的整体增长仅为 6.4%，低于同期 GDP 增速，其中报纸广告同比下降 8.1%，6 家报业上市公司中有 3 家广告收入降幅超过两位数。

20 世纪末美国、英国、法国、德国、日本等国家的传统出版商、互联网公司、科技企业就已经开始意识到传统出版行业衰落的趋势以及出版数字化未来的方向，陆续开始抢滩数字出版市场。汤姆森-路透（Thomson Reuters[①]）、约翰·威

---

①　Thomson Reuters（汤姆森-路透集团）由加拿大跨国媒体集团汤姆森和英国新闻和财经信息提供商路透集团于 2008 年合并组建，是全球专业信息出版和服务领域的媒体巨头，为全球的政府、企业、高等院校、研究单位及专业机构提供集成的信息解决方案；它也是全球最大的金融新闻和数据提供商，在全球金融信息市场占据约 34%的份额，居全球首位。

立父子出版公司(John Wiley & Sons，Inc.①)、施普林格(Springer②)、里德-爱思唯尔(Reed Elsevier③)等大多在20世纪末期开始向数字内容服务商转型，进入21世纪后数字出版业务在各大集团业务的比例不断提高。美国最大且最早开始经营电子商务公司的亚马逊公司起初经营的就是网络的书籍销售业务，并于2007年推出第一代电子阅读器Kindle，用户可以通过无线网络使用Amazon Kindle购买、下载和阅读电子书、报纸、杂志、博客及其他电子媒体。2009年12月亚马逊宣布网站的电子书销量首次超过纸质书，同年福利斯特研究公司的统计表明Kindle的销量占美国电子书阅读器市场份额的近60%。2010年6月苹果公司发布操作系统iOS4并搭载iBooks程序，所有苹果设备的用户均可以通过iBooks获得iBook Store上所有经典和畅销书籍。2012年10月微软已经完成对巴诺书店(Barnes & Noble)的3亿美元投资。微软投资巴诺书店子公司Nook Media LLC，该公司包括了巴诺的数字业务，Nook电子书阅读器、平板，以及667个大学书店。

2019年第44次《中国互联网络发展状况统计报告》显示：截至2019年6月，中国网民规模达8.54亿，互联网普及率为61.2%；手机网民规模达8.47亿，手机上网的网民比例为99.1%；网络视频用户规模达7.59亿，网络音乐用户规模达6.08亿，网络文学用户规模达4.55亿，网络游戏用户规模达4.94亿，网络直播用户规模达4.33亿，在线教育用户规模达2.32亿。受众市场的迅猛发展促进了中国数字出版产业的高速发展。

《2018—2019中国数字出版产业年度报告》数据显示：2018年国内数字出版

---

① John Wiley & Sons，Inc.(约翰·威立父子出版公司)是世界范围内科学、技术和医学(STM)类的领先出版商，拥有世界第二大期刊出版商的美誉，以质量和学术地位见长，目前约有22700种书目和400多种期刊，每年出版约2000种各类印刷和电子形式的新书，拥有众多的国际权威学会会刊和推荐出版物，被SCI收录的核心刊物达200种以上。

② Springer-Verlag(施普林格出版社)是全球第一大科技图书出版公司和第二大科技期刊出版公司，每年出版6500余种科技图书和2000余种科技期刊，以出版学术性出版物而闻名于世，它也是最早将纸本期刊做成电子版发行的出版商。施普林格在网络出版方面居于全球领先地位，其Springer Link是全球科技出版市场最受欢迎的电子出版物平台之一。

③ Reed Elsevier(里德-爱思唯尔集团)由英国的里德国际公司和荷兰的爱思唯尔公司合并组成。爱思唯尔是世界上最大的医学与其他科学文献出版社之一。出版品包括学术期刊《柳叶刀》《四面体》《细胞》等，每年共有250000篇论文发表在爱思唯尔公司出版的期刊上。爱思唯尔著名数据库Science Direct(SD)每年下载量高达10亿多篇，是全球下载量最大的学术类数据库。

产业整体收入规模为 8330.78 亿元，比上年增长 17.8%。其中：互联网期刊收入达 21.38 亿元，电子书达 56 亿元，数字报纸(不含手机报)达 8.3 亿元，博客类应用达 115.3 亿元，在线音乐达 103.5 亿元，网络动漫达 180.8 亿元，移动出版(移动阅读、移动音乐、移动游戏等)达 2007.4 亿元，网络游戏达 791.1 亿元，在线教育达 1330 亿元，互联网广告达 3717 亿元。移动出版和网络游戏的收入分别为 2007.4 亿元和 791.1 亿元，两者合计数字出版总收入占比 33.6%，超过全年总收入规模的 1/3。中国数字出版逐年实现大幅度增长，表现出强劲的发展势头。

数字出版的发展离不开科技、媒介、市场的现实基础和环境。新技术的研发创造出更多的应用产品，产生出更为丰富的媒体形态，用户体验的肯定促进市场的进一步繁荣，并将影响逐渐扩展到更高层面的社会领域。科技与文化的融合为数字出版带来了无限的可能，技术服务商与内容提供商的积极投入刺激着数字出版产业走向成熟，大数据分析与挖掘、AI 应用、5G 通信等为数字出版发挥先天优势展示出广阔的前景，数字出版势必将成为文化产业中的一方重阵。

第二节　数字出版的定义及内涵

20 世纪 90 年代中期是国内数字出版研究的前奏期，这一时期数字技术开始逐渐应用于中国出版业。自 1995 年起，国内学者开始积极介绍国外先进的数字出版技术，引入"电子出版""数字图书馆""数字印刷"等概念。同时关注数字化技术对出版业带来的变革和冲击，研究热度于 1999 年发展到阶段性顶点。

2000 年 12 月 1 日国内《新闻出版报》在一篇介绍微软 Microsoft Reader 电子图书阅读软件的报道中首次运用"数字出版"这一名词，自此"数字出版"正式进入学术界视野，相关研究逐年升温，与之伴随的是我国正式进入数字出版的兴盛时期。

一、数字出版的界定

现阶段关于数字出版的概念，国内的学术界、业界、政府机构和大众尚未确定统一、清晰的认识，与之相关的提法也种类繁多，如电子出版(Electronic Publishing)、桌面出版(Desktop Publishing)、网络出版(Network Publishing)、网页出版(Web Publishing)、互联网出版(Internet Publishing)、在线出版(Publishing Online)、离线出版(Publishing Offline)、无线出版(Wireless Line Publishing)、手机出版(Mobile Publishing)、泛网络出版(Network Publishing)、按需出版(Publishing on Demand)、复合出版(Hybrid Document Publishing)等。这些"五花八门"的概念让我们了解到数字出版层出不穷的技术应用、纷繁的功能和庞杂的产业新形态，也折射出学术界、业界、政府机构对数字出版概念解读不一的现象。关于数字出版的界定归纳起来有以下几种。

（一）"数字介质"说

北京大学新闻与传播学院谢新洲教授在其 2002 年所著的《数字出版技术》里将数字出版界定为："所谓数字出版，是指在整个出版过程中，从编辑、制作到发行，所有信息都以统一的二进制代码的数字化形式存储于光、磁等介质中，信息的处理与传递必须借助计算机或类似设备来进行的一种出版形式。"同时他认为"电子出版是数字出版的另一种说法，两者在本质上是一样的"。①

中国科学技术大学科技传播与科技政策系周荣庭教授在其 2004 年所著的《网络出版》一书中沿用了谢新洲的界定："数字出版或者数字化出版，是指在整个出版过程中，从编辑、制作到发行，所有信息都以统一的二进制代码的数字化形式存储于光、磁等介质中，信息的处理与传递必须借助计算机或类似设备来进行的一种出版形式。"

武汉大学信息管理学院徐丽芳教授在 2007 年发表的论文《数字出版：概念与形态》中对数字出版的认识为："数字出版，就是指从编辑加工、制作生产到发行传播过程中的所有信息都以二进制代码的形式存储于光、磁、电等介质中，必须借助计算机或类似设备来使用和传递信息的出版。"②

这类界定将出版物的数字化形态作为认识核心，将出版内容的传播载体、介质作为辨识数字出版的重要依据。它仅关注了数字出版在生产环节的技术特性，未能把数字出版的全部要素囊括进来。此外，"数字介质"说还具有历史局限性，"数字介质"说的提出到现下的短短十几年间，数字出版的内涵和形态远远超出

---

① 谢新洲. 数字出版技术［M］. 北京：北京大学出版社，2002：12.
② 周荣庭. 网络出版［M］. 北京：科学出版社，2004：10.

光、磁、电等介质的范畴。如全媒体出版形态的"复合出版"、纸类介质形态的数码印刷和按需出版等,"数字介质"说显然不能完整界定这些新的数字出版形态。

(二)"互联网渠道"说

2005年5月《中国教育报》发表《数字出版:路在何方》,报道中对数字出版做出如下定义:"数字出版是指以互联网为流通渠道,以数字内容为流通介质,以网上支付为主要交易手段的出版和发行方式。"①

中国出版科学研究所原党委书记、原所长余敏在2006年9月举办的首届中国数字出版博览会第一次新闻发布会上引用了《数字出版:路在何方》的界定:"数字出版是指以互联网为流通渠道,以数字内容为流通介质,以网上支付为主要交易手段的出版和发行方式。其中由著作权人、数字出版商、技术提供商、网络传播者及读者构成了数字出版产业链的主体。"

这类界定在突出数字化加工方式的同时,强调传播渠道的互联网特性,它相对于"数字介质"说而言,内涵更为丰富,进一步完善对数字出版特点的全面性归纳。"网络渠道"说将数字出版的核心要素归纳为三点:流通渠道——网络、流通介质——数字内容、交易手段——网上支付。可以看出,"网络渠道"将数字出版视为B2C的商业模式,这有助于从新的角度认识数字出版的产业形态和盈利模式,但也存在明显的"边界偏窄"问题。

第一,互联网并非数字出版的唯一流通渠道。数字出版的流通渠道广泛多样,如基于通信网络的手机出版、基于卫星通道的数字农家书屋,乃至传统的实体物流仍在为数字出版服务。第二,数字内容的流通介质不能涵盖数字出版的所有形态。第三,将网上支付的交易手段作为核心要素来认识存在争议。交易手段的性质不能作为定义数字出版的要素,它仅仅是数字出版多样外部表现的其中一种,其局限性会影响人们深入理解数字出版的本质内涵。

(三)"泛数字化"说

中国出版科学研究所副院长张立在2006年发表的论文《数字出版相关概念的

---

① 徐丽芳. 数字出版:概念与形态[J]. 出版发行研究,2005(7):5-12.

比较分析》中将数字出版定义为，"数字出版是指用数字化的技术从事的出版活动"，"因此，广义上说，只要是用二进制这种技术手段对出版的任何环节进行的操作，都是数字出版的一部分。它包括原创作品的数字化、编辑加工的数字化、印刷复制的数字化、发行销售的数字化和阅读消费的数字化。数字出版在这里强调的不只是介质，还包括出版流程"，"所以，数字出版既包括了新兴媒体的出版，也包括了传统媒体的出版"。①

读者出版集团祁庭林 2007 年发表论文《传统出版该如何应对数字出版的挑战》，提出："数字出版是内容提供商将著作权人的作品数字化，经过对内容的选择和编辑加工，再通过数字化的手段复制或传送到某种或多种载体上，以满足受众需要的行为。这里的载体可以是光盘、互联网、电视，甚至纸质载体。数字出版实际上包括两方面的内容：一方面是传统出版业的数字化；另一方面是新兴数字传媒的崛起。"②

在这一类学说中数字出版不再从存储介质、流通载体等单一角度被认识，它们跳出了数字出版与传统出版的对立性认识，二者的边界相互融合，数字出版定义的"泛化"折射出数字出版内涵和外延的泛化发展，符合媒体技术日新月异、泛化应用背景下人们对新事物不断提升认识广度的规律。数字出版概念的泛化一方面有助于其扩展外延，但另一方面也容易出现涵盖范围过于宽泛的问题，混淆数字出版与新闻传播、信息服务以及新兴文化产业形态的关系，不利于人们清晰认识数字出版的边界。

（四）"流程再造"说

中国出版集团公司原总裁聂震宁在 2009 年发表论文《数字出版：距离成熟还有长路要走》，提出："完整的数字出版产业链应该包括以下方面：创作数字化——写作多媒体化；编辑数字化——实现无纸编辑；出版数字化——多元化出版，满足不同需求偏好、不同层次的读者，电子纸的应用、按需印刷方式等；发行数字化——实现网上发行，网上发行不再是过去传统出版时从出版社向读者的单向流动，而是基于互联网的读者与作者、读者与出版社的双向、多向交流，是为读

---

① 张立. 数字出版相关概念的比较分析[J]. 中国出版，2006(12)：11-14.
② 祁庭林. 传统出版该如何应对数字出版的挑战[J]. 编辑之友，2007(4)：4-6.

者、作者的更深层次服务；标识数字化——对一次、二次文献同步制作、报道与发行，实现社会性的标准化与规范化；管理数字化——流程管理与内容管理融为一体，在操作的每个环节上都可以浏览所涉及的内容；不仅令出版全过程可空，改善编辑的工作强度，提升出版质量和效率，而且为随机修改带来无可比拟的灵活性。"①

2010 年新闻出版总署下发的《关于加快我国数字出版产业发展的若干意见》开篇给出数字出版的官方定义，"数字出版是指利用数字技术进行内容编辑加工，并通过网络传播数字内容产品的一种新型出版方式，其主要特征为内容生产数字化、管理过程数字化、产品形态数字化和传播渠道网络化"。

2013 年由徐丽芳教授主编的《数字出版概论》中给出的定义如下："即所谓数字出版，是指利用数字技术进行内容的编辑加工、复制或发行，出版物内容（母版）以二进制代码形式存在且没有物理形态复制品存货的出版活动。"②

以上定义着重于厘定出版行为的流程特性，数字出版被看作以数字技术贯穿整个生产流程、以现代信息运作理念统御全部运营环节的新型出版方式，将数字出版定位于媒介融合时代下整个出版行业的复合型变革形态。特别是作为中央级政府机构的新闻出版总署给出了官方界定，数字出版的官方正名有助于统一学界、业界的认识。自此，国内学者在表述数字出版概念时一般会直接引用新闻出版总署的界定，或以此为基础扩展自主观点。

（五）数字出版概念辨析

要厘清数字出版的概念，首先要回溯"出版"的概念。中文"出版"一词，法语为 Publier，英语为 Publication，这些词来源于古拉丁语 Publicatus，本义为"公之于众"，即把一种书、作品公之于众，使之问世。

联合国教科文组织 1952 年讨论通过，1971 年修订出版的《世界版权公约》第六条给"出版"所下的定义是：可供阅读或者通过视觉可以感知的作品，以有形的形式加以复制，并把复制品向公众传播的行为。

美国 1973 年的《不列颠百科全书》中对"出版"的解释是：对书籍、报纸、杂志、小册子等印刷品的选稿、编辑和发行。"世界出版史"条目中说：出版涉及

---

① 聂震宁. 数字出版：距离成熟还有长路要走[J]. 出版科学，2009，17（1）：5-9+77.

② 徐丽芳，刘锦宏，丛挺. 数字出版概论[M]. 北京：电子工业出版社，2013：38.

印刷品的选择、编辑和销售活动，它从小规模的原始阶段发展为一个大规模的综合行业，负责推销从最高级到最普通的各种文化资料。

英国 1989 年的《牛津英语大词典》认为：出版是指发行或向公众提供用抄写、印刷或其他方法复印的书籍、地图、版画、照片、歌篇或其他作品。

中国出版科学研究所于 1984 年编撰的《编辑实用百科全书》认为："出版"即社会上各种作品，包括文稿、图片、信息、音响、录像制品等原件，汇集到出版机构以后，经过审定、选择、编辑和加工，使用一定的物质载体，复制成各种形式的出版物，通过流通渠道传播到全社会。

《辞海》认为现代出版概念包括三个方面的内容：印刷图书，复制录音、录像盘带，利用微缩技术将书籍、报刊、文章等，复制成微缩胶片，以及利用电子技术制作计算机可读磁带、软磁盘、只读光盘等；泛指出版事业中编辑、印刷、发行三方面的工作；专指出版社内部负责管理书稿印刷、生产方面的工作。

此外，还有很多学者从出版环节、文化传承、商业性等角度给出定义。如已逝的韩国出版先驱安春根的观点："出版是利用复制技术对人类所需要的文化遗产进行保存、继承的手段。"韩国惠泉大学李钟国教授认为："出版的本质是利用文字和图像等所规定的记号，表达人类的思想感情。"英国斯特林大学出版研究中心主任伊恩·麦高文（Ian McGowan）的观点："现代专业出版指为作者作品投资，负责协调图书的生产和销售的各个步骤。"

上述有关出版的定义尽管表述不一，但都反映出不同时代语境下人们对出版这一重要现代文明传播手段的真知灼见。这些定义有助于我们逐步深入认识出版的本质内涵，并从中考察"出版"的核心要件。"出版定义中最具代表性的定义，主张'编辑、复制和发行'三环节均为出版的核心环节，三者共同构成完整的出版。与此类似的是将'编辑、复制和传播'作为构成出版的三要素。三环节论还有'复制、传播和销售'说、'记录、复制和传播'说。"[1]据此分析，我们可以得出，出版作为传播文化的人类行为，其核心环节为编辑、复制和发行（传播）。此外，对出版做出的界定突出强调行为流程，而内容范围、介质形态、行为主体、商业性等不作为衡量的必要条件。

以上的分析有助于我们剖析被冠以"数字"后"数字出版"的概念，那么数字

---

① 李新祥. 出版定义的类型研究[J]. 出版科学，2011(1)：45.

出版是不是简单的"数字+出版"呢？需要指出的是，数字出版不能等同于"出版数字化"或"数字化出版"，应该说数字出版是出版数字化后进一步发展的新形态。如常规出版中的编辑、校对、排版、印刷等环节都已大量使用计算机技术，包括发行营销中所运用到的电子商务，但这只能算是部分出版环节的数字化，并不是作为出版新形态的数字出版。

基于出版的核心要件并借鉴各类学说的观点，依照属加种差的定义方法，我们可以给数字出版做如下定义：数字出版是指利用数字技术进行内容的编辑加工、无纸化存量复制①，并通过网络②传播的新型出版活动。

二、数字出版与相关概念的关系

如前文所述，出版业在数字化进程中产生了很多数字化的出版概念，这些概念至今还出现在人们的视野中，并造成人们认识和理解的混淆和偏差。下面重点阐释几种产生广泛影响的概念，如电子出版、桌面出版、网络出版与数字出版概念的关联与区别。

（一）电子出版与数字出版——源头基础的延伸

出版业数字化发端于 20 世纪 50 年代末 60 年代初，最初运用计算机技术的出版物就被称为"电子出版"（Electronic Publishing）。从用词上看，"Electronic"描述的电子或电子化是一个基础、普适的概念。电子技术是计算机、网络、通信技术基础的基础，它们都是从电子技术这一源头分流发展而成。电子出版物是"随着计算机技术的出现而出现的一种新型的机读出版物，最初应用于科技期刊

---

① 无纸化存量复制，指在复制、库存环节中不存在物理形态的纸质载体，全部以计算机二进制代码的形态存储或流通。定义中提出此点主要是为区别传统出版，尽管数字技术已广泛普及于传统书刊出版的印前、印刷环节，但其复制、库存环节有可视的印版、纸张等物理形态。数字出版中的数码印刷、按需出版及其他类型的复制存量不存在纸类介质，也包括光盘等封装型电子出版物。

此外，数字复合出版作为跨媒介的出版形态，其外延具有特殊性。尽管数字复合出版包涵纸质复制存量，但也必须要具备无纸化形态，否则即为传统出版。因此，将"无纸化存量复制"作为数字出版定义的要件在逻辑上合理且必要。

② 网络在这里是广义的范畴，泛指通信网络、有线电视网络、计算机网络等所有可用于数字内容传播的网络渠道。

的出版。美国《化学题录》磁带版是已知世界最早的电子出版物"①。

电子出版是出现得最早、也是沿用时间最长的概念。最初，电子出版仅指电子计算机技术应用于印前编辑环节，20世纪60年代、80年代磁带、光盘等存储载体问世并普及后，电子出版在人们的认识中才逐渐涵盖出版的全流程。在相当长的时间内人们把凡是与计算机有关的出版活动都叫作电子出版，直到2010年一些具有权威性的辞书仍在对电子出版物做词条注解。有关电子出版概念代表性的表述有如下几种：

1985年法国专业文献资料工作者和图书管理员协会(ADBS)在所出的专著《电子出版和文献工作——从铅字到电子》中给"电子出版"下的定义是"借助电信网络、微型计算机、只读光盘等电子媒介(并需要专用阅读装置)传布信息"。

新闻出版总署1997年12月30日颁布的《电子出版物管理规定》中第二条对电子出版物界定为"指以数字代码方式将图文声像等信息编辑加工后存储在磁、光、电介质上，通过计算机或者具有类似功能的设备读取使用，用以表达思想、普及知识和积累文化，并可复制发行的大众传播媒体。媒体形态包括软磁盘(FD)、只读光盘(CD-ROM)、交互式光盘(CD-I)、照片光盘(Photo-CD)、高密度只读光盘(DVD-ROM)、集成电路卡(IC Card)和新闻出版署认定的其他媒体形态"。2008年4月15日新闻出版总署修订《电子出版物管理规定》，将表述更新为"指以数字代码方式将图文声像等信息编辑加工后存储在磁、光、电介质上，通过计算机或者具有类似功能的设备读取使用，用以表达思想、普及知识和积累文化，并可复制发行的大众传播媒体"。二者在内涵表述上并没有太大差异。

在美国电信业技术标准联盟(ATIS)2001年编制的《2K电信词汇》中，电子出版是指信息创造、传布、复制完全在线(On Line)进行的过程，往往带有反馈的功能。注：与桌面出版(Desktop Publishing)不同，电子出版通常不生产硬拷贝(硬拷贝/Hard Copy指资料经由打印机输出至纸上；若资料显示在荧幕上则称为软拷贝/Soft Copy)。

2010年《辞海》(第六版)"电子出版物"的词条解释为：现代出版物主要种类之一，以数字代码方式，将图、文、声、像等信息编辑加工后，存储在电、光、磁介质的载体上，通过计算机或具有类似功能的设备读取使用的出版物。可以看

---

① 张立. 数字出版相关概念的比较分析[J]. 中国出版，2006(12)：11.

出,《辞海》的定义明显参考了新闻出版总署的《电子出版物管理规定》,并对表述做出一定的重组和凝练。

电子出版是一个基础性和历史性的概念。其基础性表现在它的核心内容概括了出版数字化的主要特质,并在其他概念中都能发现类似的表述。当我们将之与数字出版概念进行比较时会发现,二者有很多内涵上的交集,如"数字代码""非纸化的载体""多媒体编辑加工"等,以至于国内早期研究数字出版的学者往往会把二者等同看待。这一基础性反映出数字出版不是凭空出现的事物,它与电子出版有着明显的延伸关系;其历史性则表现在仅把出版物看作"机读"物,没有预见到网络对出版传播的深远影响,特别是国内相关领域的界定。当然国外的表述具有一定的超前性,这与国外数字技术领先国内的现状有关,但也存在概括较为片面的问题。

(二)桌面出版与数字出版——印前技术的集大成

桌面出版(Desk Top Publishing,DTP),是指通过计算机手段对报纸书籍等纸类媒体进行编辑出版的活动。"桌面出版"最早是 1986 年美国 Aldus 公司(1994年被 Adobe 公司收购)发售排版软件 Aldus PageMaker 时提出的全新概念。这个概念是极具时代特色的提法,它与那个年代横空出世的计算机"视窗"操作系统(1985 年 1.0 版问世),也就是现在占据全球 92%市场份额的 Windows 系统有着紧密关系。因为"桌面"是视窗系统的一个非常重要的概念,也是区别以往键入指令系统最大的亮点。桌面出版系统实现的是编辑效果和操作能够实时地以图形呈现在计算机屏幕上,这在如今是习以为常的现象,但在 20 世纪 80 年代就和Windows 系统一样是人们难以想象且具有划时代意义的革新技术。在此之前电子出版所用的 TeX① 程序操作就类似现在的程序员使用代码编程,指令专业化程度和复杂度极高。因此,桌面出版系统出现后受到出版编辑工作者的欢迎,并迅速在全球普及开来。

---

① TeX 是由著名的计算机科学家 Donald E. Knuth(高德纳)发明的排版系统,TeX 被普遍认为是一个很好的排版工具,特别是在处理复杂的数学公式时。TeX 提供了一套功能强大并且十分灵活的排版语言,它有达 900 多条指令,并且 TeX 有宏功能,用户可以不断地定义自己适用的新命令来扩展 TeX 系统的功能。TeX 系统是现在公认最好的数学公式排版系统,美国数学学会(AMS)鼓励数学家们使用 TeX 系统向它的期刊投稿,世界上许多一流的出版社如 Kluwer、Addison-Wesley、牛津大学出版社等也利用 TeX 系统出版书籍和期刊。

　　桌面出版实际上侧重计算机技术在印前的编辑、设计技术，它将传统的设计、打字、排版等工序全部集成到一个计算机工作台面上，是现代数字排版技术以及电脑平面设计的源头。现在所有基于计算机的平面设计、版面设计的操作也可以叫作桌面出版，包括数字出版的编辑加工环节。桌面出版概念描绘的是数字化技术应用中的一种情境状态——出版环节是面向计算机桌面而完成的，这种描述很形象、生动。但当出版技术全部实现桌面化并又有新事物出现，而且仅仅以工作情境无法与其他事物进行区分时，桌面出版这一称谓就慢慢淡出人们的视野，并逐渐被其他概念替代，如近年来苹果公司不再提"桌面出版"，而使用"设计和出版"（Design And Publishing，D&P）这个词作为概念替换。

（三）网络出版与数字出版——包含中渐近趋同

　　网络出版（Network Publishing）也可叫作互联网出版、网页出版、在线出版，它是最容易引发混淆的概念，主要是因为：第一，网络是较为宽泛的概念，任何构成多点传输覆盖的信息联络空间都可以叫作网络；第二，相似和相近的提法较多，有的从内容呈现形式提出，有的则从登入网络的状态提出，尽管角度不一，但所指的事物是同一的。从现在使用情况看，网络出版和互联网出版的提法最为普及，而且人们一般将二者视为等同概念。

　　2002年新闻出版总署和信息产业部联合出台的《互联网出版管理暂行规定》中第五条提出："本规定所称互联网出版，是指互联网信息服务提供者将自己创作或他人创作的作品经过选择和编辑加工，登载在互联网上或者通过互联网发送到用户端，供公众浏览、阅读、使用或者下载的在线传播行为。"

　　谢新洲在《数字出版技术》中把网络出版定义为："出版者采用一定的技术手段将其待出版的作品存放在网络服务器上，以有偿或无偿的方式提供给用户的出版形式。从广义来讲，信息通过互联网向大众传播的过程都可以叫作网络出版；从狭义来讲，网络出版是指出版单位通过互联网向大众传播信息的过程，即出版主体限定为传统的出版单位。"

　　匡文波在《网络出版论》中提出，"所谓网络出版物是指将信息以数字形式存贮在光、磁等存贮介质上，通过计算机网络高速传播，并通过计算机或类似设备阅读使用的出版物，网络出版物亦是电子出版物的一种类型，与之对应的是封装型电子出版物，两者的主要区别在于前者是通过计算机网络出版发行的，即其创作、交稿、审稿、编辑、出版、发行等都可在计算机网络中进行；而后者是通过书刊等渠道发行的"。

网络出版的概念强调了互联网在内的网络技术在出版活动中的突出应用，运用了大量互联网词汇来加以界定，如"网络服务器""信息服务""用户""在线传播"等，而且网络出版更侧重编后传播环节，体现出强烈的时代特征。尽管行政管理部门、各学者的表述不一，但可以发现网络出版与数字出版有很多共通点，如"数字化加工""网络渠道传播"等。从范畴上分析，"数字"的概念要宽于"网络"，我们认为网络出版应该划归于数字出版之下。

电子出版、桌面出版、网络出版、数字出版四个概念中，存在争议的主要是电子出版、网络出版、数字出版三者的边界问题。我们要厘清三者的关系必须以历史发展观来分析，如图1-4。

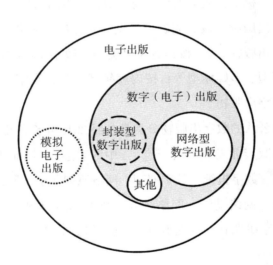

图 1-4　电子出版、数字出版、网络出版关系图

（注：图示中不同线型的含义为：实线表示正在向上发展，点虚线表示已经被淘汰，长虚线表示正在被淘汰；"其他"指的是复合出版、按需出版等新兴数字出版形态。）

首先，这三个概念都是全球数字化进程发展到不同时期分别出现的，它们是人们为便于区别、理解新事物的出现而采用的概念，也正反映出新旧事物交替变化的客观规律。其次，三者的衍生关系如下：电子出版演变出模拟电子出版和数字电子出版，而当模拟电子出版被彻底淘汰，电子出版之下仅剩数字电子出版（数字出版），二者开始趋同。数字出版发展出封装型数字出版和网络型数字出版，但以光盘为载体的封装型数字出版被竞争出局后，数字出版其下则以网络型数字出版（网络出版）为主。从上述分析看，电子出版、数字出版、网络出版三者的关系类似细胞的"分裂淘汰"现象——父系细胞分裂出多个子细胞，多个子细胞竞争中其中一个萎缩逐渐消失，优势子细胞占据群体主体位置，并等待下一次的分裂淘汰竞争。现阶段数字出版被看待为当下发展语境中宏观层面最恰当的概念，并仍处在优势位置，其下的分裂发展如何走向现在难以做出明确判断，这要看技术更迭及市场实践的综合成效。

三、数字出版物的类型

依照不同的分类标准，数字出版物的类型有着不同的呈现。按载体来分，数字出版物包括磁盘出版物、数据流磁带、光盘出版物、网络出版物（互联网、无线通信网、卫星网出版物）等；按信息符号类型，数字出版物包括文本型、图像型、音频型、视频型、多媒体型等；按内容领域来分，数字出版物包括大众类、教育类、专业类数字出版物。

国内现在较为公认的数字出版物分类是参照2010年新闻出版总署下发的《关于加快我国数字出版产业发展的若干意见》中的表述："目前数字出版产品形态主要包括电子图书、数字报纸、数字期刊、网络原创文学、网络教育出版物、网络地图、数字音乐、网络动漫、网络游戏、数据库出版物、手机出版物（彩信、彩铃、手机报纸、手机期刊、手机小说、手机游戏）等。"

第三节　数字出版特性

数字出版是数字技术兴盛发达、信息化高度渗透社会的产物，它是全球媒介革新演变浪潮中的一个分支。相对于传统出版，数字出版的生产环节和流程、传播方式、产品形态、出版主体、阅读方式及使用体验、运营理念、市场规律等方面都呈现出全新的特征，具体表现为：内容生产数字化、管理过程数字化、产品形态数字化、传播渠道网络化。

一、内容生产数字化

数字化冲击和变革着出版业，出版生产流程的数字化为数字出版带来全新的生产模式。文本技术、图像技术、音视频技术、动画技术、标记语言技术、元数据技术、光学字符识别技术、计算机编程技术等贯穿数字出版的生产环节，全面改造数字出版的生产流程，使其具备无与伦比的优越性。一般来说，数字出版的内容生产主要包括内容原创、编审、加工、复制(印刷)。

(一)数字化内容原创

随着 PC 机、应用软件、互联网的深入普及，以计算机为出版物内容原创的工作台早已成为主流。文本类、图文类、音视频类等出版物在原创阶段涉及的数字技术应用如下：

(1)以文本为主的出版物作者一般都能够熟练操作文字处理软件来完成书稿写作，其中以微软公司的 Microsoft Word 最具代表性。

(2)图文出版物在原创阶段需要制作大量丰富的图片，图片类型中的摄影作品、插画、绘画、图示等均有相应的数字采集、处理及创作技术。实景影像可用数码照相机拍照采集，绘画原稿则使用光电扫描仪完成电子采集转换；目前主流的专业级图形图像处理软件有美国 Adobe 公司的 Photoshop、Illustrator，加拿大 Corel 公司的 CorelDRAW、Painter 等。

(3)音视频出版物的原创制作发端于电子技术，现今已完成从模拟电子信号到数字电子信号的转换升级。硬件方面主要依靠数码摄像机、数字录音器材、非线性剪辑机、辅助设备等完成视频、音频内容的摄制、包装及合成；业内主流的制作软件包括：Adobe 公司的 Premiere(视频剪辑软件)、After Eeffect(视频合成软件)、Audition(音频剪辑软件)；日本 Canopus 公司的 EDIUS；Sony 公司的 Vegas；中国电视台拥有高普及率的国产 Sobey(索贝)；澳大利亚 Blackmagic Design 公司出品的 DaVinci Resolve(达·芬奇调色系统)等。

此外，动画制作中二维动画软件常用的有英国 Cambridge Animation 公司的 ANIMO、日本 Celsys 株式会社的 RETAS PRO、美国 Macromedia 公司的 Flash 等；

三维动画常用软件有：美国 Autodesk 公司的 3DMAX、Maya，美国 NewTek 公司的 LightWave，加拿大 Avid 公司的 SOFTIMAGE 等。其他数字出版物也有专业的计算机制作系统，如网页设计软件、游戏开发引擎等。

出版市场强调内容为王，为保障出版内容的质量和市场前景，编辑会充分利用互联网资源检索和研究出版市场的各项数据，以准确、清晰且高效地完成选题策划。而作者在原创阶段也会应用网络搜索引擎、专业数据库快速、精准地收集、整理素材及文献。

（二）网络化编审

数字化再造后的编审流程可以利用在线稿件处理系统实现自动化编审，极大地提高了编审工作效率以及编审工作进度。目前国际上使用最广泛的网络投稿与审稿系统有 Editorial Manager、Manuscript Central、Open Journal Systems，这些系统的主要功能包括：角色设定、自动登记及提醒、专家在线评议、读者在线评论、评议模式选择、进度管理、质量分级管理、系统安全等。

以 Editorial Manage（亦称 EM 投审稿系统）为例，EM 将角色分为作者（Author）、编辑（Editor）、审稿人（Reviewer）和出版者（Publisher）四个类型，其中 Editor 又细分为 Editorial Office（编辑部）及 Editor-in-Chief（主编），如图 1-5。稿件处理过程中涉及的数据，如作者的原始和修改稿件、审稿人的意见、主编的决定等在上传到服务器后以网页链接的形式出现。① 这些在线稿件处理系统尽管主体框架沿袭了传统稿件提交——稿件初审——编辑终审的流程，但将所有流程集成在同一网络工作平台上，充分利用数据库和网络的便利性和交互性，并开发丰富的实用功能，极大地提高编审的工作效率和质量。

随着系统开发平台知识的普及和门槛的降低，国内一些软件研发者基于 ASP、SQL 及 Html 等技术平台设计出很多优秀、针对性强且性价比高的在线稿件处理系统。国内很多出版机构现已大量采用在线稿件处理系统，数字化、网络化的编审系统已经成为主流。

---

① 张欣欣，张纯洁，林汉枫，翟自洋，张月红. 网络投稿与审稿系统 Editorial Manager 初探［J］. 中国科技期刊研究，2010（3）：331.

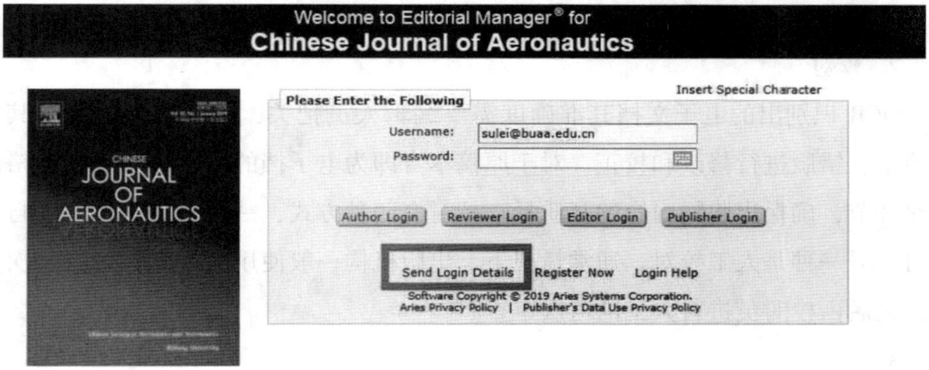

图 1-5　《航空学报》EM 投审稿系统界面

(三)数字化加工及复制

数字化加工需要完成对出版内容的数字转换、校对、标引及排版。"数字化加工包括了两部分内容,一是对已经形成纸质图书的历史出版资源重新进行电子化、代码化识别、审校、重排、标引;二是对目前已经电子化、代码化的内容进行基础标引和各种基于专业需求的深度标引。"①不同类型的数字出版其加工流程和主要工序有所差别,但其核心技术和基本环节具有共通性。

1. 数字转换

数字转换主要针对纸本图书,完成内容的纸质载体向电子载体转换,一般使用光电扫描仪和 OCR② 识别软件操作。首先将书页放置到扫描仪的台面上,启动扫描功能并获得电子图片格式的文档,常见格式有 JPG、TIFF、PDF 等。其后进行修图,确保图片的图像质量,需要经过去脏、纠偏等工序。然后打开 OCR 识别软件(常用的品牌有汉王、清华紫光等),导入扫描图片并启动字符识别功能,即可获得可用于直接编辑的 TXT、RTF、DOC、XLS、SLK、CSV、HTML 等电子文档

---

①　黄孝章,张志林,陈功明. 数字出版实用教程[M]. 北京:知识产权出版社,2013:5.

②　OCR(Optical Character Recognition,光学字符识别)是指电子设备(例如扫描仪或数码相机)检查纸上打印的字符,通过检测暗、亮的模式确定其形状,然后用字符识别方法将形状翻译成计算机文字的过程。应用于银行票据、大量文字资料、档案卷宗、文案的录入和处理领域。

格式。

2. 校对

OCR 识别出的电子文档其准确度需要编辑人员把关，比对图书原稿对其中的错字、错版进行修改和校正。对于原稿本身即为电子档的内容也需经过严格的校对环节，确保出版物内容的高质量。校对有两种方式，一种是审查软件的自动校对，另一种是人工校对。通常情况下，出版机构一般使用审查软件进行初次校对，之后由校对员进行人工的再次审查。

3. 标引

标引是指对内容进行标记，便于引导人或机器查询和分析。数字出版领域采用的标记技术主要是 XML 标记语言，简单地说，XML 语言可以对出版内容的任意段落、含义及附属信息进行标识，它可以赋予出版物大量的标引信息，而这些标引信息是可以用于按照某种要求直接碎片化调用出版内容、出版相关信息。如出版社名称、版次、字数、引用次数、关键词等。数据标引是数字出版的关键环节，它确保了出版内容的查询、挖掘及二次开发。

4. 排版

按照策划、设计的理念和要求，版面编辑操作方正飞腾、Adobe InDesign、CorelDRAW、DreamWeave 等软件确认版面大小、调整文字字体字号、构思图文空间格局及排列方式、美化视觉效果等。此外，开发出的自动化排版系统可以按照样式模板、XML 标记信息自动完成文字、图像、图示、表格的混合排版。

经过上述数字加工后就制作出数字出版物的电子母版，传播过程中直接拷贝复制母版即可获得出版物的内容。

二、管理过程数字化

数字化管理的诞生与计算机技术、信息技术的发端同步，是指利用计算机、通信、网络等技术，通过统计技术量化管理对象与管理行为，实现研发、计划、组织、生产、协调、销售、服务、创新等职能的管理活动和方法。[1] 数字化管理的理念和方法已深入生产生活的各个领域，其中现代企业尤为重视数字化管理平

---

[1] 智库·百科. 数字化管理［EB/OL］．［2015-01-19］．http：//wiki. mbalib. com/wiki/% E6%95%B0%E5%AD%97%E5%8C%96%E7%AE%A1%E7%90%86.

台及制度的建设。自 20 世纪 90 年代起，国内一些出版社就开始尝试信息化建设，进入 21 世纪后，PMIS①、MIS②、ERP③ 等数字管理系统在出版行业日渐普及。而数字出版的数字化管理则囊括全维度的出版流程，主要包含三个层面：内容管理、版权管理和运营管理。

（一）数字化内容管理

数字出版的内容管理主要指对多种格式和媒体类型内容资源的组织、分类、管理等有序化过程，它的主要目标是对海量的出版内容资源进行存取、组织、调用、分析、数据关联、再利用等，需要依靠内容管理系统来实现上述目标。内容管理系统一般需要配置如下功能：通用数据库、多类型检索、协同编辑、流程管理、元数据管理、版本管理、权限角色管理、统计分析。常见的内容管理平台有 PTC ACM、IBM ECM、TRS、Cms Top，国内很多出版机构采用应用开发工具设计出适合自己发展模式的内容管理系统。

（二）数字版权管理

数字版权管理也叫数字权力管理（Digital Rights Management，DRM），狭义上也理解为数字版权加密保护技术。自互联网诞生以来，数字内容的版权和互联网免费传统就冲突不断，加密技术与破解技术之间的较量也从未停止过。硬件生产商、数字内容提供商、数字内容发行商与数字内容消费者的相互博弈推动着DRM 发展至今。

DRM 的核心技术是基于计算机技术的数字加密和权限控制。数字加密主要是为防止数字内容的非法传播；权限控制则主要限制数字内容的使用方式，如使用期限，可否拷贝、打印、修改等。

---

①　PMIS(Project Management Information System)：项目管理信息系统，是指计算机辅助项目管理的工具，它为项目某一方提供相应的信息处理结果和依据，为实现项目管理的目标控制而服务，是工程项目管理人员进行信息管理的必要手段。

②　MIS(Management Information System)：管理信息系统，服务于企业的人、财、物、产、供、销等的管理，进行信息的收集、传输、加工、存储、更新和维护，以人事管理、财务管理、设备管理等为目标，支持企业高层决策、中层控制、基层运作的集成化的人机系统。

③　ERP(Enterprise Resource Planning)：是针对物资资源管理(物流)、人力资源管理(人流)、财务资源管理(财流)、信息资源管理(信息流)集成一体化的企业管理软件。

（三）数字化运营管理

数字化运营管理是对现代企业有着时代性和重要意义的经营管理方式，在数字出版意义上，指运用数字化手段重新塑造经营、管理体系，将数字出版生产、销售、传播等全范围的业务数据化，形成完备的数据统计、数据分析体系作为管理决策。

数字化运营管理是建立在数字出版全环节的数字化、网络化、可视化、智能化信息集成、应用与共享系统建设的基础上。数字化运营管理要实现数字出版各部门、各区域、甚至合作伙伴的信息通过数字化、标准化、计算机处理和网络传输，最大限度地继承和利用各类信息源，并能够实时分析需求、库存、财务、销售网络、产品生产流程、品质、售后等数据，以判断库存合理性、财务健康度、销售网络和生产流程情况等。主流的数字化运营管理系统如前文所述的 PMIS、ERP 等。

三、产品形态数字化

数字出版的产品主要有电子图书、数字报纸、数字期刊、网络原创文学、网络教育出版物、网络地图、数字音乐、网络动漫、网络游戏、数据库出版物、手机出版物（彩信、彩铃、手机报纸、手机期刊、手机小说、手机游戏）等。这些产品都是基于数字出版技术，被设计、生产制作出来以满足人们的信息消费和服务，是典型的数字化信息时代精神产品。

数字出版产品除了具备形态数字化的特征外，还具有交互性、服务性、商业性和大众化等特点。第一，交互性，数字出版物在设计生产中都注重交互性的体现，实现作者与使用者、使用者与使用者、使用者与机器之间的信息交换、双向沟通，这是过去传统出版物无法企及的；第二，服务性，数字出版商除提供内容外，还按照受众需求打造各类服务，如检索、咨询、业务办理、个性化订制等，服务类型和质量现已成为各数字出版商提升竞争力的重要砝码；第三，商业性，数字出版满足受众的精神需求，其劳动价值获得市场认可并产生经济效益，由此具备商品的属性，这是数字出版能形成产业的基础；第四，大众化，绝大多数数字出版产品是面向大众的，产品的内容和功能都是围绕吸引更多的人而设计制作。当然，按照精准营销的理念，数字出版产品采取的是分众策略，锁定一个群体精心挖掘。这与大众化并不矛盾，这里所说的大众化不是指覆盖所有受众群体，而是指生产目标中对象的身份，体现出数字出版商竭尽所能满足消费者一切需求的生产观念。

四、传播渠道网络化

物理形态出版物的传播必须依赖仓储、分拣、包装、交通运输、分销、实体店售卖等环节，而数字出版产品均为数字化形态，必须通过信息网络才能实现传播。在已经架设完备通信基础工程的区域，这种方式不仅具有高效传输的便捷，也兼具极低的流通成本。数字出版的传播途径几乎囊括现有全部的信息网络，包括互联网、无线通信网和卫星网络等。

根据工业与信息化部官网公布的数据，截至 2020 年年底，中国已建设光缆线路 5169 万千米，互联网宽带接入端口数量达 9.46 亿个，光纤接入 FTTH/0 端口达到 8.8 亿个；移动电话普及率达 114.1 部/百人，移动互联网用户总数达到 13.48 亿户，使用手机上网的用户总数达到 13.45 亿户。①

通过上述数据可以看出，中国信息传输网络的建设达到较高的水平，并发展成社会化网络，在政治、经济、文化等多个维度深刻地影响着中国社会。而且随着计算机网络技术浪潮的继续推进，云计算、IPv6、WEB3.0、物联网、三网融合等技术和项目的推广和普及，包括数字出版在内的各类产业将引来更为广阔的发展前景。

---

① 中华人民共和国工业与信息化部 . 2020 年通信业统计公报[EB/OL]. [2021-09-30]. http://www.miit.gov.cn/n11293472/gxsj/tifx/tyx/art/2021/art _ 057a331667154aaaa6767018dfd79a4f.html.

第二章 数字出版发展历时性梳理

1962 年美国《化学题录》磁带版问世，播下了数字出版的第一粒种子。半个多世纪之后的今天，数字出版从无到有直到今天占据出版业半壁江山，我们看到了传统出版业一步步完成数字化变革，也看到了新兴的数字传媒如大厦般奠基、崛起，矗立于出版业之林。

第一节 国外数字出版

数字出版产业诞生于欧美发达国家，在经历了半个多世纪的发展后，随着数字出版理论及技术研究、数字出版实践活动的深化和拓展，国际出版界、信息产业界等领域对数字出版的内涵和外延的认识不断发生变化。西方发达国家在数字出版体制、形态发展方面已经探索出诸多有价值的发展路径，它们走出的道路已成为我们研究的宝贵经验。

一、国外数字出版发展历程

（一）数字出版萌芽期

数字出版的诞生与电子计算机技术息息相关。1946 年，第一台电子计算机的出现使数字出版成为可能。在那之后，科学研究人员开始尝试将计算机用于文献信息处理的可行性研究和实验性开发。这一举动成了最初的数字出版行为。

诞生之初，通过电子计算机实现数字出版的方式有两种。第一种方式是利用电子计算机进行印刷的照排版，进而实现出版的数字化。通俗的解释就是利用计算机控制实现对文字、图像的照相排版技术。在 1950 年，美国的光学机械式第二代照排机开始利用计算机控制字盘或者字符。此时的数字化技术仅仅是使用电子计算机为传统出版进行辅助。时至今日，计算机照排技术已经发展到了激光照排阶段，但本质上并无变化。

第二种方式是通过电子计算机实现检索及数据库建设。这一方式从诞生便被视作未来数字出版的开端。最早使用电子计算机检索工作的是美国麻省理工学院。1951 年，P. R. Bagley 在麻省理工学院研究利用计算机检索代码做文献的可行性时，他研究和尝试了如"信息检索系统"、《化学题录》等"电子出版物雏形"。巴格利的研究是世界公认的数字出版最初形态。几乎在同一时期，利用电子计算机进行检索工作在美国政务服务教育机构都获得了相当的进展。美国国防部研究所于 1954 年研制出信息检索系统，利用电子计算机来实现批式检索。1959 年美国匹兹堡大学卫生法律中心建立的全文检索系统成为这一时期电子出版萌芽的标志。

真正意义上的电子出版——数字出版前身直到 1964 年才出现，当时美国国立医学图书馆（NLM）正式对外发行了《医学文摘》数据库磁带，即有名的 MEDLARS（Medical Literature Analysis and Retrieval System，由美国国立医学图书馆建立的实现文献加工、检索与编制的计算机化的医学文献分析与检索系统，现为最大、权威性最高、国际医学界使用最广泛的生物医学文献数据库之一）。至此，电子出版物正式诞生。

从数字出版的源头可以发现，数字出版一诞生就自然形成了两个方向。一是传统出版的数字化。这一形式中传统媒体首先通过电子编辑和电子排版实现数字化，之后进一步发展出数码打样、直接制版、数字印刷等数字化技术。一直演变成今天涵盖印前编辑、印刷制作及印刷后处理的全流程综合数字化出版。二是数字出版的原生产业链。从电子出版、互联网出版直到今天从数字化生产到移动/固定数字化终端乃至运营商的全包涵。内容生产、审查、出版、传播都离开了传统媒体，直接依托于计算机+互联网载体进行。这两个方向并没有正统、非正统或是优劣之分。在发展中，两条道路时分时合，相互影响，共同促进，最终发展成了今天的数字出版局面。

（二）电子出版时期

在数字出版诞生后所呈现出的两个方向中，传统书报刊的数字化图文加工起步发展得更早，也更为普遍。出于将千年来积累下来的纸质出版物电子化的愿景，这一时期的数字出版更多表现为出版形态的数字化。

美国 Aldus 公司在 1986 年推出了图文页面排版软件 PageMaker，在出版设计中批量运用电子改稿，录入与编辑加工环节中也运用了编辑出版软件，省略了重复邮寄稿件过程，降低了出版物的错误率，提高了出版速度和质量。排版软件的出现成功实现了传统出版物加工工艺数字化。

1985 年，《格罗里尔百科全书》（Grolier Encyclopaedia）出版电子书。1989 年，《牛津英语词典》推出电子版本。彼得·詹姆斯（Peter James）在 1993 年利用可擦写软磁盘对外发行小说《宿主》（Host）。这部小说被标榜为"世界上第一部电子小说"，在《宿主》这部小说推出两年后，詹姆斯和史蒂夫·乔布斯（Steve Jobs）在美国加州大学在一个座谈会上谈论小说的未来，"当电子书变得比印刷的小说更方便阅读的时候，它们会流行起来"。

20 世纪 90 年代，CD-ROM 革命让只读光盘兴盛起来，凭借大数据存储优势（软磁盘的存储量为 1.44M 字节，CD-ROM 存储量为 680M 字节，相当于 30 万页），光盘开始逐渐取代软盘成为电子出版的主流载体。这一时期，光盘电子出版物占据了大部分电子出版市场。

这一阶段书籍的数字化不仅包括内容的电子化，还有阅读体验的电子化。随着计算机技术的发展，轻便的手持阅读设备开始部分替代沉重的电子计算机主机，为数字出版提供了新的传播途径，如软书（Softbook，1998）、微软阅读器（MS Reader，2000）等。

数字出版从诞生到成熟，有四个标准来衡量，分别为：内容生产数字化、管理过程数字化、产品形态数字化、传播渠道网络化。至此，前三项数字化都已实现，而随后到来的互联网革命，则将数字出版推到了一个全新的阶段。

（三）互联网时期

计算机的诞生造就了电子出版时代，数字出版实现了加工工艺数字化与产品形态数字化，实现了数字内容的计算机阅读及手持设备阅读。之后，互联网的迅速推广与普及突破了数字化产品的单机出版形式，实现了远程互联，通过多人在线的形式共享信息。互联网传输是人类历史上信息传播技术的一次重大进步，互联网出版业将出版数字化由作品数字化、编辑加工数字化扩展到发行数字化以及阅读消费数字化。并产生了全新的网络特质数字化出版、数字化发行、数字化管理形式,将数字化出版推向了一个全新的阶段。

互联网推动数字出版快速发展的原因在于因特网天生具备的数字传输特征,一方面帮助数字出版实现了传播渠道数字化、网络化,另一方面传播的标准又倒逼出版业的内容生产、产品形态、管理过程全面数字化体系化,进而促进了数字出版的全面进步。

1999年1月,由18岁的美国波士顿东北大学的一年级新生肖恩·范宁所设计的音乐分享软件 Napster 成为了最早的网络音频出版终端。但同时它也遭到了美国唱片工业协会(RIAA)的起诉,理由是版权遭受侵犯。传统音频出版业第一次感受到了刚起步的互联网数字出版的冲击。

进入2001年,Adobe 公司提出了"泛网络出版"的概念,提出构建个性化定制内容,充分、自如、淋漓尽致地展现人们思想的泛网络出版,并使其成为 Internet 应用不可分割的一部分。此外,电子阅读体验模式的 eBook 成为广受瞩目的领域之一。2005年第1季度,《华尔街日报》推出在线免费版本,网络业务收入为1.172亿美元,超过该报印刷版的发行收入,标志着数字出版时代的正式到来。

至此,以互联网的兴起、普及为标志,传播渠道网络化打通了数字化出版的最后一道障碍。数字出版领域得到了极大拓展,互联网出版成为最流行的数字出版方式。

二、国外数字出版发展现状

数字出版诞生之初,以字节为单位的传输速度和依赖于磁带、磁盘、CD 的记录方式都成为限制其发展速度、规模的瓶颈。但随着光纤传输、大容量存储、移动客户端等新技术的诞生,数字出版在进入21世纪后获得了飞速的发展。到移动互联网、云计算、物联网等技术成为主流时,数字出版的浪潮已经无可阻挡。出版业的数字时代已经到来。

(一)强力冲击传统出版业

数字出版自出现以来,每年都在压缩着传统出版业的生存空间。

2009 年 4 月，《基督教科学箴言报》宣布停止纸介质的印刷，进行网络发布。

2010 年 9 月 8 日，《纽约时报》董事会主席宣布，《纽约时报》将在某个时段停印，进行电子版发布。虽然这项措施还没有执行，但 2012 年，该报纸的电子版阅读量已经超过了纸质版。

2010 年 9 月 28 日，创建于 1922 年、在全世界最具有影响力的《读者文摘》（英文版）宣告破产。

自金融危机以来，英国共有 70% 地方报纸倒闭；意大利有多达百家报纸面临倒闭窘境；美国四大报业集团关闭了 61 家报纸，其中包括《芝加哥论坛报》《洛杉矶新闻报》等老牌大报。

这还仅仅只是报纸行业所受到的冲击。图书出版方面，2011 年 2 月 16 日，美国第二大连锁书店鲍德斯破产。同年，亚马逊的在线出版营收份额上升占到总营收额的 80%。

美国出版商协会在 2015 年公布了一份调查报告。这份报告显示，阅读群体选择纸质阅读人数比例已经从 2011 年的 71% 下降到了 2014 年的 69%。同时，选择数字阅读的人数比例由 2011 年的 17% 大幅上升至 2014 年的 28%。纸质图书的销量在 2011 年同比下降了 10.2%。

英国的独立书店则从 10 年前的 1500 家减少到了今天的 900 家。

一系列数据和事件都表明传统出版业正遭受着数字出版业带来的巨大冲击。但要说数字出版已经颠覆了传统出版的生存空间，也并没有那么严重。从数字阅读和纸质阅读的浮动比例来看，数字阅读上升的幅度要远高于纸质阅读下降的幅度。

同时，在 2015 年，纸质书的销售成绩 8 年来首次出现了复苏迹象，根据尼尔森图书公司对英美两国 80% 以上各类图书零售商的调查数据显示，就纸质书的销售而言，英国零售市场 2015 年的图书销量比 2014 年增加了近 700 万册，比之前的 1.873 亿本书上涨了 3.7%，美国的纸质书销售额 2015 年增长至 6.53 亿册，同比增长了 2.8%。

根据调查数据，超过 80% 的美国民众同时进行纸质阅读与数字阅读。在完成了最初的挤压式发展之后，目前数字出版与传统出版业正处于相伴发展阶段。数字出版正在成为传统纸质出版的延伸，而纸质出版也正找回应属于自己的地位。

（二）快速成长后市场增速放缓

诞生于 1949 年的法兰克福书展一直是世界出版界的晴雨表，沿着书展的轨迹，可以看出数字出版的发展历程。1985 年 10 月，德国法兰克福图书博览会上首次展出了电子出版物，尽管只有寥寥几个展位，但这一次的展出标志着图书出版第一次进入主流出版渠道。数字出版的发展远比人们预期得要快。1993 年，法兰克福图书博览会改名为法兰克福图书和电子出版物博览会（FBEFF）。此时的数字出版俨然摆脱了附庸地位，成为一个独立的体系。

2008 年、2012 年举办的两届法兰克福书展上，出版界数字化变革成为会展热点。同一时期，亚马逊公司在 2011 年 5 月时宣布其电子书的销量已经超过平装本和精装本的总量，数字出版快速发展。在这样的背景下，2012 年的法兰克福书展上便有人提出数字出版会在 2018 年达到 60% 的占比的预测。

出人意料地，世界数字出版的增长在 2013 年迎来了拐点。以电子书为例，2012 年以前，电子书的增长保持了相当高的增速，但从 2012 年开始，电子书阅读器的出货量开始下降，2012 年电子书阅读器出货量比 2011 年下降了 36%。进入 2015 年，根据美国出版商协会发布的数据，这一年前 8 月电子书的销量比 2014 年同期下降了 3.7%。从 2013 年起，电子书销售在各国际出版商整体营收所占的比重依次为 66%、60%、45%，呈逐年下降趋势。电子书发展遭遇瓶颈。一系列数据表明，在经历了前期的井喷式发展之后，英美等国的数字出版业进入了增速放缓期，市场进入了理性期。

据市场数据显示：2016—2019 年，个人电脑（PC）、平板、ultramobile 与手机的全球总出货量持平发展，数量维持在 23 亿台左右，传统设备细分市场趋于饱和，全球软件及 IT 支出转向云服务与物联网系统。这预示着，数字经济正在逐步转向新兴领域，数字出版在这一背景下也将步入新的技术转型期。

（三）多元探索跨界商业模式

当前，数字出版的产品类型包括电子图书、数字报纸、数字期刊、网络原创文学、网络教育出版物、网络地图、数字音乐、网络动漫、网络游戏、数据库出版物、手机出版物（彩信、彩铃、手机报纸、手机期刊、手机小说、手机游戏）

等，在市场竞争的格局中涌现出跨界经营、混合发展的趋势。

利用本身的版权、品牌等优势增设数字出版业务是绝大多数传统出版业的数字出版模式。一种途径是自有版权类产品的数字化、电子化。1996年起，美国的一些大出版企业与书商大举向电子出版领域进军。时代华纳、巴诺集团等纷纷购买网络出版公司，涉足电子出版业。早在数字出版萌芽初现时，出于前瞻性、实验性并拥有版权、产业优势，时代华纳等传统出版商便纷纷布局数字出版业务。诞生于互联网时代的动视公司（Activision, Inc.）、Interplay公司、亚马逊公司（Amazon）等数字出版商也在开拓自己的多元出版物类型、出版渠道，数字出版业呈现出传统出版与数字出版融合伴生的发展局面。

另一种途径是开拓新的数字出版产品生产业务。例如，创办迎合读者兴趣的杂志或网站，或直接面向消费者销售电子书。西蒙＆舒斯特发布了浪漫小说多平台门户网站"热床"（Hot Bed）；垂直出版商戴莫斯健康出版社（Demos Health）避开传统营销方式，转而将资源投入新的专注健康的门户网站。

传统出版商积极开拓数字出版业务的同时，IT巨头与数字出版商也纷纷介入传统出版业务。2012年4月，微软向全美最大的书店巴诺公司注资3亿美元，双方共同组建一个子公司，旨在"加速向数字阅读转变"。新公司开发了基于Windows 8系统平台的阅读应用程序，并在大众消费和教育领域开拓市场。

除了经营电子产品外，数字出版商也尝试进行传统纸质出版以及实体店经营，打造"线上+线下"的混合经营模式。2015年11月3日，全球最大的网上图书运营商——亚马逊的首家实体书店亚马逊书店（Amazon Books）于当地时间11月3日上午9:30在美国西雅图市购物中心University Village正式对外营业。由网络出版商经营的实体书店可以根据网站消费者的评分、预订量、销量、Goodreads上的受欢迎程度以及管理人士的评估陈列展示书籍。每本书下面附有网站客户的评分及书评。这正是数字出版商经营实体书店的优势——能够深入了解客户的购买习惯。

互联网经济的破界效能在出版界发挥出显著作用，传统出版集团的互联网扩展激活了优质内容的传播生命力，而互联网企业的内容市场转战则进一步将技术革新、体验突破、资本运作等逐步挖掘到极致。数字出版内容领域和技术领域的正向相互碰撞，将催生出更为多样的发展模式和生存路径。

案例：国际出版三大巨头

目前在出版业内，培生、里德-爱思唯尔、汤姆森·路透分列全球出版业 50 强前三，常年保持着国际出版三巨头的地位。

（一）英国培生集团

培生集团总部设在英国伦敦，是国际著名的出版与传媒巨子之一，旗下包括全球最大的教育出版集团（Pearson Education）、企鹅出版集团企鹅集团（Penguin Group）和著名的金融时报集团（FT Group），并拥有著名的经济学人集团 50% 的股权，在全球 65 个国家和地区拥有 30000 余名员工。培生集团以拥有最丰富的知识产权和高品质出版物而享誉世界，年销售额为 70 多亿美元。

1997 年 Marjorie Scardino 女士任首席执行官后，对集团业务进行了大规模的战略重组，明确集团的核心业务立足于教育、信息和大众出版，从而形成了以终身教育为主的全球最大的教育出版集团、以提供世界顶级商业信息服务为主的金融时报集团、以提供一流大众读物和参考书为主的企鹅集团。几年来，培生教育集团始终保持着高于平均水平的市场发展速度，在全球的高等教育、英语教育、专业出版和中小学教育领域位于全球之首，国内读者所熟悉的《谁动了我的奶酪》系列在全球热销。

培生集团与中国的合作历史久远，20 世纪七八十年代，朗文集团出版的《实用基础英语》《新概念英语》《朗文英语辞典》等大量英语教材就被引入国内，成为几代人学习英语的经典教材；21 世纪初，响应教育部双语教学的要求，向国内引进了一流的计算机和经管等高等教育教材；在北京申奥成功后，企鹅集团为配合国人学习英语，与中央电视台合作，拍摄了英语学习片《北京出租车赴伦敦》。

培生集团拥有自己的出版、印刷、发行部门。对图书的管理，如流程和设计监督是在品牌和公司的层面。集团层面，负责供应商管理，共有的服务，全球生产标准和技术。在总集团层面，整合供应商管理，尤其是在印刷环节，来保证不同的部门有统一的产品标准和技术水准。总集团还负责按需印刷和数字内容的管理，促使其能够在全球规模优化之后获得极大的效率。

培生出版的读物范围不广，但每类读物的品种丰富而且多样，并且在质量上得到充分的保证。在教育类书籍出版方面，其不仅通过自己世界领先的技术中心，数字实验室的在线平台研究开发教育类读物，还推出了"培生的选择"这一创新服务，提供了多样化的品种，使读者可以选择不同版本的教材进行学习，甚至是定制。

培生拥有充分的资源，在先进的技术为支撑下，有足够的能力采取的差别化竞争战略。培生能够提供独特的产品，能够以技术、品牌形象以及附加特性来强化产品，增加消费者价值，使消费者愿意支付较高的价格。

（二）里德-爱思唯尔集团

里德-爱思唯尔集团（Reed Elsevier）成立于 1993 年，由英国的里德国际公司（Reed International PLC）和荷兰的爱思唯尔公司（Elsevier NV）合并组成，总部位于伦敦和阿姆斯特丹。旗下投资设立了里德爱思唯尔出版集团（Reed Elsevier Group PLC）和爱思唯尔-里德金融集团（Elsevier Reed Finance BV）两家公司。里德-爱思唯尔出版集团在英国注册，负责集团内所有图书出版和线上资料库等业务，是世界上最大的医学与其他科学文献出版社之一，总部位于阿姆斯特丹。其前身可追溯至 16 世纪，而现代公司则起于 1880 年，出版品包括学术期刊《柳叶刀》《四面体》《细胞》，以及教科书《格雷氏解剖学》等。每年共有 250000 篇论文发表在爱思唯尔公司出版的期刊中。爱思唯尔-里德金融集团在荷兰注册，专为里德爱思唯尔集团提供财政、金融和保险服务。

爱思唯尔在中国的主要合作伙伴是科学出版社，合作主要有两个部分：一是图书的合作，二是期刊的合作。爱思唯尔是出版中国论文最多的外国出版商。爱思唯尔在中国的发展并不局限于市场，还举办免费的期刊编辑讨论班、论文写作培训班，启动中国期刊合作计划。

2000 年，中国大陆首批 11 所大学订购爱思唯尔全文数据库 ScienceDirect。

2001 年，爱思唯尔在北京设立办事处，正式进入中国市场。

2005 年，第一份中国期刊和爱思唯尔签署合作伙伴关系协议。

2006 年 5 月，爱思唯尔在 ScienceDirect 上推出中国科学和技术期刊专集，首批 34 个中国合作伙伴期刊全部上线。

到 2007 年，爱思唯尔在中国的合作伙伴期刊已达到 50 个，除在 ScienceDirect 上推出他们的电子版，还通过提供咨询、分享经验等方式，帮助中国期刊的编辑提高期刊质量。Science Direct 的中国客户主要以大学为主，其他还有国家图书馆、各部委图书情报中心、中国科学院、中国社会科学院等。据了解，每年仅大陆高校组团购买爱思唯尔产品费用已达 2800 万美元。Science Direct 向中国高校师生提供下载 3000 多万篇，占高校全部外文科技论文下载量的 59%。

（三）汤姆森·路透

汤姆森·路透（Thomson Reuters）成立于 2008 年 4 月 17 日，是由加拿大汤姆森公司（The Thomson Corporation）与英国路透集团（Reuters Group PLC）合并组成的商务和专业智能信息提供商。主要为专业企业、金融机构和消费者提供财经信息服务，例如电子交易系统、企业管理系统和风险管理系统、桌面系统、新闻，以及为在法律、税务和会计、科学、医疗保健和媒体市场的专业人员提供智能信息及解决方案。

路透社于 1851 年在伦敦成立，1865 年更名为路透电报公司。1916 年重组为私营公司。自 20 世纪 80 年代起，路透社迅速发展，拓宽了商务产品的范围，同时扩大了其传媒、金融与经济的全球讯息采集网络。1994 年，推出路透金融电视服务，为交易员提供即时市场动态。路透社与道琼斯在 1999 年宣布合并其在公司和专业市场的互动商业服务。

汤姆森公司的前身为 1934 年罗伊·汤姆森在加拿大收购的当地一家报纸 The Timmins Press。20 世纪 60 年代，汤姆森扩展了其出版领域，成立英国汤姆森出版公司（Thomson Publication UK）并收购了伦敦泰晤士报（The Times）。1978 年，汤姆森重组其英国金融业务，成立国际汤姆森集团（International Thomson Organisation Limited）。1989 年，汤姆森没业和国际汤姆森集团合并成立汤姆森集团（The Thomson Corporation）。

2007 年 5 月 15 日，汤姆森公司与路透社宣布合并计划，Woodbridge（汤姆森家族企业）持有 53% 的新公司股份。2008 年 4 月 17 日，汤姆森公司与路透社正式合并，汤姆森·路透诞生。

路透社在中国的运营始于 1871 年。目前，汤姆森·路透在整个中国雇用了超过 1500 名员工，在北京、上海、深圳、广州、香港和台湾均设有办事处。

2002 年，汤姆森·路透法律信息集团正式在中国设立办事机构。汤姆森·路透法律信息集团为来自法律、税务、会计、知识产权、合规管理等领域和政府部门的专业人士提供智能的、贴近实际工作的产品和专业的服务。

汤姆森科技是中国国家知识产权局的合作伙伴，为专利审查提供关键工具。它还同中国科学院合作主办了中国科学引文数据库，是第一家用英文提供中国实用新型专利注册信息全部内容的专利信息提供商；其客户包括中国科学院和国家图书馆。

汤姆森·路透是唯一采用定量数据预测年度诺贝尔奖得主的机构，自 2002 年起，共有 21 位引文桂冠奖得主赢得诺贝尔奖。

三、发达国家的成功经验

经历了半个多世纪的发展，西方发达国家的数字出版业积累了丰富的经验，在数字出版政策制度、经营管理、市场拓展等方面都值得我们学习借鉴。

（一）体系化完备的政策机制保障

西方数字出版的成功离不开及时适用的政策法令。最早建立现代版权保护法律制度的国家是英国。1988 年，英国颁布《版权、设计和专利法案》，其中主要明确了音乐、文学等文艺领域的版权保护问题，同时前瞻性地提出了对互联网情境下的文学作品给予版权保护。这一法案奠定了互联网版权行为的界定基础，尤其是对复制问题，具有较强的先见性。

2003 年，英国政府先后修订《版权法》、颁布《隐私和电子通信条例》。2010 年颁布《数字经济法案》，对英国网络内容的版权保护程序进行法律方面的规定。并遏制英国非法下载问题的蔓延，网络出版商、移动阅读设备生产商及服务商三方分享出版产业利润。

美国的政策法规出台得要晚一些，却是迄今数字出版产业政策法规体系最完备的国家，并通过政策对数字出版企业进行了一系列实施补贴、减税等方面的优惠政策。

1993 年，美国政府发表了重要白皮书，已经将信息技术纳入国家发展战略部署中。1995 年，颁布《知识产权与国家信息基础设施》文件，正式对网络体系中知识产权进行战略性管理。

美国政府所颁布的数字出版相关法令中一个重要的里程碑是 1998 年的数字千年版权法案①，对网上作品著作权的保护提供法律依据。

其后，美国又通过其一系列的国会立法及行政报告，将网络置于有效监督管理之下，为支撑数字出版产业发展的基础性法律制度而存在。在法律制度方面，2000 年《防止数字化侵权及强化版权补偿法》、2001 年《爱国者法》、2002 年《联邦信息安全管理法、信息网络安全研究与发展法》、2005 年《家庭娱乐和版权法》、2008 年《身份到用行为执法与赔偿法》、2009 年《美国信息与通讯促进法》、2010 年《国际网络犯罪报告与合作法》《网络安全法》、2011 年《网络空间可信身份认证国家战略》《网络安全全国际战略》《国防授权法》和《禁止网络盗版法案》等，《禁止网络盗版法案》使美国司法部及版权持有者能更方便地申请法院禁令，包括禁止网络公司在涉嫌违法网站上投放广告、提供相应服务等。

与美英相比，作为世界三大图书出版市场之一，德国没有规范和调整数字出版各相关主体利益关系的专门法，也没有出台用以引导电子书、手机出版物等在内的出版新业态的相关法律，却通过对现行相关法律和政策的修订、补充，形成了其独特的数字出版产业政策与法律规范体系。

以美英德为代表，西方国家在数字出版政策制度方面通过政府部门、行业协会、企业组织、消费者群体等主体相互结合，以市场调节为主、以政府监管为辅，形成了政策导向机制，并充分发挥政策所具有的资源配置、产业激励、权益保障和违规惩处作用，值得我们借鉴。

（二）高度产业化培育成熟的商业模式

西方发达国家在商业化、产业化方面一直走在世界前列，在数字出版领域同

---

① 数字千年版权法案，英文全称"Digital Millennium Copyright Act"，简称 DMCA，中文也称"千禧年数字版权法"。颁布该法的目的是满足世界知识财产组织（WIPO）的需求。但该法没能够为大多数软件、电影和音乐等行业的公司提供有效支持。所以，围绕数字千年版权法案存在较多争议和风波。

样如此。1996 年起，时代华纳、巴诺集团等大型出版集团开始纷纷购买网络出版公司，涉足电子出版业。兰登书屋同期开始出版电子书形式的经典文学作品。美国数字出版行业从诞生之时起，便踩在出版商巨人的肩头走上了集团化道路。产业化、集团化为西方数字出版业带来的是完整的产业链与多种商业模式的快速构建以及整个产业的爆炸式发展。

以美国市场为例，电子图书产业包括以下市场主体：

内容提供方即出版商——包括培生教育出版集团、麦格劳-希尔出版社、汤姆森学习出版集团，西蒙·舒斯特公司、美国麦克米伦出版公司等出版机构。

电子图书销售平台——OverDrive、英格拉姆数字集团等电子图书批发商；零售商如亚马逊的 Kindle 电子书店、巴诺书店 Nook 电子书店、苹果电子书店、索尼的电子书店、即将推出的 Google Edition、小说专卖店 FictionWise、CourseSmart 和 eBookPie 为代表的大小数百家电子商务平台；以包月服务为主要收入模式的爱思唯尔和以 Safari Online 为代表的在线阅读服务平台。

硬件生产商——以 Kindle、Nook、SONY PRS 系列为代表的电子墨水阅读器和以 iPad 为代表的平板电脑设备。大部分阅读设备商会与销售平台中一家或多家服务绑定，如 Kindle、Nook 和 SONY PRS 系列还是电子图书销售平台中平台商的自有品牌。

图书数字化服务商——从技术服务商体系中我们单独分列出图书数字化服务商，是因为数字化领域巨大的市场需求，以及他们与美国出版机构自有 ERP 系统的高度结合，与其说是技术服务商，不如说更像是商务流程外包服务商。

技术提供商——以 Adobe 等为代表的数字版权保护技术提供商，主要为电子图书销售平台提供版权保护技术的服务。如 Adobe 提供 ACS4 服务，为出版商和分销商提供数字证书认证服务。

电信或移动运营商——提供数据传输服务，如 Kindle、Nook、iPad 等设备内置运营商数据传输模块，如 AT&T 3G 上网卡、Sprint 数据卡等。

围绕着上述产业链，国外数字出版形成了以下几种典型的商业模式：

代理模式——由内容提供方掌控定价和版权，分销商提成。例如苹果公司借 iPad 产品，在其电子图书平台 iBook Store 上率先联合出版社推出 14.99 美元的定价策略，并自 2009 年以来快速集结了上百家知名出版集团和数十万册图书。谷歌 2010 年第四季度在全球市场筹备的电子图书分销平台 Google Edition。

代理模式在定价和上架选择上给了作为内容提供方的出版集团更多主导权。出版集团为了助推这一模式，同时给予加盟的电子图书分销商以价格优势及电子书实体书同期发布原则。以麦克米伦为例，电子图书价格优势明显，精装图书纸书定价在 25 美元左右，电子图书定价为纸书定价的一半或更低。不同于亚马逊的统一定价原则，代理模式下出版社对电子图书都一一定价。

零售模式——以亚马逊为例，即出版商对亚马逊提供图书和产品销售授权，亚马逊制作成自有格式后在亚马逊网站上销售，并享有绝对定价权。这个模式是以电子销售平台亚马逊为主导，捆绑出版机构以亚马逊自有格式、在其自有平台和 Kindle 设备上进行零售。短期来看，出版单位无需投入而能直接获益。长期来看，亚马逊的低价策略(9.99 美元)可能会影响上游出版商的健康发展。特别是在美国，民营企业可以自由进入图书出版发行市场，亚马逊这种打通全产业链的战略势必冲击欧美图书出版的格局。

在亚马逊集数字出版、网络发行和终端销售于一体的平台上，Kindle 平台能给予作者远高于传统出版商的版税，从而吸引越来越多的作者与之直接合作。这个捆绑型的零售模式目标在于颠覆整个图书出版行业，压缩产业链而达到利润最大化。

这两种产业模式目前在西方发达国家的数字出版业内同时存在，既相互竞争又共同推动着数字出版业的快速发展。除此之外，西方数字出版比较成熟的商业模式还有 B2B 的数字图书馆模式、POD(按需生产或印刷)模式和掌上电脑(PDA)业务模式，这些都对应于不同的出版物和不同读者。对西方成熟商业模式的借鉴，是我国数字出版业需要认真考虑的问题。

(三)培育持续进化的出版生态环境

西方数字出版的快速发展原因还在于鼓励性、保护性产业生态环境的构建。主要表现为：

(1)版权保护。版权保护一直是数字出版的核心问题。西方国家的出版商除了协助政府出台政令之外，还从两个方面进行尝试。一方面，哈珀考林斯尝试采用数字水印技术，以方便反盗版机构在互联网上追踪非法上传和分享的电子书副本。电子书平台 Nook 则移除了购买者下载电子书的功能，这样读者将不能把购买的数字内容下载到 PC，也不可能破解后在第三方设备或平台中阅读。这一类措施旨在强化数字版权保护，同时却限制了读者自由。第二种方案是一些出版商对开放模式的尝试。比如，西蒙舒斯特旗下的漫画科幻和玄幻小说出版商 SAGA 率先使用无 DRM① 保护的电子书，这不但给读者带来了极大的方便，也让出版社节省了相关成本。

（2）大数据的出版应用。亚马逊书店属于典型的大数据技术用于支撑数字出版。在当前西方发达国家，一些出版商与图书发行商的数据业务不再是传统的销售报表分析，而是小规模的复杂数据。他们通过对复杂数据关系进行分析，探寻市场特点、读者特点以及消费习惯。意大利最大的图书发行商 Messaggerie Italiane 采用的"Smartdata（智慧数据）"分析系统就是一个典型例子，其图书发行业务已经受益于数据驱动决策（Data-driven Decision Making）。数字童书出版商也开始利用大数据技术来分析新一代用户群体：网络原住民父母——也就在互联网环境下长大的、业已成为父母的一代年轻人。数字出版世界（DPW）尝试着追踪拥有 2～12 岁儿童家庭单位的数字阅读兴趣与习惯，试图了解他们对于数字阅读的理解、态度与行为，继而制定有针对性的童书推广策略。这一策略也遭到了一些批评，Adobe 读者监控程序便引发了一系列隐私争议。但毋庸置疑，通过大数据充分了解了受众需求的出版商更能生产出适合市场的电子书。"当你阅读电子书的时候，电子书也在阅读你。"

（3）产业创新。2014 年，很多欧美出版商，尤其是出版巨头开始有计划地试验一些颠覆性模式，而且具有相当的试错规模和投入。五大出版巨头拒绝授权内容给 Kindle Unlimited② 和其他三大电子书订阅平台，但并未否定该模式。其中哈珀考林斯还尝试着进行数字订阅。它与拥有 150 万东欧读者的俄罗斯电子书订阅平台 Bookmate 签约，为其提供数千本电子书版权，供 Bookmate 用户包月浏览。这一举动可以解读为对亚马逊的制约与抗衡，但其试错意义更大。东欧等新兴市场一直盗版猖獗，是出版巨头电子书业务的"鸡肋"。此次通过 Bookmate 平台，

----

① DRM，内容数字版权加密保护技术，英文全称 Digital Rights Management，是一项数字权限管理技术，用来加强保护数字化的音视频节目内容的版权。

② KindleUnlimited 是亚马逊于 2014 年 7 月 18 日推出的一项服务，读者每个月花费 9.99 美元便可以阅读 60 万册电子书和音频书。此举意味着亚马逊正式进入了电子书服务市场。

在新兴市场试水颠覆性模式，既可以在一定规模下观察订阅模式的成效，又不至于损害其赖以生存的欧美市场。与此类似，纸电捆绑模式多年前就广为讨论，但由于出版巨头不愿意让利于读者，一直未大规模使用。哈珀考林斯对2万种图书施行纸电捆绑销售——买纸书送电子书，或者享受大折扣优惠。出版商希望以此促进纸本图书的销售，并培养纸书读者的数字阅读习惯。类似的产业创新有利于数字出版开拓出全新的发展模式，也是补充产业生态的重要途径。

第二节　中国数字出版

一千年前中国首创活字印刷术，出版技术曾遥遥领先于全世界。但在信息技术的各国发展进程中，历史原因致使我国包括数字出版在内的现代科技应用起步较晚。改革开放以来，我国计算机信息技术和网络技术高速跟进世界步伐，伴生了各行各业的数字化转型热潮。以1991年出版的光盘——《中国工商名录》（英文版）作为中国数字出版的开端，数字出版在技术、产业、市场等领域发展迅猛。

一、中国数字出版的发展阶段

（一）电子出版时代（1990—2000年）：实现印前工艺和出版物形态的数字化

最早的出版数字化出现在书报刊的编辑加工环节，即印前图文加工的数字化。20世纪90年代初期，随着激光照排技术的推出和普及，报社、出版社、印刷厂在印前工艺方面迅速转型，即录入与排版在电脑上完成，形成了以方正"书版""维思""飞腾"等为代表的新一代数字化印前出版系统。这一阶段也被称为"桌面出版时代"。先进的图文排版软硬件的应用增加了复杂图文设计的无穷变幻，将出版设计推到一个新高度。批量运用电子改稿，在录入与编辑加工环节，运用编辑出版软件，省略了重复邮寄稿件的过程，降低了出版物的错误率，提高了出版速度和质量。这些排版软件的出现已实现传统出版物加工工艺的数字化。

编辑加工后的产品，大多数进入了传统印刷出版环节，加工成纸制出版物进行销售，原始数据的存储得以数字化的形式加以保留，便于今后深度的数字化开发与使用。数字化的存储形态比较有代表性的有可擦写的软磁盘与CD光盘两种，也有一小部分产品，以电子出版物的形式发售，制作成 CD 光盘等形态直接出售。随着计算机的推广与普及，创作作品也日渐数字化，作者投稿越来越多地以电子版形式提交，省略了对稿件进行专业的录入加工的环节。创作、编辑加工环节的数字化，大大提升了出版效率，为数字出版的发展打下了基础。

（二）互联网出版时代（2000—2005 年）：突破了单机版的出版物形态

2000 年，三大中文门户网站（搜狐、新浪、网易）在美国纳斯达克挂牌上市，此后互联网在中国迅速普及。伴随互联网的发展，数字出版也步入第二个快速发展期——互联网出版时期。

互联网出版是伴随着因特网技术的发展而出现的电子出版形式，根据中国新闻出版总署（2013 年国务院组建国家新闻出版广播电影电视总局，不再保留该单位）《互联网出版管理暂行规定》，互联网出版是指互联网信息服务提供者将自己创作或他人创作的作品经过选择和编辑加工，登载在互联网上或者通过互联网发送到用户端，供公众浏览、阅读、使用或者下载的在线传播行为。

在电子出版时代，数字出版实现了加工工艺的数字化与产品形态的数字化，实现了数字内容的机读和屏读。而互联网的迅速推广与普及则突破了数字化产品的单机出版形式，实现了远程互联，以多人在线的形式共享信息，这是人类历史上信息传播技术的一次重大进步。互联网出版将出版数字化由作品的数字化、编辑加工的数字化，扩展到发行的数字化和阅读消费的数字化。互联网的独特技术也带来了一些新兴的独具网络特性的数字出版与发行方式，将数字化出版推向一个全新的发展阶段，主要表现在以下几方面：

第一，出版物加速实现网络化。2000 年之后，传统出版物的网络化非常普遍，多数传统出版单位建有自己的网站，将纸制版内容上传到互联网上，这种做法尤以报纸为多，比如各种都市报的数字版等。由于互联网出版具有出版成本低、检索方便、存储阅读空间大等优势，传统书报刊的网站不仅仅上传其纸制版的部分内容，而且将其网站建成一个综合性的资讯网站，提供相关资讯及延展性信息。

第二，出版物销售渠道网络化。在这个阶段，当当网与卓越网等一些专业的网络图书销售平台建立起来，虽然销售仍以传统的纸质书刊为主，但销售渠道的网络化，使得图书销售的中间环节大为减少，提高了发行效率。网上书店摆脱了销售的地域与时间限制，只要能上网，购书随时随时地都可以进行。在盈利模式上，由于互联网不像传统书店受到书店面积限制，无限链接使图书可以做到全品种销售，一些出版日久的旧书和图书排行榜几万名之后的书获得了新的展示空间。网络书店打破了传统书店"二八定律"的盈利模式，即书店的最大利润来源不是20%的畅销书，而是来源于网络长尾——多品种销售带来的综合收益。

此外，网上书店会将读者个人信息及其购买行为等销售信息记录下来，便于进行数据的深入分析，销售信息的数据化，有助于对出版物进行精准投放与推送。

第三，原创作品借助网络迅速发展。2001年后，一种新型的网络表达形态——博客迅速流行开来，并渐渐步入主流传播的视野。博客是个人日志的综合平台，是一个属于个人的小型数据平台。在这个平台上，博主既是创作者也是管理者，可以随意发布与修改、删除自己的作品，供人阅读与下载，也可以发布照片与音频、视频文件，并与他人进行在线交流。与此同时，一些原创文学网站如天涯社区、榕树下、潇湘书院等也迅速发展起来，一些原创作品借助网络流行开来，优秀作品被出版社签约进而成为纸介质畅销书。互联网为原创作品提供了一个刊载的平台，拓宽了创作者的投稿渠道，使原本作为读者的人也能成为创作者，模糊了传与授的界限，增强了大众对于内容建设的参与性。

第四，检索与集成成为两大发展趋势。互联网的海量信息同时也带来了使用者的不便，人们会淹没在信息海洋中，降低信息的使用效率。2000年，全球最大的华文搜索网站——百度成立，致力于向人们提供"简单、可依赖"的信息获取方式。检索与集成是2000年后互联网的两大趋势，搜索技术的出现，使得数据的集成拥有了更大的价值，一些数据库资源平台开始建立，如同方知网、维普数据、万方数据、龙源期刊等，数据资源的整合使查询检索更为便捷，也便于对数据资源进行二次开发与使用。

（三）数字出版时代（2005—2014年）：拥有完整产业链雏形的出版新业态

伴随着出版全流程数字化的演进、出版形态与出版终端的不断推陈出新，电子出版与互联网出版已经不足以概括所有的出版形态。2005年，首届数字出版博览会召开，从此，数字出版这一概念正式开始使用。具体来说，其特征体现在以下几个方面：

第一，数字出版向全流程数字化转型。数字出版是建立在计算机技术、通信技术、网络技术、流媒体技术、存储技术、显示技术等高新技术基础上，融合并超越了传统出版内容而发展起来的出版新业态，数字出版在加工工艺、产品形态与销售模式三个方面实现全流程的数字化，它突破了互联网出版在线阅读的局限，实现了手持终端的离线阅读，相对于电子出版与互联网出版来说，其产业形态呈现出相对独立与完整的态势。此外，数字出版涉及版权、发行、支付平台和服务模式，它不仅仅是指把传统印刷版的东西数字化，或者直接在网上编辑出版内容，真正的数字出版是依托传统的资源、用数字化这样一个工具进行立体化传播的新型出版方式，是集作品、编辑加工、印刷复制、发行销售和阅读消费的数字化于一体的全流程数字出版形态。

第二，初步形成自身发展的产业链。如果说互联网出版只是一种出版形式上的变革，那么数字出版则具备一个完整的出版产业链。经过多年的发展，数字出版到目前已基本形成了以内容提供企业、内容加工企业为主的内容提供商，以互联网、移动通信、卫星为主的传输渠道服务商，以综合或专业、特色数据库为主的平台服务商，以数字技术开发和数字技术应用服务为主的技术服务商，以电子书和其他新型阅读器为代表的阅读终端企业构成的一个相对来说比较完整的数字出版产业链，为整个产业的进一步发展打下了良好基础。

第三，拥有了独立的载体形式。在电子出版与互联网出版时代，数字化阅读只限于个人电脑（台式机与笔记本），这种载体的局限性大大限制了数字出版的传播效率，使数字出版在阅读的便捷性上难与图书、期刊、报纸这些纸媒体抗衡。在国内，津科与汉王分别于 2006 年和 2008 年推出采用 E-ink 电子纸的电子书。随后，引发电子书的热销，开启数字出版脱离互联网、走向独立电子终端的时代。2010 年，平板电脑加入数字出版终端的行列，这种轻薄的便携式手持电脑，可以提供浏览互联网、收发电子邮件、观看电子书、播放音频或视频等功能，刚一问世，便风靡全球，成为数字终端的时尚宠儿。伴随数字终端技术的飞速发展，技术电子阅读器、智能手机、平板电脑等便携式产品出现，数字产品拥有了与纸媒体一样方便的手持式终端。载体的进步使数字化阅读迅速流行起来，为数字出版的大规模推广与普及提供了保障。

第四，全数字销售模式。2011 年 7 月 19 日，全球最大的网络书店——亚马逊书店宣布其电子书销售册数持续三个月超过网站上纸制精装本图书的销售册数，亚马逊书店每卖出 100 本精装本纸质书（其中包括还没有电子版的纸质书），会售出 143 本电子书，而且两者的差距不断在扩大。在我国，全数字销售模式也紧随出现，汉王集团推出汉王书城，提供免费与付费两种形式的电子书下载。在互联网出版时代，网络销售只限于纸制版书刊，部分地实现数字化销售，而电子书的直接销售标志着图书销售全流程数字化的实现。

第五，整合多种媒介形态。数字出版与以往的媒介形态最大的不同之处在于它是一种涵盖了多种媒体形式的出版方式，它采用了文字、图形、图像、动画、网页、声音和视频等多种媒体表现手段，为受众提供及时、同步、全方位立体化的视听读信息，是人类现在掌握的信息流手段的集成者。但这种"全媒体数字化"的表现形式并不排斥单一的表现形式，而是在整合运用各媒体表现形式的同时仍然很看重传统媒体的单一表现形式，并视单一形式为"全媒体"中"全"的重要组成。

时任新闻出版总署副署长孙寿山在 2012 年数字出版年会上说："数字出版产业链日趋完善，数字出版产品技术日益丰富，数字出版赢利模式日渐成熟，数字阅读消费习惯日渐形成的良性态势。"孙寿山在总结我国数字出版产业所取得的新成绩时指出，数字出版在各个领域表现出持续发展的良好势头，产业发展步入升级换代的新阶段。

（四）"互联网+出版"时代（2015 年至今）：融合发展走向纵深

2015 年 3 月李克强总理在政府工作报告中首次提出"互联网+"行动计划，引发了出版业与互联网关系的讨论热潮。同年 4 月，国家新闻出版广电总局联合财政部出台了《关于推动传统出版和新兴出版融合发展的指导意见》，被资本市场解读为扶持"互联网+"出版的具体政策。2015 年 7 月国家新闻出版广电总局公布了第二批数字出版转型示范单位名单，带动了传统出版单位进一步转型升级，促进了传统出版与新兴出版的融合发展。

第一，线上与线下融合出现新趋势。2015 年 11 月 3 日，亚马逊在西雅图开设第一个实体书店，标志着全球出版业线上与线下的融合出现新趋势。继亚马逊之后，中国最大的网络书店当当网也宣布将推行开设实体书店计划，预计3年内开到1000家。事实上实体书店也早已开设了众多网上书店，如浙江新华的博库书城、新华文轩的文轩网等。网络书店搞实体，实体书店进网络，实质上都是线上与线下的融合，两种O2O模式各具优势，未来走向有待观察。

网络书店开设实体书店也意味着实体书店有着不可替代的价值，国家政策的扶持与体验经济的兴起，使得实体书店出现了复苏的迹象。2015年方所书店(集书店、美学生活、咖啡、展览空间与服饰时尚等混业经营为一体的书店，专门设有"方所推荐""媒体推荐""网络意见领袖推荐"等特色书架)的概念店"衡山·和集"、诚品大陆首家旗舰店"诚品生活苏州"、北京的雁翅楼24小时书店等新兴的实体书店相继开业，而同年12月开业的无印良品旗舰店上海淮海755店将图书与相关商品搭配摆放在一起，有效地促进了图书销售。由此可见，融合了阅读、休闲、信息咨询等多种功能于一体的文化消费场所，正在成为实体书店发展的重要方向。

第二，版权运营带动多种媒体联动发展。2015年互联网巨头百度公司(Baidu)、阿里巴巴集团(Alibaba)、腾讯公司(Tencent)相继加大对网络文学的投资力度。2015年1月，百度文学与苏宁阅读达成战略合作；3月，腾讯文学与盛大文学联合重组成立阅文集团；4月，阿里巴巴进入网络文学领域，成立阿里文学。互联网巨头进入网络文学领域一方面是为了利用网络文学提高人气扩大流量，另一方面则是为了掌握网络文学的版权，进行版权运营，进而掌握进入游戏、电影、电视、动漫等领域的主动权。网络文学成为具有活力、创造力的新领域，2015年许多热门的游戏、电影、电视剧如《花千骨》《琅琊榜》《盗墓笔记》等都改编自网络文学。在网络巨头高度重视版权运营的同时，传统出版企业也相继在版权运营方面加大了力度，许多出版传媒企业大力投资影视作品，或者向影视媒体延伸。同年2月，金盾出版社联合启迪传媒集团共同开发"中国金盾电视联播平台"；4月凤凰传媒旗下译林影视投资拍摄的电影《左耳》上映五天累计票房就达2.6亿元，并在各大视频网站热播；5月，读者出版传媒与优酷土豆集团旗下合一影业、北京深蓝文化传播有限公司签署独家战略合作协议，拟将《读者》等杂志的优秀文学作品改编为微电影或微视频上线；6月，大地传媒拟定向增发

4.375 亿元股份和现金支付 1.875 亿元收购笛女影视 100%的股权。出版传媒企业向影视媒体延伸为版权运营创造了便利条件，多种媒体联动出版使数字出版更加立体。

第三，移动媒体成为多媒体融合的焦点。作为将科技、媒体和通信融合在一起所形成的产业，TMT① 产业是"互联网+"出版的重要支撑。在中国的手机网民数量已经超过 9 亿的背景下，移动媒体成为 TMT 产业发展的重要载体，是未来最具发展前景的媒介形态，微博、微信的影响力已经对传统媒体提出了严峻挑战。

在纸媒广告普遍下滑、电视广告维持现状的背景下，手机广告却实现了惊人的增长。"今日头条"等手机媒体将广告功能与购买功能融合在一起，实现了即时购买，广告效果立竿见影。手机阅读、手机动漫、手机游戏、手机视频发展迅猛，移动媒体已经成为出版企业争相进入的重要媒体，成为各种媒介相互融合发展的重要载体。2015 年 4 月，时代出版传媒公司在其"时光流影"平台正式开通了"微信时光书"功能；9 月，长江少年儿童出版社与咪咕数字传媒有限公司共同签署了战略合作协议，联合进军儿童移动听书市场；天津出版传媒集团旗下北方教育出版网的微视频课程与习题讲解可以通过手机支付即时观看，而浙江出版集团则一直在向"全国重要的数字移动多媒体出版企业"的目标努力。

据中国新闻出版研究院发布的《2018—2019 中国数字出版产业年度报告》，移动出版 2018 年的收入为 2007.4 亿元，在数字出版总收入中所占比例为 24.1%，说明移动出版在数字出版产业中占据了相当比重。在这一阶段，"互联网+"出版的本质是数字出版立体化，全面走向纵深发展阶段。

二、中国数字出版的发展现状

（一）数字出版规模逐渐扩大

从 20 世纪 90 年代诞生至今，中国数字出版产业一直保持了强劲增势。从营

---

① TMT，是电信、媒体和科技（Telecommunication，Media，Technology）三个英文单词的首字母，指以互联网等媒体为基础将高科技公司和电信业等行业连接起来的新兴产业，TMT 行业的特点是信息交流和信息融合。

业收入看，从 2006 年的 213 亿元到 2018 年突破 8330.78 亿元，12 年时间增长 39 倍，是我国新闻出版业所有门类中增速最快的领域。从用户数量来看，截至 2018 年年底，我国数字出版产业的累计用户规模达到 18 亿人（家/个）（包含重复注册和历年尘封的用户等）。

从产品种类看，早在 2005 年 4 月时，中国电子书市场规模总量已达 14.8 万种，成为全球第一。从 2009 年到 2012 年，互联网期刊产品从 9000 种增加至 2.5 万种，增长率达到 177.78%；电子图书产品从 60 万种增至 100 万种，增长率为 66.67%；互联网原创作品的产品增幅较大，从 118.68 万种增至 214.43 万种，增幅高达 80.68%；数字报纸产品从 500 种增至 900 种，增幅高达 80%，仅次于互联网原创作品；中国数字图书馆用户超过 1000 家，55% 的省级图书馆开始使用 eBook。

中国新闻出版研究院的《第十六次全国国民阅读调查报告》显示：2018 年我国成年国民包括书报刊和数字出版物在内的各种媒介的综合阅读率为 80.8%，较 2017 年有所提升，数字化阅读方式（网络在线阅读、手机阅读、电子阅读器阅读、平板阅读等）的接触率为 76.2%。

数字出版作为我国新闻出版业的战略发展重点和产业转型升级、融合发展的重要支撑的地位和作用日益凸显。政府已将文化产业作为我国国民经济支柱产业纳入国家发展规划，作为文化产业中极具发展潜力的新兴业态，数字出版在其中发挥的作用将日益提升。数字出版规模的持续扩大，反映了我国数字内容市场需求日益旺盛。在互联网和移动互联网的快速发展下，国民的消费理念、消费意愿、消费习惯、消费渠道日益多样化，为数字出版的内容生产、技术应用、产品开发、运营模式提供了源源不断的创新动力。

（二）产品及服务形态更加丰富

特色资源数据库建设：通过专业出版资源的数据化、结构化、多维化，我国正在实现海量出版资源在数据库中聚集，进而打造出专业领域优质内容服务平台。有的特色资源数据库针对特定群体的特定需求而开发，也有针对特定主题而开发的，如人民军医出版社打造的医学资源数据库、社科文献出版社为"一带一路"打造的特色资源数据库等，已经取得良好的收益。

移动端产品的可视化、多维化创新：在新闻客户端，通过图文、短视频、动画、动漫、游戏等多种形式呈现新闻报道，实现了一维到多维、可读到可视、平面到立体的服务转化也成为数字出版业的常态。如新华社的新闻客户端推出了"动新闻"栏目，用 3D 技术还原新闻现场。

数字教育产品与服务形态迅速崛起：很多教育出版社和专业出版社都搭建了自己的慕课①平台，开发了基于自身内容资源的慕课课程。如人民卫生出版社开发了中国首套国家级医学数字教材，并联合全国 180 余家高等医学院校成立了中国医学教育慕课联盟，搭建了人卫慕课平台。

数字出版新技术层出不穷：数字出版产业的快速发展对新技术的要求越来越高。柔性显示技术、3D 打印技术和增强现实（AR）技术在数字出版领域出现，业界普遍关注并寄予美好愿景，也给数字出版产业持续发展带来新风。这三种技术革命性地改变了数字终端的呈现形式，囊括了从产品设计到制造环节、从人体器官到数字烹饪等多个领域的打印技术，涉及人工智能、遥感、网游、信息交流互动等许多领域。

（三）政府支持力度持续加大

在数字出版产业发展壮大的过程中，我国政府采取了一系列促进新型业态发展行之有效的措施，充分发挥了引导者和推动者的作用。

2002 年 6 月 27 日，国家新闻出版总署和信息产业部颁布了《互联网出版管理暂行规定》，标志着互联网出版开始步入规范化管理阶段。

2008 年设立科技与数字出版司，形成了互联网期刊、电子图书、多媒体互动期刊、数字报纸、手机出版等数字出版产业形态。

2010 年新闻出版总署出台数字出版里程碑——《加快数字出版发展规划》《关于发展电子书产业的意见》中明确提出，启动"国家数字版权保护技术研发"和"国家数字复合出版系统"等数字出版重大工程项目；支持非公有制企业从事数字出版活动；支持民营新技术公司研发基于不同传输平台和阅读终端的游戏、动

---

①　慕课（MOOC），"M"代表 Massive（大规模），单门课程可达上万人；第二个字母"O"代表 Open（开放），以兴趣导向，不限身份均可开放；第三个字母"O"代表 OnLne（在线），学习在网上完成不受时空限制；第四个字母"C"代表 Course，即课程的意思，慕课已经发展为主流的在线课程开发模式。

漫、音乐等数字出版产品和具有自主知识产权的移动终端等硬件设备。

2015 年，国家先后出台了《关于积极推进"互联网+"行动的指导意见》《关于促进大数据发展的行动纲要》《中共中央关于繁荣发展社会主义文艺的意见》等一系列政策文件，都对数字出版产业起到有力的助推作用。

2015 年全年新闻出版项目获中央文化产业发展专项资金支持 21 亿元，其中获得中央文资办支持的数字出版转型升级项目达 77 个，获拨文化产业发展专项资金 6.27 亿元。国家财政下达文化产业发展专项资金 50 亿元，共支持项目 834 项，用于推动新闻出版业数字化转型升级的项目进一步增多。

一系列政策的出台为进一步推进新闻出版业的转型升级，推进传统出版与新兴出版融合发展指明了实施路径和重点方向，标志着新闻出版业数字化转型升级、融合发展已经从统一思想认识步入实质性建设的新发展阶段，推动着我国数字出版产业进入全新阶段。

（四）数字版权保护取得新进展

数字版权保护对数字出版产业链的健康发展起着至为关键的作用，是产业发展的基石。国家在既保护作者权益又保证数字出版企业持续发展的前提下，兼顾各方，积极构建健康适当的信息传播秩序。数字出版标准体系建设进入新阶段。由中国提出的首个新闻出版领域的国际标准《国际标准关联标识符（ISLI）》，已经由国际标准化组织（ISO）于 2014 年 5 月正式发布。ISO 将 ISLI 国际注册中心的承办权授予总部位于中国香港的国际信息内容产业协会（ICIA），这也是首个落户中国的国际标准注册中心。

数字版权保护标准建设正在有序推进。全国新闻出版标准化技术委员会制定的数字版权保护技术研发工程标准研发包的 25 项标准已经完成了审查、报批工作，并根据要求组织了标准培训。

数字版权立法保护工作取得新进展。2014 年 7 月，《中华人民共和国著作权法（修订草案送审稿）》向社会公开征求意见结束。2014 年 9 月开始实施的《使用文字作品支付报酬办法》提高了原创作品的基本稿酬，并将使用文字作品付酬标准的适用范围从出版领域扩大到数字网络等领域。2014 年 10 月公布的《最高人民法院关于审理利用信息网络侵害人身权益民事纠纷案件适用法律若干问题的规定》，明确了利用自媒体等转载网络信息行为的过错及程度认定问题。

数字版权保护标准建设不断推进，数字版权立法工作也有新进展，实施立法、司法、行政与社会多重保护，扎实开展版权保护技术研发工程，数字产权保护工作取得明显成效。

三、中国数字出版的主要问题与瓶颈

我国数字出版产业在政府和企业的共同努力下，取得了丰硕的成果，得到长足发展。但是，数字出版产业持续发展中还面临着一些障碍和瓶颈，应当引起业界和管理部门高度重视。

第一，数字出版产业链亟须整合。数字出版市场存在的产业链整合模式有信息技术运营商主导、出版商主导和终端商主导三种产业链整合模式。新时期我国出版模式多样化、参与主体复杂化和内容增值技术化趋势明显，数字出版的生产业态及产业链越来越复杂，特别是数字出版的内容商价值链、渠道价值链和买方价值链并未形成整合优势。在社会化阅读背景下，数字出版产业链有必要重新整合，构建一条完整、和谐的产业价值链是当务之急。

第二，数字出版业务流程需要完善。传统数字出版的业务流程是选题、组稿、审稿、加工、数字化处理、加载技术、试阅读、网络销售、读者库建立、互动机制、更新或增值服务、咨询服务、市场反馈、产品和内容服务升级。但这种业务流程的弊端和不适应性逐渐凸显，表现为数据格式不统一、数据传递不流畅、内容资源无法共享、跨平台阅读难以实现等，这些都很大程度上影响了用户使用体验效果，降低了受众对数字出版产品的关注度和消费欲望。

第三，数字出版技术需要不断更新。当前数字出版产业的常用技术是各种移动终端带动数字出版用户的普及。这种模式的优势是数字产品覆盖的范围广、影响面积大，但劣势在于呈现形式相对固定、技术含量不高。以手机报业务为例，目前许多企业推出的都是平面浏览的方式，其本质等同于传统报纸的电子化。浅层次的技术开发，远远不能满足不同层次、不同需求的用户多元多样的需求。手机终端的优势没有被充分利用，语音数字报、彩信数字报、交互式数字报等新形式没有得到发展，数字出版技术更新的步伐需要进一步加快。

第四，数字出版人才匮乏。数字出版的发展速度越快，对人才的数量和质量

要求越高。我国目前数字出版人才远不能满足产业发展的需要。国内培养数字出版专业人才的高校少之又少，社会上又缺乏数字出版方面的再教育，导致许多人仓促入行，技术水平参差不齐，影响了数字出版产业的持续发展。那些既懂经营管理，又有商业经验；既掌握专业科技知识，又能够熟练操作；既懂法律法规，又能灵活运用；既善于分析研判，又能掌控大局；既懂国内市场，又有全球眼光；既能讲好中国故事，又懂外语会翻译的复合型人才匮乏。

第三章　电子图书：与传统图书融合并进

图书是人类知识传播的重要载体，印刷术被誉为世界文明史上的重要发明。进入 20 世纪后，计算机技术催生的电子图书以及移动互联网再一次改变了人类的知识传播和阅读方式。电子图书自诞生以来就对传统纸书形成巨大冲击，但冲击并不意味着完全取代。《2019 年中国图书零售市场调查》数据显示：2013—2019 年中国图书零售市场的码洋规模呈现逐年增长的态势，且我国的图书市场保持着平稳增速运行；网店销售前 1% 的图书品种的码洋贡献率为 63.296%，明显高于线下书店的销售前 1% 的图书品种贡献率。尼尔森监测的 10 个区域市场(美国、英国、爱尔兰、意大利、法国、澳大利亚、新西兰、印度、南非、巴西)中有 5 个区域市场的纸质书销量同比上升。这说明传统纸书与电子图书都具有长久的生命力，特别是在复合数字出版的新环境下，新旧共存、相互促进将会持续相当长的时期。

以科技为特征的时代背景下，电子图书势必极大地改变出版形态和市场格局，从阅读终端到电子书产业链、从纸书出版到多媒体复合出版、从机构出版到自出版等各个层面无不呈现出全新的发展态势，电子图书与其他数字出版产业的关联将进一步深化，融合交织的产业趋势也将持续推动电子图书迈向新的发展阶段。

第一节　电子图书发展历程

一、电子书技术发端(20 世纪 70—90 年代)

电子书曾经是 20 世纪早期科幻小说中的事物，但随着科学技术的进步，电子图书从科幻走入现实。电子图书从无到有再到成为数字阅读的主流，中间面临过很多的障碍，其发展并非一帆风顺。早在计算机和网络技术发展之初，人们就想到将墨香四溢的纸质书籍变成可在互联网共享阅读的电子化图书。1971年美国伊利诺伊大学一名28岁的学生迈克尔·哈特(Michael Hart)获得了学校材料研究实验室中Xerox Sigma V大型计算机的使用权限，后来这台计算机是组成早期因特网计算机网络的15个节点之一，哈特认为有朝一日公众都可以接触计算机，于是他决定将书籍电子化供人们自由使用，发起了一项名为古腾堡工程(Project Gutenberg，古腾堡，1400—1468年，德国发明家，西方活字印刷术的发明人)的图书电子化非营利项目。古腾堡工程在美国境内率先引起纸质图书电子化的风潮，并影响到全世界。

电子图书在最开始的相当长时间里仅靠工作人员的手工输入，工作效率极低，也造成电子图书存量极其稀少、种类单一，尽管类似古腾堡工程的机构召集大量的志愿者和工作人员，仍难以解决当时的难题，直到20世纪80年代图像扫描仪和光学文字识别软件投入使用才得以改善。但20世纪80年代至90年代，电子书的文本格式庞杂，阅读软件之间相互不兼容，而且只能端坐在计算机前才能获取内容的阅读体验并不舒适，因而极大限制了电子图书的发展。

二、电子书技术及市场起步期(20世纪90年代末)

20世纪90年代末人们开始尝试新的电子式阅读解决方案，1998年美国推出Rocket eBook(火箭书)，Softbook是最早的电子书阅读器，如图3-1、图3-2。Rocket eBook和Softbook的屏幕仅能呈现黑白和灰度，闪存容量为4 MB，可存储约10本常规书籍或4000页，能够通过串口或内置调制解调器将电脑和互联网的书籍下载到阅读器书架，电池续航时间有5~17小时，Rocket eBook售价200美元，而Softbook则要近600美元。电子阅读器刚问世时并未被出版行业所认可，但新闻媒体给予了极高的关注，并赋予其和活版印刷创世发明比肩的赞誉。尽管如此，业界碍于盗版和盈利模式的担忧仍踯躅不前。

2000年3月，发生了一件轰动出版业界和互联网产业的事件。西蒙舒斯特公司以电子格式在网上发行了惊悚大师斯蒂芬·金的小说《子弹骑手》，24小时之内就有大约40万名读者下载了这本标价2.5美元、66页的惊险小说。空前的公

图 3-1　NuvoMedia 公司发明的火箭书　　图 3-2　SoftBook 出版社发明的 SoftBook

众回应确实证明了电子书市场的巨大价值，这一重要事件激发了出版商投身电子书的热情。兰登书屋、汤姆逊公司、西蒙·舒斯特出版社、巴诺连锁书店等大型传统出版商纷纷转战电子书领域。微软、Adobe、宝石星（Gemstar）等电子技术领头羊企业也不甘于后，陆续开发自主品牌的电子阅读器，并积极洽谈合约作者和处理数字版权管理事务，鼓励网民下载书籍，使用电子阅读器进行消费体验。受到国际技术风潮的影响，国内一些具备实力的电子制造商也开始涉足电子图书。2000 年天津津科电子有限公司率先推出"翰林"电子阅读器。在经典案例的刺激下，全球范围的电子图书领域尘嚣四起。

　　然而市场反应却出现令人尴尬的境况，《子弹骑手》的传奇案例再没有出现过，而且作者、出版社、经纪人之间关于电子版权的问题纠纷不断，导致电子图书的定价、分成和盈利方式面临严峻考验。市场调查显示主流消费人群对电子阅读器偏好度较低，仅在 13~24 岁青年群体有着较好的反应。另外，20 世纪 90 年代的互联网泡沫让曾经卷入漩涡的出版集团心有余悸。因此，在 21 世纪的前 6 年电子图书市场的预期被看低，大多数出版商降低电子阅读器的资金投入，只将电子出版作为"副业"。在 B2C 电子商务还未成气候的时期，电子图书始终难以找到可持续的商业模式，但是一些巨头科技公司和互联网企业却一直顶着市场风险坚持开拓和完善着电子出版。

三、电子书成熟期(2002—2011 年)

2002—2005 年美国电子书销售发展缓慢，收入增长起伏平缓。其中 2004 年末出现过一次小高峰，但随后迅速下滑，到 2005 年第四季度跌入谷底，仅为 2004 年同期的 62.6%。在技术层面却出现新的转机，2005 年美国 CES 国际消费电子展会上，E-ink 公司展出研发的新技术——电子墨水屏。此外，B2C 等商业模式的成型推动了电子出版业的长足发展。

2007 年 11 月，亚马逊推出采用了 E-ink 公司技术的 Kindle(图 3-3)，再次在全世界掀起电子书热潮，并有效带动电子图书出版产业的发展。2006 年至 2007 年是美国电子书销售收入快速增长期，其中 2006 年同比增长 84.69%。2007 年第二季度仅批发渠道的销售收入达 810 万美元，还不包括图书馆、教育部门和专门的电子销售渠道销售的电子书。同年 6 月美国苹果公司投放市场的第一代 iPhone 开启了智能手机的大众普及时代。

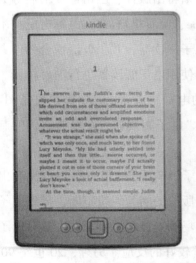 

图 3-3　亚马逊推出的 Kindle 一代　　　图 3-4　富士通彩色阅读器 FLEPia

由于市场的良好表现，电子书终端研发得到刺激。2009 年 2 月亚马逊推出 Kindle2，更薄、电力更持久；3 月日本富士通推出全球第一款彩色电子书阅读器 FLEPia(图 3-4)；5 月亚马逊推出大屏幕的 KindleDX，瞄准报纸、杂志、教科书等市场；7 月中国台湾地区宣布引进中文电子书阅读器 iLiad(i 读礼)，并推出结合内容的 Book11 平台；7 月三星推出 SNE-50K 电子书阅读器。

作为电子阅读器最大的竞争对手——智能手机和平板电脑，在 2009 年至 2010 年期间表现出强劲的发展势头。2009 年年初苹果智能手机第三方应用市场 App Store 突破 50 万下载量，APP 应用数量达到 15000，而到 4 月下载次就已达 10 亿次。2010 年 3 月"图书"(Books)类别应用首次超过"游戏"(Games)类别，可供下载的 APP 应用数量已有 15 万个。2010 年 1 月 27 日史蒂夫·乔布斯在美国旧金山芳草地艺术中心发布苹果平板电脑——iPad，4 月正式发售后的两个月内就销售出 200 万台。苹果 iPad 重新定义了平板电脑的概念和设计思想，真正促成平板电脑成为具有巨大市场需求的产品。

图 3-5　苹果 iPhone 6

图 3-6　ibookstore 图书下载页面

四、电子书高速发展期(2012 至今)

2012 年起世界电子书市场逐渐形成，依各个国家的技术和市场发展的程度不同可分为：率先发展的国家(如美国、英国、韩国、澳大利亚)、第二批发展的国家(如德国、法国、西班牙、日本)，以及起步发展的国家(如巴西、印度)。① 另外，德国法兰克福书展上发布的《全球电子书市场》报告显示，在欧美市场，美国 2011 年电子书市场占整个图书市场份额的 20.2%；最大的网络书店——亚马逊网站目前的电子书销售情况已经超过了纸质书。诸如苹果的 iPad 和亚马逊的 Kindle 等电子书阅读器的热销，又给电子书的销售增加了动力。2012 年皮尤研究中心的报告显示，在过去一年中，有五分之一的美国人至少读过一本电子书；43%的美国成人表示，他们在过去一年中通过电子书、平板电脑、电脑、手机等形式读过电子书或是其他形式的长篇文章(电子杂志、学术期刊、新闻报道等)；28%的美国人至少拥有一件电子阅读设备，比如平板电脑、电子书等。与美国相比，英国 2010 年的电子书产品销售同比增长 20%，至 1.8 亿英镑，而平板电脑和大屏幕智能手机的普及，则为这种增长提供了持久的动力，2011 年英国电子书已占图书销售量的 11%。德国的电子书市场稍逊色于英国，而法国、荷兰和西班牙等国的电子书市场尚处于发展的摸索阶段，但均处于较高的增长速度。2014 年 7 月，由 Impress Business Media 公司旗下的研究所发布的《电子书商务报告书 2014 版》对日本电子书的总体市场进行了详细分析。报告显示，2013 年度日本电子书市场销售额已达 936 亿日元，比 2012 年增长 28.3%。若包含电子杂志在内，市场销售总额将突破 1000 亿日元。

中国电子书产业发展基本与世界保持同步，《2013—2014 中国数字出版产业年度报告》显示：自 2001 年电子图书出版以来，电子图书出版量逐年递增，并从 2005 年步入高速发展期，每年以两位数攀升，截至 2013 年年底，中国电子图书出版总量超过 100 万种，2013 年电子图书产业的收入规模超过 38 亿元，总体发展态势良好。此外，随着新媒体介入民众文化娱乐生活的程度日益加深，自媒体红人出版、新媒体营销带动出版项目等已成为新兴热点。

第二节 电子图书概念

电子图书(也叫电子书，Electronic Book 或 eBook)是指依靠数字设备进行阅

① 李霄. 摸底全球 10 国市场：电子书风采依旧[EB/OL]. [2013-01-31]. 中国新闻出版网. http://www.chinaxwcb.com/2013-01/31/content_262614.htm.

读、复制和传输，且具有文字、图片、声音、影像等多种符号的数字化图书。常见的电子书设备有 PC 个人电脑、智能手机、平板电脑、电子书阅读器、个人数字助理(PDA)等。电子书一般包括两种类型：一种是基于电子书阅读器的数字图书，另一种是源自网络出版具有多载体通用性的数字图书。

一、电子图书特点

(一)传播特点

电子图书是人类社会生产环境和传媒技术变革的时代性产物，从信息生产和传播的角度看，其与传统图书最大的区别是实现无纸化印刷、即时性出版、网络化传播和电子化阅读。

(1)无纸化印刷。电子图书的电子信号形态使其摆脱了对物理载体的唯一性限制，纸张数量、质量不再成为局限书籍内容传播规模和效果的要素，出版生产对自然资源的需求大幅下降。国内移动应用中最大在线书库"网易云阅读"的数据显示，2014 年网易云阅读所有电子书产生的阅读量相当于 2.8 亿册纸质书，相当于 2800 万棵树木，以大兴安岭的树木量来计算，用户选择用电子阅读代替纸质书，一年下来相当于拯救 80 个大兴安岭。

(2)即时性出版。电子书出版不再受制于传统出版长周期的校对、出版、生产、销售等环节，即时出版可以将出版周期大幅缩减为几周。对于非小说类题材的书籍来说，如报告文学、杂文、随笔等纪实文体，可以将现实生活中新近的新闻事件及时纳入写作内容，在短短几周内就能够面向大众发布图书，甚至可被看作新闻写作的一种扩展。劳丽·潘妮①和莫莉·柯若普②的《狄斯科耳狄亚》(*Discordia*)写于 2012 年夏末，该书讲述希腊针对财政紧缩的抗议活动及崛起的法西斯金色黎明党。最后一章描述了 9 月 17 日纽约占领华尔街的周年抗议事件。

---

① 劳丽·潘妮(Laurie Penny)，英国 80 后记者、作家，她的博客"Penny Red"曾在 2010年入围英国标志性政治写作奖——奥威尔奖(Orwell Prize)，现为《新政治家》(*New Statesman*)特约编辑、《卫报》(*The Guardian*)约稿记者。

② 莫莉·柯若普(Molly Crabapple)，美国"80 后"艺术家、作家和企业家，2012 年"占领华尔街"运动因创作特色鲜明的抗议海报而广受关注，莫莉·柯若普艺术创作之余也为美国杂志 *VICE* 的专栏写作。

9月26日雅典爆发抗议，10月1日《狄斯科耳狄亚》就可供下载，完全能够达到新闻评论的速度。

（3）网络化传播。传统图书发行网络基于实体物流和分销渠道，这都需要企业投入大量的交通、门店、雇员等成本，发行规模越大投入则越大，地区渗透越下沉则难度越大，而电子图书的传播网络是国家举资建设的公共资源，其商业使用权的租赁成本要远低于传统方式，另外，互联网、通信网、卫星网的覆盖能力和技术扩展空间也是传统发行方式无法企及的。

（4）电子化阅读。电子屏幕的载体转换带来革命性的用户体验，尽管纸张印刷将会在很长的历史时期存在，但随着自然资源日益稀缺，翻阅纸张阅读正在被点击按键的方式取代。

（二）功能特点

（1）容量大、便于携带。现在普通阅读器或智能手机的固件存储空间一般在4G~256G，一部200万字纯文本格式的电子书大小约为3M。按此计算，一个具有电子书阅读功能的终端可存储一千至上万本长篇书籍。一本16开中等部头的书籍约有300克，2600本合计780公斤，需要使用一套占地5立方米的双面六柜图书书架。而一部阅读器或智能手机仅重180克左右，最大尺寸的平板电脑也仅相当于一本普通书籍。

（2）资源丰富、获取迅捷。以中文知名网络小说网站——起点中文网来说，截至2019年9月，其书库共有109.7万部作品供用户在线或下载阅读；华语文学门户网站——榕树下书库中长篇作品有12.3万部、短篇217.6万部；亚马逊中国的Kindle电子书商店拥有50万部作品。用户可以通过网络就可以很便捷地获取这些海量的电子书资源，并可以做到随时随地，无需专门前往书店购买实体书。

（3）多媒体阅读。多媒体电子书可以实现声音、动态图像的集成，用户可以体验到视听多维的阅读方式，有声读物、FLASH插页动画等早已为用户熟悉。一些电子书阅读APP配合声音转换插件，用户可以直接将电子书的屏幕阅读变成听觉阅读。

（4）网络化功能多元。电子书资源和渠道的网络化也为其集载了富有计算机、网络特色功能，如检索、互动、个人订制等。用户可以很方便地通过资源平台搜索想看的图书，资源平台也会主动推送和提供关联性结果；电子书页面一般都会有互动栏，而且互动也是多个对象，包括读者与作者、读者与读者、读者与平台等；一些电子书 APP 会引导式图书订单设置，如"你的性别""你喜欢的类型""个人兴趣"等，一步步形成个性化用户设定，进而为读者筛选出针对性的图书资源。

（5）功能扩展性强。电子书的功能具有良好的扩展性，只要技术开发可实现的都能出现在电子书上，而且一般是软件的扩展更新，用户的硬件替换成本低。

二、电子书格式

电子书格式是文本内容的编码方式，指对文本在存储、传输、识别、修改、呈现过程中约定的信息形式。电子书格式一般分为计算机格式、手机格式及专有格式。

（一）电子书计算机格式

（1）TXT——Text 的缩写，在 20 世纪 80 年代微软早期研发的磁盘操作系统 DOS 中就作为文本文档的存储格式，微软图形界面操作系统 Windows 诞生后 TXT 仍作为一种基本的文档格式保留下来。它主要用于保存纯文字信息，不添加任何文本修饰内容，是现今常见的纯文本文档格式之一。因此，TXT 格式具有体积小、存储方便、结构简单、病毒集载可能性低、通用性高等优点，为绝大多数电子书内容商或网站站长所偏好。现在网络上已经有很多 TXT 电子书站，专门提供 TXT 格式的电子书资源，这类电子书站起点低、流量高，且深受书友喜爱。另外，TXT 也为一般的移动设备所识别，是计算机与移动设备之间兼容性最好的格式。

（2）EXE——Executable file，是 Windows 系统下的一类可执行程序，EXE 作为一种常用的应用文件，指挥计算机完成各种复杂的任务，双击即可独立运行。它也被应用于制作电子书，采用 EXE 格式的电子书点击后可以直接阅读，并且具有多效果、多媒体形式的优点，可以实现声音、动画、相册、目录链接、模拟翻页、版面设计等丰富的阅读功能。常用的 EXE 电子书制作软件有

Webcompiler、EBook Workshop 等，这些软件门槛较低、上手快，非专业人员也可完成制作。但网络上很多病毒是可执行程序，常伪装成 EXE 电子书资源，所以下载风险较高。

（3）HTML——Hyper Text Mark-up Language，是一种制作万维网页面的标准语言，是目前网络上应用最为广泛的语言，也是构成网页文档的主要语言。HTML 文件是由 HTML 命令组成的描述性文本，HTML 命令可以说明文字、图形、动画、声音、表格、链接等。HTML 文件是可以被多种网页浏览器读取、产生网页传递各类资讯的文件。由 HTML 制作的电子书常用于电子书网站的在线阅读，也可通过浏览器下载后离线阅读，或使用电子书制作软件打包成独立的电子书文档。

（4）CHM——Compiled Help Manual，由微软 1998 年推出的基于 HTML 文件特性的帮助文件系统，支持的 JavaScript、VBScript、ActiveX、Java Applet、Flash、常见图形文件（GIF、JPEG、PNG）、音频视频文件（MID、WAV、AVI）等。由于 CHM 文件因为使用方便，形式多样也被采用作为电子书的格式。制作工具有 HTMLHelpWorkshop、EasyCHM 等，CHM 格式的电子书页面效果丰富，可媲美 EXE 格式，但比 EXE 文件小且安全性高，已经成为现在较为主流的独立打包类型电子书格式。

（5）PDF——Portable Document Format，由 Adobe 公司在 1993 年开发的用于文件交换的文件格式。PDF 是一种通用文件格式，能够保存任何源文档的所有字体、格式、颜色和图形，且不受限于创建该文档所使用的应用程序和平台。PDF 由于其跨平台、能保留文件原有格式、开放标准、安全性高的优势，以及能最大限度还原纸质图书的阅读体验，被广泛应用于文档制作，也包括电子书。最为典型的是，苹果 APP store 的电子图书资源多为 PDF 格式，以及国内外众多数字图书馆的书籍、期刊电子格式都是 PDF。

（6）EPUB——Electronic Publication，国际数位出版论坛（IDPF）2007 年 9 月推出的电子书标准，最大的特点是"自动重新编排"——文字内容可以根据阅读设备的特性以最适于阅读的方式显示。现在主流的 Windows、Mac OS X 系统均能支持，包括手机系统，在计算机上一般使用网页浏览器或阅读器进行阅读。

（二）电子书手机格式

为满足用户跨平台的需求，手机电子书阅读器也兼容计算机格式，如 TXT、

PDF、HTML 等，但也有一些手机平台独有的格式。

（1）UMD——Universal Mobile Document，通用移动文件专利权属于北京逍遥掌信息技术有限公司运营的"掌上书院"技术团队，早期针对诺基亚手机 Symbian（塞班）系统而开发的一种电子书格式。UMD 格式有两种类型，一种是封装式的 TXT 文本，只有纯文本内容；另一种是漫画 UMD，以图片为主，需要专门的阅读器才能观看。UMD 格式在塞班系统时代曾独领风骚，极大地推动了电子书的市场普及和发展。但随着塞班系统的没落，乃至 2011 年 12 月诺基亚正式宣布放弃塞班品牌，UMD 手机电子书格式很快被后起的应用所取代。

（2）JAR——Java Archive，程序设计语言 Java 的归档文件格式也是一种跨平台的文件格式，它以流行的 ZIP 格式为基础。但它的扩展性和优势功能体现在，JAR 文件不仅用于压缩和发布，而且还用于部署和封装库、组件和插件程序，并可被编译器和 JVM 等工具直接使用。作为电子书格式的 JAR 格式具有可执行性，包含 Java 应用程序，下载点击即可阅读。JAR 格式的超平台特点，使得很多低端手机都能使用电子书，因此 JAR 格式的普及率极高。另外，JAR 格式还可提供丰富的交互行为，不仅支持图文、多媒体，还可以开发手机游戏，塞班系统时代的手机游戏绝大多数是 JAR 格式。

随着手机用户对跨平台应用的青睐，手机、平板电脑等移动终端从硬件、系统平台到应用程序越加开放，电子书的手机格式不再成为用户和电子书产品之间的障碍。

（三）电子书专有格式

电子书专有格式指必须以专用软件或硬件阅读器才能实现阅读的格式，无法兼容其他阅读器。

（1）PDG——Paper Digitalization Group，图文资料数字化组格式是北京世纪超星信息技术发展有限责任公司开发的超星数字图书馆专有格式，"超星数字图书馆"是目前世界最大的中文在线数字图书馆，也是国家"863"计划中国数字图书馆示范工程项目，主要用户为国内高校，以及公共图书馆和企事业单位。阅读超星数字图书馆图书资源（PDG）需要下载并安装专用超星阅览器（SSReader），用户通过 SSReader 可以阅读超星数字图书馆的图书资料，还能实现扫描资料、采集整理网络资源等功能。

（2）CAJ——China Academic Journals，中国学术期刊全文数据库是由清华大学、清华同方发起 CNKI 工程①的成果——中国学术期刊全文数据库的专有格式，需要使用专用阅读器 CAJViewer 才能阅读内容，国内很多学术论文、期刊都采用 CAJ 作为格式标准。CAJ 格式文件的样式与 PDF 格式比较接近，一些 PDF 阅读器也可打开 CAJ 文件，但需要将文件名的后缀改为". PDF"。

（3）CEB——Chinese E-paper Basic，由北大方正电子公司拥有自主知识产权的一种版式文件格式，目前主要广泛应用于我国党政军、50 多家副省级以上机关单位的电子公文文档一体化系统。CEB 文档格式具有带语义的跨媒体版式的特点，不受平台和设备分辨率的限制，可以编辑文本、矢量图形和图像内容。CEB 版式文件不仅支持标准的 GBK、GB18030 等大字符集，可以实现简体、繁体文字的处理，而且还支持多种少数民族语言，如蒙文、藏文、维文、朝文等。

（4）AZW——Amazon 的缩写，是现阶段亚马逊阅读器主流的专有格式之一，在此之前亚马逊 kindle 硬件阅读器主要支持的格式是 MOBI，在亚马逊把 MOBI 格式发展到 Mobi 7 后由新推出的 AZW 所逐渐取代，主要为填补了 Mobi 对于复杂排版支持的缺陷，全面支持 HTML5 和 CSS3 语法，以满足更为丰富多样的版面设计、文本支持等需求。

三、电子书出版流程

电子书出版流程包括：图书数字化加工、资源数字化管理、电子书多元发布三个环节。

（一）图书数字化加工

图书数字化加工主要完成把内容基础文本制作为电子排版文档，以及将电子排版文档转化为电子书两个步骤。

1. 内容基础文本制作

内容基础文本由作者或图书版权所有者提供。传统纸质图书一般采用 OCR（Optical Character Recognition，光学字符识别）将内容转成电子文档初稿；电子原

---

① CNKI（Chinese National Knowledge Infrastructure）国家知识基础设施工程。

创内容则直接通过稿件系统将电子文稿传至编审平台。

2. 电子排版文档转化

经由 OCR 识别或文档软件制作的文稿还不能直接进入电子书制作环节，必须经过严格的审查排版环节，主要涉及文字编码规范、内容结构规范、文件存储规范等重要技术问题。具体包括：按 Unicode 编码标准整理文字编码、检查文字内容正确完整、特殊符号与阅读器的兼容性、统一规范的结构标签、格式存储规范通用等。

电子排版文档转化是现阶段图书数字化加工成本最高的环节，并且在行业内成为阻碍电子图书市场的一个因素。技术水平不高、难以形成市场标准、平台建设滞后等原因导致电子图书排版成本居高不下。据报道，京东电子图书的单本加工成本在几十元至几百元不等，当当网 2012 年电子书制作成本为 500 万元，而整体销售额也不过 300 万元。目前，行业标准之争成为国内电子图书市场的热点问题。

3. 电子书制作

将电子排版文档制作为电子书则相对简单。按照设计需求和平台特点，直接使用相应的电子书制作软件导入排版文档，设计和制作出电子书。

(二)资源数字化管理

资源数字化管理是电子书运营商实现版权管理、数据管理、资源开发的重要手段。数字图书资源管理平台的开发和应用已经成为各电子书运营商的共识，通

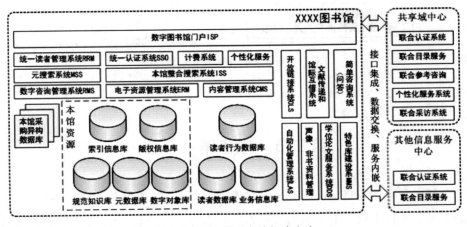

图 3-7　某数字图书馆解决方案

过数字图书资源管理平台可以对每一本已经制作出来的电子书进行元数据数字对象识别，附加标识码；利用数字权利管理技术（DRM）规范内容的合理使用；通过采集读者行为数据等方式，科学高效管理电子书资源，优化内部开发和外部使用。

（三）电子书多元发布

电子书多元发布指电子书的传播渠道多样、形态多元，满足用户数字阅读多样性的需求，体现现代出版流程再造提出的"一次制作，多元发布"的理念。通过跨平台技术，制作出版的电子书能够适应桌面互联网、手机、平板电脑、电子书阅读器等多种终端的阅读，还能够重组数字内容实现个性化数字出版。

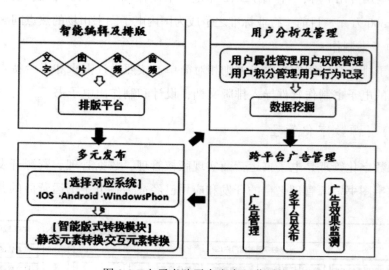

图 3-8 电子书跨平台发布运营系统

第三节 电子图书产业

全球电子书产业自 2012 年进入高速发展阶段，各类科技先进、性能卓越的智能手机、平板电脑、电子书阅读器等层出不穷，电子书占领市场的速度和幅度令人侧目。大众出版、教育出版、专业出版的现代出版业积极投身数字出版产业，不同类型的出版机构以自身特点和优势强化电子图书的市场细分，各大出版集团纷纷成立数字出版公司，重视经营电子图书业务。

一、电子书产业发展环境

（一）技术产业基础雄厚

根据领先的信息技术研究和顾问公司 Gartner 发布的市场报告显示：2016—2019 年，全球手机、平板与 PC 的设备出货量高达年均 70 亿台套；全球 IT 支出向云服务和 IoT（物联网）设备转移。电子终端产品的市场接受率高，技术研发与市场营销形成良性循环，极大地刺激了电子产品消费，阅读终端的高速发展为电子书产业营造出稳固的技术基石。

亚马逊、英格拉姆、巴诺、索尼、谷歌、Adobe，以及北大方正、中文在线、超星、书生等国内外数字化服务商和技术提供商在数字图书资源加工、供应、采集、管理、平台研发等领域具备雄厚实力，成为业内推动电子图书产业发展的技术先驱和中坚力量。

（二）内容产业规模庞大

美国数据统计最全面的 Author Earnings 网站公布报告显示：2017 年，美国网络图书销售情况，纸质精装和平装书 31 亿美元、电子书 13 亿美元、有声书 4.9 亿美元。纸质书销售为 6.87 亿册（45.5% 来自亚马逊的网络购书），电子书销售 9.69 亿册，有声书销售 1.06 亿册；英国出版商协会公布的《2013 年出版商协会年度数据》显示，2013 年英国 34 亿英镑的图书市场中，电子书约占据 17.6%，5 年间实体书同期销售下降 6%，而电子书销售增长 305%。

据产业信息网公布的数据显示，2011—2014 年中国图书整体出版规模增加、增速呈下降趋势，但 2015 年起开始回升。2015 年，实体书店销售同比下降 2.3%，线上渠道销售同比增长 30%，线上渠道首次超过实体书店销售码洋。实体书店销售码洋基本稳定、于 335 亿元波动，线上销售渠道呈持续增长态势。截至 2017 年，中国移动阅读市场规模已达到 153.2 亿元，增速达到 29.2%。随着经典出版文学和网文阅读的持续升温，IP 产业链收入将成为阅读市场规模增长有利的推动因素，未来行业将保持稳健增长。

尽管世界范围内电子书内容产业规模占总体图书市场份额尚未成为主流，但发展势头令人侧目，其倒逼态势迫使各大出版机构大力投入电子书内容生产。国内 580 家政府部门审批的图书出版社绝大多数开展有电子图书出版业务。另外，我国数字图书馆建设初见规模，电子图书数据库在高校图书馆、公共图书馆的覆盖率超过 80%，凸显信息服务质量、贴近用户需求的第三代数字图书馆技术发展为主流，数字图书馆在教育和公共服务中发挥的作用越来越受到认可和重视。

（三）用户市场空间巨大

《第十六次全国国民阅读调查报告》显示：2018 年我国成年国民人均纸质图书阅读量为 4.67 本，人均电子书阅读量为 3.32 本；包括书报刊和数字出版物在内的各种媒介的综合阅读率为 80.8%。数字化阅读方式（网络在线阅读、手机阅读、电子阅读器阅读、Pad 阅读等）的接触率为 76.2%。数字化阅读的发展，提升了国民综合阅读率和数字化阅读方式接触率，整体阅读人群持续增加。

艾瑞咨询发布的《2018 年中国移动阅读白皮书》中提及，中国移动阅读行业用户规模达 3.4 亿，35 岁以下用户接近 90%；移动阅读用户消费能力较强，其中个人月平均收入 5001~10000 元的超过半数，71.9% 的用户有付费行为，平均每月投入订阅的费用为 59 元。用户付费的习惯已经养成，市场走向良性轨道。国外电子书用户情况与中国类似，青年群体养成的电子产品使用习惯成为电子书产业发展的核心驱动，并扩展到其他年龄群体。

（四）扶持政策出台有力

随着数字出版在社会发展、人民生活中的角色越来越重要，政府部门开始重视和引导数字出版产业的发展，从指导思想、基本要求、建设目标、重点任务和保障措施等多个方面给予数字出版产业以明确的引导方向和扶持力度。

《新闻出版业数字出版"十三五"时期发展规划》指出，数字出版在"十二五"时期迅猛发展，已经成为新闻出版业的第二大产业，对于新闻出版业实现结构调整和提质增效、加快转型升级和促进融合发展起到了重要的促进作用。到"十三五"期末，新闻出版业数字化转型升级全面完成，传统出版与新兴出版融合发展初见成效；打造一批新兴出版与传统出版融合、两个效益俱佳、具有示范效应和强大国际竞争力的复合型出版机构，培育一批具有国际领先水平的新兴数字出版企业；加强科技人力资源体系建设，完善行业科技人才评估与管理机制；加强基础科技环境体系建设，推动数字出版科技创新智库建设；搭建数字出版共用的基础性科研平台。

2010 年起，国家版权局、公安部、工信部联合启动"剑网行动"，实施打击网络侵权盗版专项治理。2013—2018 年，全国各级版权执法部门共查处包括网络案件在内的各类侵权盗版案件 22568 起，依法关闭侵权盗版网站 3908 个。通过创新执法手段、加大监管力度，已经成为维护良好的网络市场秩序、保障版权产业健康发展的有利保障之一。

2017 年 3 月，李克强总理在十二届全国人大五次会议上的《政府工作报告》中明确提出"大力推动全面阅读"。随之国家新闻出版广电总局出台《全民阅读促进条例》，通过成立全民阅读促进委员会、设立国家全民阅读节、进行全民阅读立法、制定全民阅读规划、建立全民阅读基金等措施，以国家战略的高度推进国民阅读。

二、电子图书产业发展现状

（一）规模扩张转入细化提升

高速发展尘器过后，电子图书产业至 2014 年电子书产业扩张势头趋于稳定，并呈现小幅回落趋势。造成此现象的主要原因有：电子图书市场现阶段还处于规模扩张期，大多数出版机构更注重基础性项目建设，为抢占市场集中精力打造数字化加工、数字出版平台的"大""全""多"。从产业发展规律看，行业发展初期追求规模和数量是必经之路，正如电子图书产业一样，一家出版机构如果没有足够的电子书存量规模则无法体现自身实力和优势，所以现今很多出版机构仍在规模竞争中注入心血。

但随着电子图书产业的进一步发展，规模扩展式的粗放经营已经不再适应市场需求。追求规模的生产方式一方面让出版商承受着巨大的成本压力，另一方面用户对机械化的服务体验失去兴趣，这直接导致了近期电子书新书品种下滑。业内人士分析，"电子书市场增势放缓是 2014 年一个重要的产业信号，它传递的核心信息是，电子书在数字化转型初级阶段的导入使命接近完成，由此产生的数字化产业红利也正在消耗"①。可见，电子图书市场正进入阶段性突破前的蓄势归整期，而且在新媒体层出不穷的服务推送和市场营销的刺激下，电子图书产业亟待步入产品做精、做细的阶段。

（二）分类市场多样并进

1. 在线教育引领教育类图书数字出版

教育类图书市场一直是作为出版行业的重要领域，以中国为例，教学用书占到图书市场全部销售额的 50% 左右，教育类图书占据了半壁江山。在业内，教育类图书的数字出版被理解为在线教育，提供包括教材、教辅类电子图书在内的在线课堂、在线课外辅导、家庭作业系统、教学虚拟体验等（图 3-9）教育服务。

图 3-9 阿里巴巴在线教育平台"淘宝同学"

---

① 中国数字出版信息网. 电子书渐失宠 内容参差不齐成行业之困［EB/OL］.［2015-01-19］. http://www.cdpi.cn/xzx/xingyexianzhuang/dianzishu/20150119/12333.html.

在线教育行业起源于美国，在英、美等发达国家已经十分普及，近年亚马逊宣布收购在线数学教育服务商 TenMarks，谷歌也启动 C2C 在线教育平台 Google Helpouts，各大巨头纷纷在在线教育领域拓展。目前，中国在线教育市场的主体是网络公司，阿里巴巴、百度、腾讯、360 等互联网巨头都已介入到这个市场。2011—2018 年，中国在线教育市场规模呈逐年增长趋势，八年间从 574.9 亿元剧增到 2517.6 亿元。

作为教育出版原生力的传统出版社也开始着力基础在线教育，高等教育出版社、人民教育出版社、语文出版社等传统教育出版的龙头老大大力投资数字出版，从教材数字化、研发学习类软件、建设教育资源网站到参与"电子书包"（图 3-10）之类的教育项目，传统教育出版社的转型探索日渐深入。但受限于网络渠道，传统教育出版社在市场竞争中暂时难以与网络公司抗衡。

图 3-10　电子书包①

2. 专业数据库主导专业类图书数字出版

专业出版的出版内容和对象具有明显专业性，如金融、法律、医学、计算机、水利、农业、化工等领域。专业出版是目前数字出版最成功的类型，其主要方式是将专业图书数字化后组建海量的专业数据库，为专业领域的科学研究提供

①　电子书包是一种教育信息化产品，外观和操作类似于平板电脑，在基于 Android 平台开发的操作系统下运行各类教育软件，可以实现网络课程教学、班级管理、作业收发、资源共享等功能。

各类信息服务，专业数字图书馆、专业数据库是常见的产品形态。里德-爱思唯尔、汤姆森-路透、威科、约翰·威利父子、施普林格等世界顶尖出版机构是专业数字出版的典范。

专业图书的数字出版更注重数字化加工的精细化、科学化，以满足科学研究中文献检索的各类实用性需求，还包括采取标注、链接等方式在原著上加入附加增值内容，以及内容重组、按需订购等个性化定制服务。专业类图书占据了美国电子书市场的 75.9%。我国专业图书的数字出版成功案例有：开发"中华医学资源核心数据库"、人民军医出版社的医学手持阅读器，知识产权出版社的专利文献数据库，社会科学文献出版社等的皮书数据库(图 3-11)。

图 3-11　社会科学文献出版社的皮书数据库

3. 网络文学力举大众类图书数字出版

大众类图书指除教育类、专业类以外，面向普通大众的书籍，包括文学、文化、生活、健康、励志等题材。大众图书出版量约为教育类图书的一半，在出版商看来，传统大众图书量大利微，整体行业净利润水平仅在 4% 左右，其主要原因是大众图书退货率高、淘汰快、流通链长且低效，导致成本收益率低。数字化转型为大众图书出版提供一条破解之路。国外兰登书屋、英国 DK 公司、亚马逊公司已经走在世界出版行业的前列。

大众类图书与教育类图书、专业类图书不同，读者更注重消费性，以满足精神文化消费为主，更易于引入市场机制。文学网站是大众图书数字出版最典型的样式，国内成功的范例有盛大文学、中文在线等，随着网络文学和互联网经济的蓬勃发展，这些文学网站取得诸多数字出版领域的闪亮成就。2012年中国网络文学市场规模为27.7亿元，到2018年重点网络文学总体营业收入为342亿元，其中主营业务收入达159.3亿元，网络文学已成为增长最快的互联网细分产业之一，也是数字出版最为活跃的领域。

（三）B2B、B2C模式稳步发展

电子图书的B2B（Business-to-Business，企业对企业）项目主要是数字图书馆，一般包括两个范畴：数字化图书馆和数字图书馆系统，前者指数字化的图书资源，后者则指电子图书的存储、交换、流通等各类应用集成。数字图书馆不但包含传统图书馆的功能，还融合提供公共信息访问服务的诸多功能。现阶段，我国数字图书馆主要是政府主导的公共数字图书馆、高校主导的教育数字图书馆，前者突出公共服务，后者主要为高校的教育和科研提供文献支撑。

中国数字图书馆概念的提出始于1996年IBM公司和清华大学图书馆联手展示的"IBM数字图书馆方案"。1997年7月，"中国试验型数字式图书馆项目"由文化部向国家计委立项，成为国家重点科技项目，由国家图书馆、上海图书馆等6家公共图书馆参与，该项目的实施是中国数字图书馆建设开始的标志。2001年年初国家计委批准立项的"全国党校系统数字图书馆建设计划"在全国范围内掀起数字图书馆建设和研究的高潮。

目前，数字图书馆在图书馆领域的覆盖率已超过80%，并占电子图书整体市场的70%左右，其中高等院校是数字图书馆B2B业务的采购大户，政府、科研单位、企业、军队等机构用户的采购量也呈上升趋势。

电子图书B2C（Business-to-Customer，企业对客户）的业务主要指电商图书零售，即通过电子商务平台从事电子书零售业务的领域，电商冲击零售业也是最早从电子书开始的，国外主要有亚马逊、苹果、巴诺等从事电商图书零售，中国则有当当网、京东·图书、拍拍网·图书（腾讯B2C）等。当当与易观联合发布的《2018中国图书阅读市场专题分析报告》显示，截至2017年年末，中国网络零售B2C市场图书出版物交易规模达到301.3亿元，市场三巨头分别是当当、亚马逊（中国）和京东，三家占据88%以上的市场份额。电商零售基于电商的渠道平台和出版社的内容资源，是现阶段图书线上销售最直接的盈利模式。电商图书零售领域现今主要在两个方面尝试突破，一方面在渠道上创新服务和技术；另一方面加强内容建设，如引入出版社加盟、自建图书出版社、筹建自出版平台等。

（四）移动阅读、电子书包、网络文学势头强劲

狭义的移动阅读指通过移动阅读客户端渠道实现的电子书阅读，广义的移动阅读还包括新闻客户端、微博、微信、贴吧客户端等信息阅读。比达咨询发布的《2018年中国移动阅读市场研究报告》显示，2018年中国移动阅读市场规模已达到169.3亿元；日均活跃用户数上，掌阅以2042.4万人排名第一，QQ阅读以1660.9万人位列第二，书旗小说则以1467.6万人稳居第三。移动互联网的高速发展、移动设备的快速换代、5G网络的飞速普及、自媒体的迅速发展等都为移动互联网产业打下良好基础，移动阅读已经逐渐成为用户获取资讯的主要手段。并且随着碎片化阅读得到商业开发的重视，国民付费意愿大大增加，创新技术带来愈加丰富的用户体验，移动阅读市场目前已进入高速发展期。

电子书包指主要面向中小学学生用户的数字化教学移动终端，是在教育信息化进程加快背景下出现的数字产品。目前，全国已经有近一半省份的相关城市开展了电子书包试点工作。由于教材选用话语权归于教育机关、科技企业掌握技术开发先天优势两个方面的主要原因，中国电子书包的发展主要依靠教育行政部门号领、IT厂商主要推动。现阶段，微软、英特尔、松下、惠普、海尔、联想、壹人壹本等厂家都推出了各类电子书包产品。而且后进企业越来越多，三星、方正、华为、立人、金禄、中科梦兰、鼎师科技等科技公司也陆续发布、推广电子书包产品。平板电脑和云计算平台是现今各大IT厂商电子书包产品的主攻领域。传统教育图书的良好势头暂未延伸到电子书包，教材数字化受阻于传统出版社、仅靠售卖硬件盈利、设备耐用性和操作性难符要求、师生教学习惯难以短时间改变等原因，中国电子书包产业发展缓慢，远未达到预期设想的发展态势。但是从长远看，电子书包一类的教育类数字产品在教育市场上势必能占据到可观的份额。

网络文学在出版营运的最大特点就是将传统出版社变成网站，以文学门户网站为形式的自出版平台建设直接促成了网络文学的成功，草根作家的积极创作和

网民的热力追捧是推动网络文学快速发展的根本动力。而且经多年培养而成熟的"连载付费阅读"盈利模式为文学网站较好地解决了版权侵权这一出版界大难题，使文学网站获得持续成长的生命力。随着网络文学品牌效应日显，网络文学产业步入转型发展阶段，IP（Intellectual Property，知识产权）运营将成为业务重点，网络文学的 IP 运营即游戏、影视改编。网络成名小说的游戏、影视改编在市场上大获成功，再次说明网络文学在文化产业中大有可为。

三、电子图书产业发展模式

进入 21 世纪，电子图书形成产业，各国图书数字出版商及科技企业一直在探索适合市场条件的发展模式。围绕"硬件""内容""服务"三大核心要素，各电子图书市场主体根据自身优势力争抢占先机，并摸索可持续的商业模式。

（一）基于电商平台的全产业链模式（内容+硬件+服务）

基于电商平台的全产业链模式指以图书的电子商务为起点和基础，从上游的内容市场扩张到中游的渠道和服务市场以及下游的电子终端市场，广泛覆盖具有前景的行业领域。这种"巨无霸"模式要求企业具备极高的市场前瞻预测力，非凡的科技与市场创新能力以及雄厚的企业经营实力，采用这一模式的企业一般都是行业领域的巨头，难以被超越和完全复制，但其部分业务的运营方式常被中小型企业效仿。

亚马逊是该模式的典型范例，被誉为电商鼻祖的亚马逊公司成立于 1995 年，最初以网上图书零售（B2C 模式）起家，现在产品已经扩展到 3C 产品①、服装、家具、百货和生活服务等。亚马逊公司率先引领电子商务，并极大改变 21 世纪人们的消费方式，亚马逊模式被公认为最具影响力的商务模式。

亚马逊在经营网上图书零售业务之初，就力图打造"网上沃尔玛"，将订单、进货、库存、发货、支付等价值链复制到电子平台上，并充分发挥图书的种类和数量不再受到地域限制的优势，把各地分散的图书需求者聚合于统一网络平台，

---

① 3C 产品，即计算机（Computer）、通信（Communication）和消费类电子产品（Consumer Electronics）三者结合，亦称"信息家电"。由于 3C 产品的体积一般都不大，所以往往在中间加一个"小"字，故往往统称为"3C 小家电"。

以此形成规模经济造就出典型的"长尾市场"①。而且在另一大电商平台 eBay 的竞争中，由于具有图书资源优势并采取优质低价的差异化规则和长线坚守，最终于 2006 年夺得大部分市场份额，而 eBay 仅发展为支付平台。

在完成早期规模扩张及占有市场优势后，2007 年亚马逊开启革命性的战略升级——依托电子商务平台向产业链全线扩展。该年推出划时代的产品——Kindle 电子书阅读器，亚马逊触手延伸到硬件生产，利用 Kindle 系列的移动阅读设备黏合用户，走在移动阅读市场的前列。2011 年亚马逊进入平板电脑市场，推出搭载订制版 Android 系统的"Kindle Fire"平板电脑，旨在与苹果的 iPad 争夺市场。2014 年 7 月，亚马逊发布首款智能手机 Fire Phone，尽管该手机的市场反响不尽如人意，但没有动摇亚马逊的硬件战略。

除了涉足硬件领域外，亚马逊向上游产业链扩张，大力推行数字出版计划。亚马逊在 Kindle 发布的同时，打造自助出版②渠道，为独立作者发布原创书籍作品提供平台便利，并给作者 35% 或 70% 的销售分成，远高于传统实体书市场 7% 到 15% 的销售价格分成，力图增强 Kindle 平台的内容资源聚合力，进一步扩大亚马逊在内容资源市场的话语权。

亚马逊战略升级后开始推动 Kindle 的多业务融合，如基于 Kindle 平台的音乐下载、社交网络等，打造类似苹果 iTunes 的移动应用生态系统；作为云计算首创者的亚马逊在网络服务领域具有强大实力，其 AWS（Amazon Web Services）系统提供功能强大、低廉的云计算服务，年营收额达 10 亿美元。

可以看出，亚马逊从以图书到百货的电商平台作为基石，不断进行技术创新和前瞻性地开拓市场，建立世界一流的全产业供应链系统和 IT 基础，最终发展为全球第二大互联网公司，并成为其他国家的模仿对象，如印度版亚马逊——Flipkart.com、非洲版亚马逊——Jumia.com、俄罗斯版亚马逊——Ulmart.org，以

---

①　长尾市场，指在长尾效应下形成的市场，长尾理论是针对经济学中的二八定律而提出。二八定律认为，20% 的客户创造了企业的 80% 利润，企业应该优先关注优质大客户，放弃属于消费额低、服务成本高的 80% 小客户群体。而长尾理论提出：这些小微群体尽管消费力低下，但数量众多，累计起来甚至可以超过主流市场。电子商务为长尾理论做出最好的诠释，亚马逊、谷歌、淘宝等都是长尾市场经营的典型范例。

②　自助出版，顾名思义指个人完成出版，不采取传统的出版方式，不借助出版社渠道，作者自己通过网络或单本印刷来定价发行原创的图书作品。

及中国版亚马逊——jd.com(京东商城)。这些试图复制亚马逊的企业都是依照亚马逊的发展思路,先铺设具有持续生命力的电商平台,再以此为基础扩张到上下游产业。但各国限于发展阶段和市场环境的不同,一些国家已经构建出全态产业链,而另一些尚处在最初的电商平台阶段。

(二)基于内容的 IP 运营模式(内容+周边)

基于内容的 IP 运营模式指依靠原生电子书在受众市场的品牌优势,将单一的文学内容市场延伸到影视、动漫游戏等内容市场,充分延长文学作品知识产权的市场价值链条,形成以文学为核心的立体内容市场架构。这一模式适应于文化产业蓬勃、多元化的市场环境,要求企业具备多个内容产业发展的基础和实力。基于内容的 IP 运营模式在美国、日本等发达国家的文化产业中已非常成熟,如美国以漫威漫画公司(Marvel Comics)为代表的娱乐工业、日本的 MAG① 产业。中国的 IP 运营也已逐步发展起来,典型代表有阅文集团。

阅文集团是 2015 年 3 月盛大文学被腾讯集团收购后与腾讯文学联合成立的新公司,旗下拥有起点中文网、创世中文网、潇湘书院、红袖添香、小说阅读网、云起书院、QQ 阅读、中智博文、华文天下等网文品牌。盛大文学在被收购之前就已经是中国网络文学的巨头,其以经营起点网为开端,不断完善微付费的盈利模式,凭借成熟的在线电子出版机制,逐步壮大、陆续兼并多家原创网络文学网站。盛大文学为 IPO 申请而公布的最新财务数据显示,文学网站日均更新字数为 8000 万字,作者总数超过 160 万名,旗下累积注册用户数已达到 1.23 亿,2014 年市场估值 50 亿元,稳稳占据中国网络原创文学 70%的市场份额。

盛大文学在 IP 运营方面也已成为业界典范,2009 年盛大投入巨资搭建推广版权衍生品的立体营销平台,将公司发展定位于"版权运营商",全面开展版权的多元开发,具体为:统一包装、运营网络小说的电子版权、移动发布权、纸质版权及改编权等,形成以文学为核心,影视、游戏、动漫、移动阅读等多向延伸的产业链。

---

① MAG(マグ),即 Manga(漫画)、Anime(动画)、Game(游戏)的缩写。华人区域则称之为 ACG(Animation、Comic、Game),现还发展为 ACGN,在 ACG 的基础上增加了 N(Novel,小说),泛指文字读物(轻小说)。

近年来盛大文学销售的影视改编授权作品达到 900 多部，单本影视版权价格最高可达 200 万元。如湖南卫视的《步步惊心》、江苏卫视的《裸婚时代》《美人心计》《和空姐同居的日子》《我是特种兵》《小人儿难养》《刑名师爷》《浪漫满厨》《搜索》等影视作品均出自盛大文学。而在更为庞大的网络游戏领域，盛大每年有数十部网络小说改编成各类网络游戏。2014 年在 China Joy 举办国内首个网络文学作品游戏版权拍卖会上，盛大文学的《不败王座》以 810 万元成交。

腾讯文学成立于 2013 年 9 月，尽管发展时间短，但依托腾讯庞大的用户基础和成熟的全渠道平台，乘着移动阅读的风潮，腾讯文学迅猛崛起，现已居于网络文学市场前位。秉承腾讯的"泛娱乐"战略，腾讯文学全力开展内容的 IP 运营，重点负责向产业链输出优质 IP，深度介入下游版权产品的开发和延伸拓展。2013 年 9 月，腾讯文学联手腾讯视频、华谊兄弟、新丽传媒以及华人文化产业投资基金（CMC）共同成立"优质剧本影视扶持联盟"（溯源联合基金池），致力于优质小说及剧本的影视改编。在游戏动漫方面，经过多年的经营腾讯游戏已跃居中国移动游戏市场份额第一名。腾讯还推出动漫平台，巨资引入集英社等作品的电子版权，并将多部经典日漫改编为网络游戏，如《火影忍者》；同时，打造中国首款儿童网络社区游戏《洛克王国》，以此为基础推出《洛克王国》大电影以及儿童舞台剧。腾讯从多维层面构建出基于内容 IP 运营的互动娱乐产业链，在业界已是具有鲸吞能力的行业巨头。

由盛大文学和腾讯文学强强联合而成的阅文集团势必改变中国网络文学的市场格局，腾讯的"泛娱乐"战略也将继续推动阅文集团 IP 运营模式的进一步发展，未来我们即将看到国内 IP 运营巨头的强大影响，而文学作品的版权多元化商业开发模式也将给中国文化产业发展带来更多启示。

（三）基于内容的服务平台模式（内容+服务）

基于内容的服务平台模式指以优势的内容资源为基础，充分挖掘和利用内容资源向用户提供服务以实现商业价值的拓展增值。这种模式的核心是内容平台建设，如内容桌面平台、手机 APP 等，通过优质的图书资源和服务吸引个人和企业用户，从而实现盈利和良性发展，该种模式的典型有数字图书馆等。

数字图书馆起步于 20 世纪 90 年代初，近 30 多年来数字图书馆的技术、类型、功能、经营方式等都随着全球数字化进程发生巨大的改变。最初数字图书馆仅以单机计算机的形式供人查阅，而现在的数字图书馆已是集结构设计、资源管理、多媒体通信、数据库、网络支撑、人工智能等技术于一体的复杂系统。

数字图书馆从公共服务属性逐渐分化出专业服务属性，自数字图书馆诞生以来，各国均把其当作国家信息工程的重要设施，以此反映出国家的信息化水平和高度。不仅如此，2009年4月21日联合国教科文组织还发起了"世界数字图书馆"（The World Digital Library）项目，由全球规模最大的图书馆"美国国会图书馆"主导开发，目的是"促进国际和文化间的相互理解；增加互联网上文化内容的数量和种类；为教育工作者、学者和普通观众提供资源；加强伙伴机构的能力建设，以缩小国家内部和国家之间的数码技术鸿沟"①。由此可见，数字图书馆从国家层面体现出的重要属性就是公共服务。但随着数字图书馆的普及，教育、医疗、科研行业对专业数字文献的需求日益高涨，于是催生了数字图书馆基于专业文献服务的商业模式。

数字图书馆一般有四种发展模式，分别为：政府投资以国家图书馆示范为主导、基金会投资以项目为主导、高校自行投资以大学图书馆联盟为主导、企业投资以企业研发为主导。第一种模式是将数字图书馆作为国家战略，由国家和各级政府出资建设，服务对象主要是普通民众；第二种模式为非营利组织根据自身特色，建设类型化的数字图书馆，如美国国家科学基金会建设的美国人口统计制图数字图书馆等；第三种模式充分发挥高等院校的科研优势，通过高校自身的联盟平台共建协作式的数字图书馆；第四种模式是应科技企业对科学研究的需求，企业按照自身科学技术领域而专门投资筹建，IBM、Google等公司都有属于自己的数字图书馆。

无论是哪种模式和属性，数字图书馆的基本发展模式都是"内容+服务"，即以内容为核心竞争力、以服务来取胜市场。数字图书馆的内容资源是立身之本，只有优质的内容才能吸引用户。而在市场竞争中，特别是同质化的市场环境下，数字图书馆必须在服务质量和服务意识上体现和扩大竞争优势，以此"争夺"用户、抢占市场份额。

---

① 百度百科［EB/OL］.［2021-09-30］. http://baike.baidu.com/link? url=zAGtzzRAwX9ZRILgcHwNVEqT7LzlgrOYpDO3nk6Y9AjmwHVaJLScB3VNlIvInb3K0XusIm3ceEI-Gjt3oXtBhq.

在电子图书发展历程中，还出现过其他发展模式，如基于硬件的内容/服务模式，但经过市场的检验，这些模式已逐渐被淘汰。特别是随着智能手机、平板电脑等移动设备的硬件技术发展，以及 APP 应用的功能越来越多元化，电子书阅读器和单一功能阅读终端的优势已经越加微弱。而且经过近 20 年的市场竞争和整合，行业巨头的多元产业布局和市场扩张，强势侵占中小型电子图书企业的生存空间。因此可以预见，上述三种电子图书发展模式将成为市场主导。

第四章　数字报纸：报网互动的历史产物

数字报纸是报业集团面对互联网的强势冲击而形成的倒逼形势下做出的初期探索尝试。报社在自办新闻网站上单独开设栏目，并保留报纸的版式图样，刊载基于桌面端的"数字报纸"，由此，人们可以在网络页面上看到"图片化"的数字报纸。1987 年，世界上推出的第一份数字化报纸是美国《圣何塞信使报》。而中国内地则发端于 20 世纪 90 年代，报业互联网转型"报网互动"策略下的积极探索。作为传媒业界的新生事物，数字报纸出现之初业界对其给予了极高的关注和相应的积极投入。但随着移动应用的深度普及，特别是以新闻客户端为代表的移动新闻阅读应用被用户广泛认可，数字报纸作为 PC 时代的产物，已逐渐成为互联网迭代进程中走下落幕的一个典型。从学术研究的角度看，数字报纸不失为较有价值的研究对象，对它的梳理和剖析能展示出一段可兹反思的媒介发展试错历程。数字报纸在数字出版整体生态圈中一直有着较为特殊的地位，而且即使在移动阅读高度普及的当下，各大报社的新闻网站上仍保留着数字报纸，并且数字报纸依然能带来一定的盈利。

第一节　数字报纸的界定

一、数字报纸定义

根据美国国会图书馆目录部的定义，电子报纸是"一种远端存取的电脑文件型报纸"。这个定义规定，电子报纸应该有某些印刷媒介或其他大众媒介的要素，如：有自己采集发布的新闻(而不是纯粹编辑或编译)；有相对稳定的风格和作者及编辑队伍；容量和质量；连续出版或播出并定期更新等。

中国出版科学研究社国家多媒体数字出版实验室在公开报道中提出："多媒体数字报是通过多媒体数字技术把信息内容转换成各种数字终端可以阅读使用的格式，并保留传统纸质报纸的样板形式。"这一定义是较为适合描述当下数字报纸发展实际的概念。

数字报纸有电子报、网络报、多媒体数字报等称谓，目前较常见的说法有两种：一种是"以电子纸为载体的报纸"，一种是"报纸的网络版"。这两者的主要区别是，前者指的是以电子纸、柔性屏为技术载体的全新报纸，而后者指的则是报纸的网络版形态。不管是以电子纸、柔性屏（图 4-1），还是以桌面网站、户外大屏为载体，数字报均是按纸质版排版为阅读样式，据此与手机报、新闻客户端APP 区分开来，但也因大幅固定版式而制约了其在碎片化的移动阅读时代的跟进发展。图 4-2 为《北京晚报》数字报网页版页面。

图 4-1　柔性屏版数字报

图 4-2　《北京晚报》数字报网页版页面

二、数字报纸特征

从报纸自身所具有的优势上来看，在报纸长期的发展过程中，积累了许多丰厚的资本，并且因为其专业化的内容原创性以及其社会公信力，形成了一种无形的竞争资本。所以数字报纸的发展首先传承了报纸以往的优势，并且因为技术的发展而对数字报纸的传播功能进行了一定的延展和创新。

（一）传播提速扩幅

新闻最重要的价值就是时效性。在遇到重大新闻时，传统报纸要经过一系列的排版印刷才能发出新闻报道。此外，纸媒发行也受限于发行周期，最短的周期也是每日发行，而新闻到达受众的手里可能需要更长的时间，这些在很大程度上影响了新闻的时效性。而数字报纸利用数字技术和网络传输手段，采编人员在新闻现场就能将新闻稿件发回。同时，数字报纸因为省略了传统的发行流通环节，直接刊发于网络，信息传播速度得以提高，传播成本也相应地大大降低。

此外，传统报纸由于受到发行成本和采编力量的制约，在发行上往往有固定的范围，很多报纸所报道的仅限于当地的事件，只在当地发售，读者也仅限于在当地生活和工作的人，要在全国范围设置采编人员，需要具有相当实力和规模，但是数字报纸通过互联网和移动通信技术，轻易地打破了地域限制，运用无缝漫游技术实现与互联网的对接，网罗世界各地的受众。

（二）符号形式丰富

传统报纸作为平面印刷媒体，传播形式较为单一，虽然可以通过变化文字字体样式、插入图片漫画等方式来增强视觉冲击力，但是在信息的传播效果上始终具有一定的局限性。而数字报纸在技术上可以实现，除文字图片外还能加载音乐、动态影像，结合超链接对文本进行扩充，形成一个超媒体信息集合。

目前数字报采用的阅读格式有 HTML、PDF、Flash 等。其中以 HTML 网页浏览为主要形式，HTML 格式数字报能够集载声音播报功能，如《海南日报》的普通话新闻读报、《广州日报》的女声、男声、粤语多种语音读报等；PDF 格式数字报可实现在线或离线阅读，且提供读者页面缩放、检索、下载和打印等功能服务；Flash 格式数字报在阅读中可翻页动画、缩放、加入背景音乐、点击超链接等，如《湖北日报》《陕西日报》等。

随着数字报纸的用户界面日益丰富，交互功能日益灵活，读者可以通过导航功能根据自己的兴趣爱好来选择自己感兴趣的文章，不仅可以随意地放大缩小字体，还可对新闻事件进行自由讨论、互动并进行投票，查看新闻的相关资料，通过分享和转发等功能，实现了新闻信息的多级传播，扩大了新闻的传播渠道。

互联网自身具有互动性强、信息容量巨大的特点，因此数字报纸要充分利用好这些特点，更好地整合视频、音频、网络技术、信息处理技术，成为一个将多种形式集合在一起的最佳载体。同时，可以通过在数字报纸中添加广播、电视等信息来从真正意义上实现报纸、广播、电视等媒体的结合，利用超文本多层次、多形式地进行数字化报纸的报道，打破传统的单一传播方式。

（三）可回溯性和内容互动性增强

数字报纸利用网络空间，拥有了长久的储存性，所以同样的内容如果需要再次翻看，数字报纸的回顾功能更强，也方便了编辑对报纸内容的管理。所谓互动，其实就是环绕着整个新闻事件媒体以及读者之间信息的双向沟通和传播，互动性能反映出报纸读者对社会新闻事件的关注程度和参与程度。广播热线和电话交谈在一定程度上都受到了空间以及对象的制约，而数字报纸可以直接提供信息交流的渠道和平台，更加方便了人们对新闻信息的评论，让受众的互动不再是单项传播，网络的发展使数字报纸的受众和作者可以更好地互动，从而形成了一个良性循环。如《人民日报》数字报纸设置"网友留言""我给版面打分""新闻排行榜"等互动栏目。

（四）扩展型用户界面

数字报纸的用户界面一般分为固定版式栏、新闻详情栏、活动栏。数字报纸的用户观看页面会设置三分之一左右的空间展示图片样式的报纸版面；三分之一以上的页面空间作为新闻的详情栏，详情栏则采用网站新闻的排版样式；剩余空间则会开设留言区、评论区、活动区、广告页等相应的栏目。

整体新闻信息展示是扩展式结构，围绕图片报纸版在一个页面加设多个或多级栏目。这样的设计就限制了数字报纸只能在大屏终端（PC、平板电脑、户外大屏等）上才得以展示完全，而在以"小屏"智能手机为用户主入口的移动互联网时代，则较难建立适应性的应用场景。

2009年左右数字报也曾积极开展小屏化的技术尝试，部分技术商开发设计了基于手机端的数字报样式，如一级页面提供报纸版式、标题目录两种入口，二级页面则是新闻详情页。移动版跟网站版可以实现数据同步，无需二次编辑。这

图 4-3　数字报手机版页面样例

一设计样式至今仍在部分报社的自有新闻客户端、微信公众号上可见。尽管实现了小屏化阅读，但仍是扩展型架构，其中报纸"版式页面"的冗余设计既增加了用户的流量费用负担，也没有起到增强传播效果的作用。特别是"信息流产品"成为市场主流后，这类手机版数字报没有在业界真正发展起来，各类报社一般直接采用新闻客户端或微信公众号等载体形式。

第二节　数字报纸的发展历程

20 世纪 90 年代，中国进入了互联网世界。互联网使中国的报业有了更大的发展创新空间。而数字化的出现则是因为数字技术的发展、计算机和网络的出现。三次伟大的科技革命为数字化的发展提供了良好的背景条件。

第一次技术革命为人类带来了印刷术，活字印刷术也从真正意义上催生了大众传媒的产生。19 世纪 30 年代大众报刊开始出现，这标志着中国近代大众传播的开始。大规模的印刷成为可能，报纸也从贵族圈走向了平民的世界。

第二次媒介形态的改革是由电子技术带来的，它引领人们进入电子媒介时代，随着这个时代发展，人们的影像可以被记录，声音、画面可以被拍摄，印刷媒介所存在的限制被消除，电子媒介开始普及，一直到信息的全球化传播成为现实。

第三次技术改革就是我们现在的数字技术。数字媒体给这个时代带来的最大的变革就是互联网的出现。1987 年，当互联网还在实验阶段的时候，位于美国硅谷的 *San Jose Mercury News*（《圣何塞信使报》）就第一次尝试了电子版报纸的制作，这被公认为第一家网上报纸。随后，进入 20 世纪 90 年代之后，万维网的设想被提出，它主张利用互联网来传输文字、声音、图像、视频等各种多媒体化的超文本信息，并通过超链接技术将网络中纷繁的信息组织起来。我国的互联网建设开始于 20 世纪 80 年代，1986 年在钱天白教授的努力下，北京计算机应用技术研究所启动了名为"CANET"的国际互联网项目。

随后，随着人们手中平板电脑和智能手机等移动设备的普及，互联网走进人们的生活，人们获得信息的方式更加多元化，阅读方式也逐渐向网络化、数字化、移动化靠拢。在新媒体以及数字技术的强烈冲击下，传统报纸的读者开始慢慢减少，使得报纸的发行量也不断下降，传统报业受到了严重的打击从而开始向数字化转型，积极探索全媒体融合改革。

一、初始阶段：1993—1995 年

1993 年 12 月 6 日，《杭州日报下午版》开始联机传输。次年 5 月，《中国日报》成立了电子报制作公司，并在 11 月完成了电子报雏形之后，开通了只要拨打电话就可以调看几个月之内《中国日报》电子报的服务，这是我国传统报纸初步开始数字化的尝试，但是这个时候的互联网还没有真正在中国全国联网。

中国 1994 年的重大科技成果当属国家计算机与网络设施工程通过美国 Sprint 公司联入 Internet 的 64K 国际开通。这件事标志了中国全面进入互联网，随后互联网基础设施建设在我国全面铺展开来。我国的互联网在 1995 年还没有真正进入商用阶段，这使数字报纸在发展中仍然存在着各种问题。首先，当时的传统报纸还没有意识到需要拥有自己的网站以及独立的域名，基础设备的不完善使得服

务器的反应速度非常慢，服务质量很难让人满意；其次，原始的数字化加工方式，导致发布出的内容只是印刷的翻版，而没有创新排版，更加做不到及时更新。其实数字化的目的就是借助互联网拓宽发行范围，提高报纸的知名度。但是不管数字化报纸在这一阶段存在多大的问题，我国的数字报纸最终还是实现了从0到1的突破。

二、发展阶段：1996—2002 年

1996 年前后我国四大骨干网 CSTNET、CHINANET、CERNET、CHINAGBN 陆续建成开通，互联网的基础设施性建设取得了阶段性的成就。根据 1997 年 10 月发布的 CNNIC《第 1 次中国互联网发展状况统计报告》，截至 1997 年 10 月 31 日，我国上网用户只有 62 万人，联网计算机 30 万台，CN 下域名数 4066 个，WWW 站点数 1500 个。到 2002 年，网民规模增长 94.3 倍，联网计算机数增长 68.4 倍，域名数增长 43.2 倍，站点数突增 246.7 倍。快速增长的上网人数和联网计算机数给我国的数字报纸网络版带来了非常庞大的潜在受众群体。

1997 年 1 月 1 日，经过了三个域的上网调试，《人民日报》网络版正式推出，第一年的访问量突破 8000 万次，完成营收 30 万元人民币。当天，中国网的前身——中国互联网新闻中心网站开通。

1997 年 5 月 5 日《华声报》电子版以独立域名上网，在创始人高钢的带领下制作了五个专栏、一共 10 万多字的网络版，并正式定名为"《华声报》电子版"。

1997 年 11 月 7 日，新华社网站正式开通。

这些对中国社会举足轻重的数字报纸网站在这一时期逐步建立并发展起来，我国首批国家级重点新闻网站的雏形已经形成，而同一时间地方性新闻媒体也开始兴建以及发展。

1996 年 1 月 2 日，《广州日报》电子版接入互联网。1998 年 9 月 25 日，河南报业网成立。1999 年 1 月 1 日，浙江省唯一的省级重点新闻网站"浙江在线"开通。这一阶段我国的地方媒体开启了联合创办网站的新模式，国内第一份 PDF 版数字报纸《世界杯快报》也在 1998 年 7 月由新华社与湖北省青苹果数据中心联合推出。

2000 年 1 月 27 日，首次互联网新闻宣传会议在北京举行；2002 年 8 月 1 日，

《互联网出版管理暂行规定》正式实施。

同时，在这一阶段手机报纸也开始迅速发展起来。我国数字报纸将服务转向移动通信网络所做的最早尝试是 1996 年《中国证券报》电子报通过 BP 机向受众发送新闻消息。随着科技的发展，手机的发展越来越快速，与此同时手机变成了最适合传送新闻信息的渠道。2000 年《扬子晚报》开通了"扬子随身看"短信版手机报。2005 年，浙江日报报业集团、浙江在线新闻网和浙江移动公司合作启动了浙江手机报，成为我国第一份省级手机报。与数字报产生于同一时期的手机报，也经历了相似的发展轨迹，但因应用场景的不同走上了不同的道路，手机报在政务、党务、行业等领域仍发挥着较为重要的宣传教育、资讯服务等作用。

三、深入互动阶段：2003—2012 年

2003 年网络经济开始复苏，到 2006 年学术界、业界讨论实践的重点慢慢转变为强调传统报业和互联网媒体的结合，中国报业开始积极探索"报网互动"模式。新闻网站开始作为受众获得新闻的必要途径，多媒体数字报也开始成为各新闻网站必开的栏目。这一阶段，我国的新闻网站不断更新发展，新闻业务也逐渐完善，更加增强了新闻服务的时效性与互动性。数字报纸不仅为网上的报纸发行以及内容增值服务提供了基础，更为互联网广告的经营提供了手段，为平面报纸与互联网的融合提供了一种全新的形式，成为报纸向数字媒体迈进的助推器。

在这一发展阶段，我国新闻网站的重要地位在各大新闻报道中得到了充分展现，并逐步走向全媒体的发展道路。2007 年 9 月，新闻出版总署传媒发展研究所和中国数字报业实验室举办了一场专题研讨会，在研讨会中移动新媒体技术和电子报纸阅读器以及多媒体数字报刊被同时列入了实验项目中。同年年底，亚马逊研发的阅读器 Kindle 更是刺激了整个电子阅读市场。随着数字报纸行业的不断发展，数字报纸与新型终端的关系也越来越紧密，报业集团的发展目光更是转向了多媒体报纸、户外阅读终端等新渠道。国内市级以上各类报社均开设数字报纸专栏，数字报纸的功能和样式愈加多元丰富。户外广告新媒体也在这一时期兴起，数字报纸借力户外阅读终端获得大幅发展，楼宇大屏、酒店大屏等城市媒体的快速发展助推了新兴广告业态，也成为数字报纸的广告业务增长点。

四、回落下行阶段：2013 年至今

2013 年为中国 4G 元年，由此正式步入移动互联网时代。《中国传媒产业发展报告（2014）》显示，2013 年中国传媒产业结构调整出现重大变化，互联网及移动媒体行业收入的增长幅度领先，市场份额超越传统媒体。在这一背景下，各类移动应用呈井喷式发展态势，新闻客户端亦开始在国内业界兴起，网易、腾讯、搜狐等门户网站力推的聚合类新闻客户端拉开移动新闻阅读的大幕，当年即有破亿的用户量，而各专业报社也纷纷推出自主 APP 应用以跟进移动互联网发展浪潮以及适应移动阅读的发展趋势。新闻客户端迅速成为新闻业界互联网转型的主要着力点，业内也随之正式提出"移动优先"的发展理念。

在这一市场格局下，固守大屏渠道的数字报纸发展受阻明显，用户量及收入持续下滑。在技术迭代、传播模式、市场应用等方面都存在难以突破的瓶颈，致使数字报纸无法很好地适应碎片化阅读、智能终端轻量化等的发展趋向。当时被看好并作为数字报纸最佳载体的柔性屏技术，直到 2018 年才有实质性的突破和商用推广，而最终却应用于智能手机显示屏。适应性技术的错位也使得数字报纸丧失了持续发展的先机，而移动应用的快速崛起更加剧了数字报纸与新闻客户端、微博、微信公众号、抖音号等媒介渠道的差距。而且在已经到来的以 5G 技术为驱动的大视频时代，数字报纸更难找到生存发展的空间。变则不再是数字报纸，不变则唯有黯然淘汰。

第三节　数字报纸产业发展状况

以信息化和网络化作为基础的数字报纸开启了新闻出版传统流程的数字化变革，从内容创作方式、业务编辑环节、资源检系统、产品制作发布流通的形态、产业链上下游信息衔接以及资源管理等被数字技术所占据。数字媒体的产生丰富了报纸出版的内容，拓展了传统新闻出版的外延，应该说数字报纸是报业互联网转型进程中较具价值的探索成果。以技术为驱动力的现代传媒变革催生了快速迭代的新型载体，数字报纸在这样激烈的渠道竞争时代经历了一轮"爬升—下滑"的周期。

一、我国数字报纸出版市场规模

从 2000 年到 2013 年，中国数字报纸出版从无到有，取得了明显的进步。随着互联网的深入演进，移动化、场景化、视频化等新兴传播特质逐一呈现。自2014 年起媒体融合成为中国的国家战略，新闻传播业界全面启动融媒体改革。报业集团在经历了新闻网站、电子报、二维码、报网互动、手机报、客户端、全媒体化等多个阶段之后，进入了转型的关键时期，在报网融合的基础上全力拓进全媒体报道、移动传播、视频矩阵等领域。从报业的发展形势上来看，这些年我国报业在结构调整和融合改革落实方面取得进一步进展，一些缺乏竞争力、影响力以及社会经济效益的弱势媒体，逐渐退出市场舞台，停刊休刊于报业寒冬期。同时，在竞争中处于劣势的媒体，则在考虑用合作、重组、兼并等方式进入更强大的媒体集团。

在上述背景下，数字报纸逐渐形成了一定的规模。订阅收费、数字广告是数字报纸盈利最主要的两个来源，2006 年数字报纸（含手机报）的总收入为 2.5 亿元，2007 年（不含手机报）为 1.5 亿元，前 7 年数字报纸的出版规模正在不断扩大，并在 2012 年达至顶峰为 2007 年的 10.6 倍。其后因受移动应用的冲击，收入规模持续下降（见图 4-4）。

中国新闻出版研究院发布的《2013 新闻出版产业分析报告》指出，2013 年报纸出版形势严峻，多项指标明显下滑。全国共出版报纸 482.4 亿份，与 2012 年基本相同；报纸总印张数为 2097.8 亿印张，比 2011 年减少 113.2 亿印张；报纸出版实现营业收入 776.7 亿元，比 2011 年减少 85.7 亿元；利润总额 87.7 亿元，减少 11.6 亿元。同时，不同类型报纸出现分化：全国性报纸总印刷数量增长5.3%，总印刷张数增长 5.6%，省级和地市级报纸总印数与总印张数减少，一些具有全国影响力的地方报纸总印刷张数出现了不同程度的下滑。在整个行业中，数字出版的收入在不断上升，新型的数字化内容服务收入迅速增长。数字出版实现营业收入 2540.4 亿元，同 2012 年相比增加 604.9 亿元。作为细分领域的数字报纸营业收入则回降明显，与电子图书、网络游戏、数字动漫等的持续高增量形成鲜明对比。上述数据表明：传统报业在互联网冲击下萎缩明显，报业寒冬论得到验证，特别是地方报纸、数字报纸等中等规模以下的媒体受挫最大。

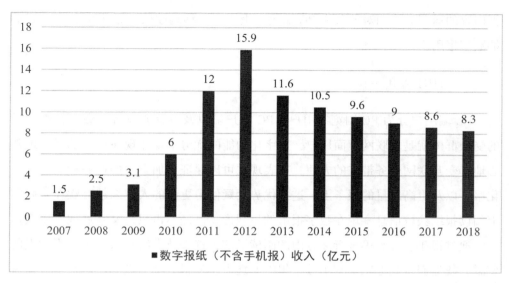

图 4-4 2007—2018 年数字报纸收入

（注：数据来自中国新闻出版研究院历年《中国数字出版产业年度报告》）

经过十几年的摸索与实践，当下报业转型主要着力于内容、渠道、服务三个方面：首先，报业的转型坚守"内容为王"，并依托网络来发展壮大报纸，坚定不移的发展内容，要求采编部门回归新闻，集中注意力做好报纸新闻的内容；不断地壮大自身，整合报纸行业的市场，拓宽报社的规模；发挥自身的优势，将报纸媒体的传播力、引导力、影响力和公信力发挥到最好，进而借助影响力来获得优质的资源，在这些的基础上实施多元化产业的转型。其次，转型重点中将新闻发布的途径由单一的纸质媒体向多元化的全媒体方向转化。通过新旧媒体的融合，来完成全媒体的战略，完成一次从生成到发布的全部过程，从而实现多媒体的多渠道发布。最后，通过系统转型措施将传统的报纸行业逐渐转入互联网，从而实现深度媒体融合。改变传统的旧有思维，培养互联网的思维和能力。改革之前旧的体制机制，培养出适合新媒体发展的社会环境，然后构建强大的融资平台以及适应互联网发展的技术平台和自主开放的用户聚集平台等，最后形成以传媒为核心的综合性的文化服务提供商。

二、数字报纸用户类型

数字报纸是出版内容结合影像、声音、图片等符号数字化的展现，按照数字报内容的运营方式和对象分为 PC 端数字报用户、移动端数字报用户和公共展示端数字报用户。

（一）PC 端用户

PC 端用户分为 PC 浏览器用户、PC 客户端以及电脑光盘等。数字报纸最早的受众群体就是互联网桌面用户，数字化功能的优势不仅体现在可以随时随地随心地享受互联网业务带来的方便，还表现在可以保证更加丰富的业务种类和个性化服务以及更高质量的服务上。这些优势无疑使得更多的人越来越喜欢在互联网上阅读报纸获取信息。现在数字报纸的呈现形式已经不再只是文字展现，受众还可以通过视频、音频等进行多方面的阅读了解，这些技术给受众带来了视觉上的刺激，使他们直观地感受到了数字报纸的魅力，使得数字报纸的用户在上升发展期不断增加。

报纸网站研究了其他更加吸引受众参与并融入数字报纸时代的策略。有的新闻网站使用了"注册会员"的形式。用户成为会员之后，可以享受更多的服务，也可以有更多的权限，比如可以在网站中阅读更多的内容，也可以发帖爆料等。这些都在一定程度上吸引了用户的关注度，增加了一定的用户浏览量。此外，新闻网站在数字报的页面开设在线调查、投诉与报料等功能，针对老百姓关心的热点问题进行在线收集，做到及时了解舆情、采集新闻选题、与用户深度互动，并与政府部门一同开展公共服务，在一定程度上提升了传播优势与用户黏合度。

（二）移动端用户

移动设备的数字报纸用户主要集中在以手机、iPad 等移动阅读终端的报纸受众群体。手机端数字报纸的用户一般是通过新闻客户端的报纸版面入口阅读内容，在早期阶段，这一入口的点击率较高。但随着以 Facebook 为代表的信息流应用主导互联网内容产品的模式后，固定版式的报纸页面无法实现个性化算法推荐与信息组滚动传播，以致在移动应用中再难见到报纸版面的入口。

另外，数字报纸的移动端还包括电子阅读器。用户通过专用电子阅读器查阅数字报刊，如 2006 年 12 月，广州日报报业集团旗下的大洋网联合广州金蟾软件研发中心、香港权智集团三方合作推出《广州日报移动数字报纸》，用户需要购买 1/8 版《广州日报》样式大小、兼具 MP3 播放、电子中英词典等功能的电子阅读器，则可从下载电子版报纸离线阅读。此外，亚马逊的 Kindle 等阅读器终端也可以通过订阅功能获得报纸 RSS 新闻（Really Simples Syndication，简易信息聚合）的内容推送，进而用户获得新闻的移动阅读体验。

（三）公共展示端用户

公共展示端用户的数字报用户主要通过商城、展厅、图书馆、酒店、楼宇、校园等公共区域的立式广告机、户外大屏为终端点击阅读数字报。作为主流的城市广告媒体之一的户外大屏终端，在商业应用场景下有着较高的广告价值。以广告机为代表的户外大屏终端内置信发系统通过联网实现内容的多点同步，可以即时发布订制性信息，支持自定义模板，提供视频、图片、滚动字幕、时间、天气、支付码等多类信息类型；还能实现区域内连锁网点的统一管理、统一发布等，具备大众媒体的实时传播功能。

立式广告机不仅可以视觉化地展示广告信息、营造良好的购物环境，还可以集载数字报纸以供短暂停留的游客、市民阅读。广告机被应用于新闻、图书馆等领域，产生了新的类型——电子报刊阅读机。以超星公司研发推出的歌德电子报刊借阅机为例，可提供定期自动更新的 500 种正版授权的精品大众期刊、30 种全国主流报纸的数字版内容展示。

三、数字报纸技术提供商

（一）北京方正阿帕比技术公司

北京方正阿帕比技术有限公司（简称"方正阿帕比"）是方正信息产业集团旗下的专业数字出版技术以及服务提供商。从 2001 年开始方正阿帕比开始进军数字出版板块，在继承并且发扬自身拥有的出版印刷技术优势的基础上，还自主开发了数字出版技术。

现在，方正阿帕比数字出版系统为受众提供的服务涵盖了电子书、数字报、数字博物馆和各类专业的数据库以及移动阅读的技术解决方案，并且提供多种形式的数字资源产品运营服务。在我国，用方正数字报刊系统同步出版报纸的已经有全国90%的报业集团和800多种报刊。除此之外，全球有4500多家学校以及图书馆和政府、事业单位，运用方正阿帕比数字资源以及数字图书馆软件来为读者提供网络阅读服务以及专业知识检索服务。

在传统的出版领域，有大概90%的报社使用方正的采编以及排版系统，方正阿帕比20多年在报业出版领域所积累的技术和合作的优势，为数字报刊系统打下了很好的基础。数字报刊系统和之前的方正报业的采编、排版、输出、资料存储等系统和管理流程一脉相承，避免了许多重复性的技术、设备以及管理的投入，从而专业、高效地为报社提供数字报刊出版的解决方案。

（二）青苹果数据中心

青苹果是在1991年筹建、1992年注册的，20多年来完成的国内外大型数字化工程有100多项。青苹果主要从事的是电子出版产物以及数据库的开发、出版和销售，尔后逐渐从单一的产品制作转型为多种经营，经过了长久的发展，目前青苹果已经成为最重要的中国数字化产品制作商和内容供应商之一。经过了技术上的长期改进，青苹果已经发展形成了成熟而且独特的数字化生产方法，并且不断完善自身的生产流程，为后期制作许多不同功能需求的大型数据库和电子出版产物打下了基础。青苹果依据国际市场的普遍要求，前后开发了适合多国语言的数据库检索平台、数据质量控制平台以及版式重构技术。现在青苹果的主要客户就是报社、出版社和图书馆，它的主要经营业务就是数字化产品的制作，其中包含了网页、电子图书、电子刊物以及电子报纸、手机出版物和数据库产品；还有向国外政府和企业提供的一些数字化产品的外包服务以及产品内容服务等。青苹果在2009年7月搬迁到长沙市青竹湖国际会展中心，随后连续三年名列长沙市服务外包十强企业之一。

在我国湖南、北京、山东、新疆、云南、香港及美国都有青苹果机构，独资的和合资的一共达到了8家，生产场地总计达到了35000多平方米，年生产能力达到300亿汉字，报刊制造方面的产量达到了250万版面，现在已经是全球规模最大的中文数据处理中心。

（三）北京高术致力传媒技术发展有限公司

2002年成立的北京高术致力传媒技术有限公司是从1994年成立的高术科技

公司的媒体事业部门独立出来的高新技术企业。高术致力为国内的新闻出版行业提供行业应用系统解决方案。

高术致力致力于电子出版业、传媒行业的信息化建设综合解决方案的研究，产品主要包括报业综合一体化信息平台、数字报业技术平台和全媒体内容生产平台、采编管理系统、全媒体数字资产管理系统、绩效考核系统、数字报发布系统、网站内容管理系统以及流媒体管理系统、新闻图库管理系统、广告业务管理系统、发行业务管理系统等。高术致力是通过政府主管部门认证过的高新技术企业及软件公司。同时，高术致力传媒技术发展有限公司在报业中拥有中央级报纸以及省级报纸、地市级报纸、中央级行业报、专业媒体出版集团等数百家长期合作的单位。公司曾获得了北京市6项自主创新项目的证书以及30多项拥有自主知识产权的软件系统和产品，在2008年和2009年分别获得了北京市科委和国家科技部创新项目的立项支持。

高术致力在遵循软件工程规范的基础上，建立了一套完整的软件开发体系和质量保障体系。公司的各个部门各司其职，技术管理部负责制定、实施和监督软件研发生命周期各环节的规范和规则，而三个研发部门以及质量保障部则是按照章程开展业务需求调研、软件设计和开发、测试与质量管理等工作，还有负责将研发成果转化为行业应用解决的产品负责部门。

四、数字报纸发展瓶颈

(一)渠道受限优势式微

数字报纸因为固守传统报纸版面的符号形式，而在移动互联网时代中传播渠道受限。尽管数字报纸有积极尝试移动化，但在激烈的移动应用竞争中无法体现其充分的优势。面对市场上的内容产品，与新闻客户端相比，PC端数字报纸无法满足移动场景需要，而手机端数字报纸"传统报纸版式"页面的入口功效低且其他栏目与客户端高度重合；与微博、微信相比，数字报纸的平台品牌度低，难以获得规模化的用户；与抖音、快手、爱奇艺等视频应用相比，影音内容的类型、数量以及UGC活跃度等差距较大。

数字报纸原本具备的传播优势功能，在当下市场中可替代甚至超出的产品较多，所以在渠道竞争中数字报纸还不能体现出明显的优势。在目前的技术及市场状况下，报业集团较难以数字报纸为入口带动用户流量，进而扩大内容的传播影响力、提高内容变现的转化率。这也直接导致数字报纸的技术投入、运营投入不足，更加剧了数字报纸在市场竞争中劣势位置的马太效应。

（二）跨媒体优质内容不足

数字报纸在内容制作上仍然以传统报纸内容为基础来进行生产和制作，大多数只是在形式上进行翻新，在内容上并没有多大的变化，通过复制、粘贴的简单模式将发表在传统媒体上的新闻通过电子技术转化为适合电脑、手机阅读的形式。数字报纸缺乏创新再造，完全照搬于传统媒体，在"内容为王"的文化产业竞争下，这种"换汤不换药"使得数字报纸缺乏新闻内容生产的竞争力，也加剧了新闻重复率进而造成新闻资源浪费。数字报纸和传统媒体在内容上应该进行优势互补，数字报纸转载大量传统报纸的新闻不应该停留在不断刷新动态消息的浅层次上，而应该详细地查询背景资料，利用专家点评、人物回顾、历史介绍等方式进一步形成全景式的报道。

由于信息的透明化程度不断增高，自媒体力量不断壮大，随着竞争的日益强烈，媒体越来越难拿到所谓的独家新闻，行业竞争使得同质化现象十分严重，在内容上"千报一面"，在运作模式上策划手法相似，营销运作雷同。因此，数字报纸没有鲜明的特色，内容难以成为卖点，难以吸引读者。此外，网络平台发展迅速，新闻信息获取渠道增多，人们获取信息的渠道已经不再局限于村里的大喇叭、电视里的主持人以及报纸上的文字，人们拿起手机、电脑、iPad 可以随时随地查询信息，互联网技术的革新使得人们获取免费资源越来越方便，人们更加不愿通过付费的方式阅读新闻。

（三）盈利拓展难以突破

在数字报纸发展初期，为了积累人气几乎所有的服务是免费的，人们已经习惯了这种免费获取信息的方式，随着互联网技术的不断发展，人们越来越便捷地获取信息，大多数新闻网站为了能够积聚更多的资源，提高它们的广告价值，采取允许用户免费阅读的方式与其他竞争对手相抗衡。随着时间的推移，网络运营商所作出的这种"免费策略"使得大多数用户习惯了免费获取信息资源，没有形成为数据和信息资源支付的意识，反而认为这种免费资源是理所当然的，只要运营商不提钱，消费者就没有任何买单意识。

传统报业的盈利模式主要是通过"二次售卖"，第一次售卖中，把报纸卖给读者，销售的是新闻的时效性，读者购买的是新闻，落脚点是发行量。第二次售卖中，把读者卖给广告客户，销售的是读者的注意力，广告客户购买的是读者的反馈，落脚点是广告量。传统报纸主要通过发行量和广告量盈利，但是传统媒体和数字媒体的市场空间并不能画等号，尽管很多数字报纸提供的内容质量不错，流量和点击量也很不错，但是怎样对数字报纸实行付费、如何在广告上盈利，仍然没有一个切实可行的模式。

（四）产业链自发展不足

数字报纸的资源的提供者不仅仅是作品的创作者，同时还有拥有内容资源的出版社和各自领域所有权人所掌握的影音作品、出版物等，对于数字报纸来说，产业链的来源取决于内容数据，不仅包括传统报纸、期刊、学术论文，还包括一些网络广告、音像出版物、网络游戏等，这些内容都可以依靠网络技术扩展到数字报纸上。由于内容的来源多样，传播渠道各不相同，数字报纸的产业涉及面复杂，那些本来就分散的资源更加难以整合在一起，而对于数字报纸来说，必须具备足够有吸引力的资源吸引读者来使产业链运转以获得盈利，在现阶段，能否突出自身的内容优势已经成为数字报纸之间竞争的关键所在。

产业链融合是产业发展的一种现象，产业中有足够能力的主导企业出于对自身的规模和交易成本进行考虑，会扩展自身的业务，将本来是在企业外部进行的交易转化为内部交易，进而降低交易成本，提高运作效率。而对于数字报纸来说，扩展业务不仅需要大量的资金还需要熟悉相关业务的专业人员，在这之后还需要同原本就存在的企业进行竞争，一旦业务扩展没有能取得期望的优势，便无法从原有的企业手中拿到市场份额。

数字报纸尽管现阶段存在诸多问题，但对媒介发展有着重要的启示和反思意义：媒介竞争不仅要以内容为王，也要以渠道为先。正如《关于推动传统媒体和新兴媒体融合发展的指导意见》等国家战略所要求的，要坚守主流舆论阵地，占领信息传播的制高点。渠道就是信息传播的阵地，当新兴传播技术兴起时，媒体必须积极抢占传播阵地，率先布局渠道为信息内容开辟传播空间、筑浇基础工程。就数字报纸未来发展而言，倘若探索数字报纸超越现有应用的新技术，如基于 VR、5G 等技术的虚拟数字报，加上植入交互、视频、服务等功能，坚持输出优质内容，并做好相应的场景适配，或可打破现阶段边缘化的发展困境。

第五章　互联网期刊：精耕垂直深耕服务

人类信息资源网络化已成为时代发展的潮流，日益更新的技术环境以及多元化的出版形式等的发展，极大地增强出版产业的创造力和生命力。同时，数字出版步伐的大步向前，已经成为具有赶超传统出版业的潜在新生力量，从而备受人们关注。互联网期刊作为数字出版重要的组成部分，也被学界和业界所广泛关注。互联网期刊最早发源于西方发达国家，目前发展已经趋向成熟。我国的互联网期刊虽然发展较晚，但在短短几十年的时间里呈现出巨大的发展前景。数字化和互联网技术被有效地运用在期刊出版中，给人们的日常工作提供了极大的方便，互联网期刊发展不断完善的趋向也扩大了人们对其的需求。

第一节　互联网期刊的发展进程

随着互联网的兴起和发展，传统期刊的发行量和阅读人群不断下降，互联网各类传播内容对传统期刊产生了巨大冲击。2009 年 8 月 24 日，拥有全球最大销量的杂志《读者文摘》在美国正式申请破产保护；2012 年 12 月 31 日，全美仅次于《时代周刊》的新闻杂志《新闻周刊》正式画上句号；2013 年，财讯传媒集团旗下《东方壹周》和《Hislife 他生活》两本时尚刊物相继停刊；2014 年伊始，南方都市报旗下仅有的一本时尚刊物《风尚周报》也因营收艰难传言将停刊。事实证明，传统期刊正面临着巨大的冲击和挑战。期刊业界也顺应时代的变革，积极探索互联网化的发展路径。

再造新生的互联网期刊传播速度更加快捷、传播范围更加广泛、传播内容更加丰富。在信息发布速度上，由于平台的限制，传统期刊制作发布所花的时间远远超出了互联网期刊发布所需的时间，这就导致了传统期刊在竞争中失去了先机，这一时差使得传统媒体失去了不少机会和受众关注度。同时，传统期刊受到版面限制，对外发布的内容极其有限，而互联网期刊的内容空间则广阔无际。另外，互联网期刊传播符号有文字、图片、声音、视频等，形式丰富多样，这也是传统期刊无法比拟的一大优势。在受众互动上，互联网期刊在调动受众积极性上是传统期刊不可企及的，网络发布信息的便捷和接受信息的自由吸引了大量受众。而传统期刊的交互性更是比互联网期刊落后很多，传统期刊因技术等方面的原因在信息传播上是单向传播，也抑制了受众的参与热情。互联网期刊则是双向互动，读者的参与程度更高，在信息接收时间上受众也有很大的自由，信息接收行为和信息传播可以不同步。传统期刊受众更多的是处在"被安排"的状态，在信息存储上，传统期刊保存起来更是繁琐，并且易丢失，而互联网期刊以强大的数字信息存储和检索功能拥有大量的信息资源。

互联网期刊是指以优质期刊内容为资源依托，以数字技术、网络技术的应用为技术支撑，面向互联网传播的新型期刊形态。互联网期刊主要包括两种类型，第一种是传统纸质期刊数字化后在互联网上出版；第二种是以文献和学术论文等为内容的系列知识数据库在专用互联网平台上出版。

互联网期刊发端于互联网技术发达的西方国家，20 世纪 80 年代西方发达国家的互联网技术已趋于成熟，在发行纸质期刊的同时也于网络上发行数字版。20世纪 90 年代，网络出版平台的高度集成化出现并于 21 世纪开始急速向外扩张。而中国的互联网期刊总体分为萌芽期、发端期、发展期三个阶段。

一、萌芽发展期(1989—1997 年)

中国互联网期刊的萌芽期始于 20 世纪 80 年代末。1989 年中国第一个也是最大的自建中文文献数据库"中文科技期刊篇名数据库"由中国科技情报研究所重庆分所数据库研究中心自主研发并推出，与此同时，中国科技网开始正式运行。1992 年我国内地第一张中文数据光盘通过"中文科技期刊篇名数据库"正式发行，同年标志着我国互联网期刊破土萌芽的"中国科技经济新闻数据库"也正式发行。1994 年是中国互联网期刊的萌芽发展年，我国内地第一个网上发行的互联网期刊《电子信息与网络杂志》在上海的 CHNA-LINK 信息网络中免费刊载；4 月中国科技网首次实现了与国际互联网络的直接连接，成为我国最早并获得国家承认的具有国际通信出口的中国四大互联网络之一；同月，世界第一本中文网络期刊《华夏文摘》被美国图书馆界和世界最大电脑图书网络系统 O-CLC 编录其中。以上的发展标志着中文互联网期刊正式诞生。1995—1996 年，我国互联网期刊的进一步成型发展，先后有国家教委主办的《神州学人》(图 5-1)通过教科网向全球发行、全文型电子杂志《大恒电脑光盘杂志》全面发行以及《中国学术期刊(光盘版)》开始运行。

图 5-1　《神州学人》杂志 1995 年第 1 期截图

二、起步发端期（1997—2004 年）

自 1997 年开始，中国互联网期刊进入发端期，国内的互联网期刊如雨后春笋一般争相涌现，使得中国的互联网期刊进入了一个新的时代。《中国比特人网》《INTERNET 世界》《互联网世界》《中国计算机用户》以及《经济导刊》《南风窗》《战略与管理》《现代保险》《资本》等优秀的互联网期刊先后正式发行。1998年随着网上首家中文科技期刊群——万方数据"中国数字化期刊群"、维普——"中文科技期刊数据库"、"中国学术期刊(光盘版)专题文献库"等的正式运行标志着我国互联网期刊进入飞速发端时期。伴随着中国期刊网、万方数据、维普中文科技期刊等互联网期刊平台的逐渐建立，我国互联网期刊的起步发展体现出系统化、规范化、实用化的特点。

从 1997 年至 1998 年年底，中国报刊网上有 440 种，占中国报刊总数的 5%，占世界网上报刊总数的 4.5%。1996 年以《中国学术期刊(光盘版)》为基础的，集成 3500 种期刊全文摘要、题录、引文信息等信息资源的"中国期刊网"开通。"中国数字化期刊群"网上科技期刊从 1998 年 200 种增加至 2003 年的将近 3500 种。2002 年中国知识基础设施工程(CNKI)正式启动，中国期刊网全文数据库当年就囊括了 5300 种期刊，并成为具有完备化功能的知识型数据库(图 5-2)。

图 5-2 中国知网截图

三、快速发展期 (2005 年至今)

自 2005 年起，短短的十余年间我国互联网期刊进入快速发展阶段，由最初的消极应对转变为积极回应，制定并执行了各种有效的发展措施。2005 年是中国的电子杂志出版年，在应对互联网发展的第三次高潮中，中国建成了第一个真正意义上的 IPV6 核心网，极大地加快了网络的传输速度。2005 年我国互联网期刊网上出版总数已达 7486 中，占全部期刊的 99%，2007 年我国互联网期刊已达近 7000 种，短短一年之后，2008 联网期刊已经达到 9000 种，年产值 7.6 亿元。这一时期的互联网期刊已经突破了二次出版传统期刊早已出版的内容，实现了通过网络媒体进行真正意义上的一次出版。

2010 年对于中国互联网期刊而言具有里程碑的重大意义，1 月，中国期刊协会筹备成立二级分会——中国期刊协会数字期刊分会，全面推动期刊行业数字化；4 月 28 日，中国发行量最大的期刊《读者》在兰州正式推出电纸书；5 月，中国移动正式推出手机阅读业务，期刊在移动、电信、联通几家运营商手机阅读基地的权重被提升。截至 2010 年年底，大概有 200 多家主流杂志的数字版在苹果 App Store 正式上线，包括《周末画报》《读者》《财经》《中国国家地理》《第一财经周刊》《中国企业家》等一线杂志。手机技术的不断创新与完善，为互联网期刊的快速发展增添助力。互联网期刊产业化的形态基本完成，在线期刊、开放存取、电子邮件以及数据库等产业形态趋于完善，以知网、万方、龙源、维普为代表的中国四大互联网期刊已经形成企业品牌。

第二节　中国互联网期刊市场概述

互联网期刊应网络技术高速发展、电子阅读主流化的趋向，在数字出版领域快速发展。随着互联网内容转向垂直领域，互联网期刊在专业类、大众类市场拓进成效明显，由此保持常年的持续增长。其中，专业类互联网学术期刊在国家科技繁荣进步、公共文化服务体系数字化建设等大背景下，资源体量、内容质量、专业服务体系、国际影响等方面逐年取得稳固发展；大类互联网期刊借力互联网经济垂直内容风口，将垂直内容与电商、短视频等有机结合，探索出较为成熟的跨界发展模式。

一、互联网期刊的市场规模

中国互联网期刊自 2007 年起，除早期受互联网泡沫经济的影响外，整体市场收入一直呈持续增长态势（图 5-3），产业收入不断增加，总市场规模稳步扩增，至 2018 年已达到 21.38 亿元，为 2007 年的 3.56 倍。

互联网期刊出版商的数字加工能力、内容创新能力、运营服务能力提升明显，使得互联网期刊的市场体量逐步加大。随着新的数字技术投入使用，仅中国知网一家加工的期刊篇数已达到 3000 万以上。2012 年随着金融资本的接入，整个行业的融合之路也拉开了序幕。技术创新方面，互联网期刊逐渐将 P2P 技术、Flash 动画、背景音乐、3D 特效等技术融合起来，使互联网期刊的内容丰富、效果生动。随着网页阅读、在线阅读、独立打开等阅读方式的增加，互联网期刊的用户量迅猛增加。互联网期刊不仅在期刊数量和期刊品种上有了大幅度的增加，

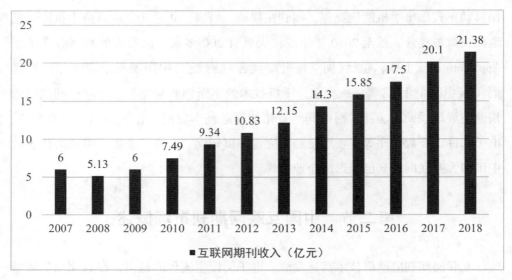

图 5-3　2007—2018 年互联网期刊收入

（注：数据来自中国新闻出版研究院历年《中国数字出版产业年度报告》）

在对外的直接服务上更是有了进一步的完善，例如：期刊页面更加简单明了，全文下载更加快捷，检索、连接、个性化服务更为全面，视频、音频等其他数据内容的补充使得互联网期刊的内容更为饱满。而在大众类期刊方面，则更多地走上了另一条变革发展路径。2016 年 1 月，国内美妆杂志品牌《瑞丽》旗下的《瑞丽时尚先锋》停刊，并只保留网络电子版并转型重点发展电商业务。2019 年 3 月，北京《瑞丽》杂志社与苏宁百货签订战略合作协议。期刊杂志社转型为内容电商成为大众类传统期刊、应对互联网冲击的探索模式之一。

二、互联网期刊盈利模式

自 2008 年开始，互联网期刊出现了独家授权发行和数字版权独家许可使用两种独家许可经营模式。如今，独家许可经营模式成为众多学术权威或核心期刊的首选，这将大大促进互联网期刊出版市场的规范化和产业化显著提高，优化互联网期刊的产业格局。在盈利上则有以下几种模式。

（一）内容付费盈利模式

基于内容的盈利模式是指出版物的生产经营者通过一定途径向出版物的使用

者收取费用的一种盈利模式。内容付费盈利模式以产品交易为基础获得收入，是期刊数字化发展的盈利模式的基础，也是期刊的第一次销售，以为读者提供阅读内容来获取收入，主要来自读者的直接付费，例如自主网站上销售的期刊网络版、技术服务商（中国知网、同方数据、维普资讯和龙源期刊）提供的数据库期刊销售。在学术性较强的出版网站上，如清华知网、万方数据等，对于个人用户，通过付费的方式来获取与期刊相关的内容，例如个人收费阅读卡项目。从2005 年开始，我国个别侧重于大众性的数字期刊网站推出面向受众的收费服务，例如 Digibook 以用户下载每本杂志收取 0.5 元和 1.5 元包月的形式尝试向用户收费。另外，电子版期刊销售周期很长，传阅率也很高，其盈利可以通过和市场份额最大的网络服务商合作来实现。在 4G 成熟发展、5G 技术已然普及的时代，手机订阅及制作电子杂志已没有技术障碍，手机期刊将会迅速发展，成为期刊数字化出版的新增长点。

（二）广告收费盈利模式

广告盈利模式是指出版物的生产经营者向出版物的使用者无偿或低价提供内容，而利用网站的点击率获取广告收入和扩大期刊品牌的影响力，其利润来源于第三方，主要是广告主向内容提供商支付的费用。

目前，我国互联网期刊通过广告费来获取收益的方式主要有两种类型：一种是在出版物中内嵌广告，另一种则是在网站上吸附广告。从整个行业来看，传统期刊互联网出版的广告盈利模式还不明确，规模化的广告营销尚未形成。2012年维普资讯已经开通广告经营业务，制定了比较完整的网络广告招商和管理方案，当年广告收入为 300 万元。而其他公司或者没有开展广告业务、或者其收入所占比例可以忽略不计。从 2013 年同方知网经营收入来看，7.6 亿元的年销售额使之继续成为学术与专业网络出版行业的领跑者，但其互联网期刊数据库收入的主要来源是镜像和包库，广告收入甚微。这是因为学术和专业网络出版内容主要为科学严谨的学术文献，不适合采用其他行业通用的广告植入形式，所以对于互联网期刊广告市场的开发并未完全达成业界共识，此类广告形式较少且内容较为单一，大多为科技产品、学术会议等的宣传。例如，当前包括同方知网、万方数据、维普在内的传统期刊互联网出版商，多采取在网站上另置广告的形式，同方知网的品牌形象就吸引了很多学术期刊杂志社、研究所、研究会以及高水平会议的广告投放，这种广告具有一定的针对性，但无法形成规模化的广告营销，因而收益极其有限。

（三）期刊数据库在线销售盈利模式

网上包库服务即用户按一定期限购买数据库使用权限，通过远程登录服务器获取服务，依据订购的内容，按年支付使用费用，全年不限流量下载。这种方式不需要用户维护服务器等硬件设备，也不需要负责数据更新等繁琐工作。主要用户群包括网络条件好、使用频率较高的中小机构，如中小科研系统、中小企业系统、中小学系统等。

镜像网站即机构用户购买数据库，并在本地服务器安装，在自身局域网范围内使用，这种方式适合于硬件条件较好、有内部局域网的机构用户，如高等院校、科研机构、公共图书馆、党政机关、企业、中小学等。

另外，针对个人用户也设有按流量计费方式，这是指读者赇买专用账号下载，通过购买专用卡、银行卡、电信卡等付费。如中国知网流量计费卡分多种套餐：5000元面值，文章按0.35元/页计费（可开设5个子账号）；10000元面值，文章按0.25元/页计费（可开设10个子账号）不等。

三、四大互联网期刊出版商经营现状

各期刊互联网出版商为了保证企业的可持续发展，满足产业未来发展的海量内容加工和供给需求，拓展市场领域，挖掘市场潜力，不断建设数字生产加工基地和分公司，努力形成各自的独有优势。

（一）同方知网资源建设情况

同方知网新的数字生产加工基地已经投产，建成后每年将新增生产规模为期刊15万本、博硕论文40万本、会议论文50万篇、报纸160万篇、工具书500万条、年鉴和统计年鉴2000本、各专业知识300万~350万篇、优先数字出版3000种、国内外文献整合200~500种数据库，年生产能力已经达到500万篇。该数据生产线采用了最新的基于图像的结构化自动标注技术、双编改校对技术以及现代

化的数字化生产制作平台，新的数据加工技术已经获得了多项国家发明专利。在质量保证方面，对于结构化数据加工过程当中的关键环节以及最终的产品，根据其特点选取合适的检验方法和抽样标准对加工质量进行检验，系统自动对每个生产人员的质量进行统计分析，根据分析结果自动按预先设定的规则调整各加工人员的抽样检验方案。该项目建成后将成为华北地区最大的数字加工基地。在资源建设方面，同方知网的资源包括中国期刊、学位论文、会议论文、图书、新方志、标准、专利、专业数据等诸多文献类型的海量文献，并与外文文献、医药文献、基础教育文献、特种文献及视频库等共同构成了覆盖所有科学、专业范围的巨型信息内容数据平台，通过知识服务平台和各种行业产品与服务，为国内外广大客户提供信息服务。

（二）万方数据资源建设情况

万方数据目前建有智库数据处理有限责任公司、石家庄智库科技有限公司，全部为数字化自行加工。其采用了高清晰扫描、OCR 识别、人工智能标引、PDF制作技术等，是国内最现代化的数据加工基地，拥有全套规范化加工生产线。公司在生产加工方面创立了严格的质量管控系统，2003 年 4 月公司通过 ISO9001：2000 版质量管理体系认证，扫描、识别、文摘、标引每道工序均有严格的加工流程及作业文件把关，对于信息资源产品的质量目标是交付合格率为 100%。在资源建设方面，万方数据资源包括中国期刊、学位论文、会议论文、图书、新方志、标准、专利、专业数据等诸多文献类型的海量文献，并与外文文献、医药文献、基础教育文献、特种文献及视频库等共同构成了覆盖所有学科、专业范围的巨型信息内容数据库平台，通过知识服务平台和各种行业的产品与服务，为国内外广大客户提供信息服务。

（三）维普资讯资源建设情况

维普资讯具有自主生产的能力，筑有全套数字化加工生产线，拥有自己的数字化加工生产中心，主要从事文档资料数字化加工、图像压缩及处理、信息检索等服务，日加工能力期刊 600 本左右、文章 3 万篇左右。《中文科技期刊数据库》收录了 9000 余种中国境内历年出版的中文期刊，全文 3500 余万篇，引文 4500

余万条，分 3 个版本(全文版、文摘版、引文版)和 8 个专辑(社会科学、自然科学、工程技术、农业科学、医药卫生、经济管理、教育科学、图书情报)定期出版发行。

（四）龙源数媒资源建设情况

龙源数媒是中国北京出版创意产业园区成员，另外在天津数字出版基地建立了分公司，在广州、南京、兰州建立了办事处，同时扩大了海外市场的营销力度，除多伦多外，又在旧金山增建营销办公室。在北京、天津、兰州设有数据加工基地。关于资源建设情况，龙源数媒人文大众类期刊已达 4700 种，类别涉及时事、财经、党政、文学、医药保健、运动体育、综合文化、教育、军事、家庭、情感等诸多方面。代表性的独家签约书刊有：《三联生活周刊》《看天下》《财经》《第一财经》《故事会》《人民教育》《读者》《女友》等。国家期刊双效双百期刊和省级优秀期刊占 70%以上。

四、互联网期刊市场现存的问题

互联网期刊虽然在不断地向前发展，近年来所取得的成就也十分显著，但在互联网期刊发展的过程中，依然存在着许多不可忽视的问题。

（一）盈利模式单一

互联网期刊的盈利模式单一是目前制约互联网期刊进一步向前发展的主要问题之一，目前互联网期刊的盈利模式仍以网上包库、数据库销售或有偿消费下载与镜像为主，以广告收入为辅，市场并没有形成新的收入模式，缺乏足够的增长刺激点，历年 12.75%的平均增长率说明互联网期刊行业大幅突破性发展的后劲不足。以同方知网为例，2017 年同方知网经营收入额达到 9.7 亿元，毛利率 61.23%，其连续多年成为互联网期刊学术与专业网络出版行业的领路人。但从其收入来源来看，同方知网的主要收入以镜像和包库为主，广告收入只占极小的比例。目前，随着互联网期刊的快速发展，以同方知网、万方数据、维普为主的互联网期刊网络出版商也采取了在网站上另置广告的形式，以扩大其收入来源。

随着品牌效应的不断扩大，以同方知网、万方数据、维普期刊为主的互联网期刊网站，已经成功地塑造了其品牌形象。而这种品牌效应，为其吸引了很多学术期刊杂志社、研究所、研究学会以及高水平会议的广告投放，但因为其针对性较强、广告营销不规范等缺点，其广告收入上仍有很大的局限性。如今面对饱和的竞争市场，互联网期刊除了积极研发新技术、寻找新的增长点外还需要积极开拓市场，稳固现有市场。拓展盈利模式，是互联网期刊目前极为重要的一步。

（二）数据标准不一导致质量参差不齐

随着互联网期刊数据库的不断扩大，行业标准、国家标准的缺失，假学术期刊的出现严重影响了互联网期刊市场健康规范的发展。封面标示不全、目次表标示错误、摘要和关键词撰写不正确、参考文献标注不规范成为影响互联网期刊数据库质量的主要问题。面对互联网期刊用户量的迅速增加，大众领域、专业领域和教育领域等市场空间的不断扩大，为互联网期刊的良好发展带来了机遇。作为一种新兴发展起来的产业，互联网期刊多元化的发展，使得互联网期刊数据库质量问题越来越影响互联网期刊的发展。原创内容不足、编校质量低劣、相关标准缺失、版权保护手段滞后、产业监管缺位等问题也是目前互联网期刊数据库的主要问题。我国在各类数字出版物的技术标准上并没有一个统一的规定，尤其是在基础性标准和关键性标准方面存在着重大缺失，因此在互联网期刊进入快速发展的今天，各大互联网期刊网站在竞争中相继发展出属于自己的技术标准，如 CEB（方正）、SEP（书生）、PDG（超星）、OEB（中文在线）。而这种技术的标准使得用户在阅读不同期刊网站的期刊时，需要下载不同的阅读器或使用软件进行格式间的转换，这不仅增加了读者阅读的成本而且对产业链各环节中信息交换和内容整合都有着制约。抓紧开展《数字出版标准体系》《动漫出版标准体系》等互联网期刊标准的研究和制定工作，是促进互联网期刊产业升级转型的重要内容。

（三）版权保护力度仍需加强

由于资源竞争的不断加剧，数字版权侵权问题开始从传统期刊社和作者向互联网期刊出版业内延伸。因为互联网期刊出版产品用户规模庞大，内容易拷贝复制，数字内容终端侵权下载的监控存在一定难度，并且盗版者具有分散的特点，行业内部侵权的问题正在逐渐伤害大部分互联网期刊数据库的合法权益。互联网期刊版权争端复杂多变，版权保护制度在我国并没有相关的法律保障。目前，我国在网络版权方面可以作为法律依据的文献只有《著作权法》《信息网络传播权保护条例》两部。但是由于这两部法律所涉及的相关法律内容并没有做出十分明确且细致的规定，因此相关行政管理部门对侵犯网络版权行为的处罚力度并不大，无法在真正意义上起到惩罚威慑的作用，由此可见，建立相关完善的互联网期刊版权保护法律是十分急迫的。目前，在知识产权保护纠纷案中，三大领域为主体的诉讼案件里，有近90%的案件是以版权领域、文化领域为主。通过版权行政执法部门联合互联网信息主管部门、电信主管部门和公安部门多年来开展"剑网"专项整治，"2005至2019年各级版权行政执法部门共查办网络侵权盗版案件6647起，依法关闭侵权盗版网站6266个，删除侵权盗版链接256万条，移送司法机关追究刑事责任案件609件"①。

互联网期刊出版的技术手段、授权模式、保护体系等机制尚不完善，期刊的版权不能得到充分保护，作者的合法权利和出版社出版权益的基本保障和有效维护也没有得有效的保障。网民缺乏正确的版权保护观念，数字消费观念数字消费观念尚未形成等，导致互联网期刊版权意识的缺失。"数字盗版"转载的蔓延，使得互联网期刊的运营环境处于一个"亚健康"状态。在以数字化为主的时代，互联网期刊内容的复制、拷贝、下载、打印等方法简易明了，尽管在技术上采取了各种限制权限、设置密码、签名标志、水印打印以及各种实名制认证等技术进行保护，效果并不显著。对于作者、出版商而言，内容失窃、盗版盛行是对其最大的伤害。为了各自的利益，作者、出版社、终端商之间矛盾升级，最终损失最厉害的还是读者。

（四）技术性人才匮乏

建立一套完善的人才培养体系、储备复合型人才是互联网期刊发展的关键因素。在互联网期刊的网站中，缺少既懂出版又懂数字化技术的复合型人才从而导致具有高技术含量的互联网期刊在新业态中无法得到充分有效的发展，形成恶性循环。互联网期刊技术型人才的缺乏主要是因为人才培养不足和人才流失严重。

①　中华人民共和国国家版权局［EB/OL］．［2019-10-12］．http://www.ncac.gov.cn/chinacopyright/channels/11376.html.

一方面，是因为我们整个社会对互联网期刊的认识并不深入，各大高校对于数字化出版技术的专业设置较少，互联网期刊出版的理论教育落后于产业发展实践。另一方面，中间力量的严重不足，造成人才培养与数字出版的实践发展出现不同步的情况。陈旧的人才管理模式、松散的规章制度阻碍了互联网期刊对优秀人才的引进与培养。因此，一方面期刊社应加强数字出版业务、版权保护、编辑加工、市场开拓等各个方面的在职培训；另一方面高校改革创新、加强师资建设、加强实习基地建设、与国内外优秀期刊社合作办学，以此打造数字出版跨越式发展的全面人才队伍。

第三节　互联网期刊产业发展模式

互联网期刊在多年的探索实践中，不断尝试与新兴技术、不同的渠道与平台融合，产生了诸多业态。经过市场的竞争、试错，不同类型的期刊依照自身特点寻求到适应性的发展模式，并在市场格局中分别占有一席之地。

一、纸质期刊与线上数据库相结合的模式

期刊与线上数据库相结合的模式主要是通过传统期刊与在线数据库合作来实现的，将传统纸质期刊的刊文通过数字化技术格式改写后存入独立的大型数据库之中，以便于查询与检索文献资料。这种发展模式是我国目前互联网期刊网站使用最多、最为成熟的一种发展方式。这种结合的发展模式让在线数据库摆脱了"仓库"的定位，变为一种传播形态，将期刊报社已经发表的刊文以篇为单位进行整合，形成多种类的数据库。目前，中国拥有的较大的中文期刊数据库除了中国期刊网数据库、万方数字化期刊数据库、龙源期刊网、维普中文期刊数据库这四大具有品牌效应的数据库外，还有中国财经报刊数据库、国研网数据库、新华社多媒体数据库、人大复印资料数据库等。其中，同方知网拥有中国学术期刊网络出版总库收录的学术期刊高达 7651 种。万方数据旗下拥有理、工、农、医、哲、人文等在内的 8 大体系 100 多类目 6800 多种的核心领域期刊。这种发展模式在互联网期刊发展的过程中逐渐体现出以下几点特色：

第一，加工制作专业，蕴含的信息量巨大。这种大型的中文期刊数据库经过

专业的工作人员、专业的数字化技术，通过分析、加工、整合之后，最终形成规模化的信息源，为广大的读者提供关联度高、专业性强的文献和服务。

第二，使用率大大提高，资源整合与知识性服务相结合。以期刊的单篇文章为单位对文献学科的类别、名称、作者、作者单位、关键词、发表时间、研究自助资金、研究层次等进行内容上的梳理和内在逻辑中的整合，方便读者在查询的同时检索到相关的内容，极大地提高使用效率。

第三，市场占有率高，受众的范围广泛。在线期刊数据库主要集中于对知识有着巨大需求的高校、图书馆、研究机构和情报机构等领域之中。期刊与在线数据库进行有效的结合之后，机构订阅量和个人订阅量有着大幅度的提升，从而拓宽受众的覆盖范围。目前同方知网有6000多家机构用户，143万个人用户，总使用人数大约有2600万，在不同行业的用户数量与市场占有率分别为：本科院校100%，高职高专50%，省级、副省级以上的图书馆91%，地市级以上图书馆21%，科研机构200多家，中小学600余家，医院超过1000家等。

此外，互联网期刊与国际大型出版集团的专业数据库开展深层次和全方位的合作，实现即时出版，是其实现国际化、网络化的重要手段和高效途径。大型国际出版集团的网络平台功能普遍完善、服务体系全面细致，有利于互联网期刊实现现刊即时在线发布及出版。例如，通过与著名国际型出版集团 Elsevier、Springer Link、Nature Publishing Group 等进行有效合作的互联网期刊可以迅速有效地学到先进电子出版技术和网络发行经验。中国科技期刊在 2008 年共有 41 种在 Elsevier 公司的平台 Science Direct 上出版。针对与 Elsevier 合作的部分，中国期刊免费安装 EES 系统，实现了在线投稿、审稿、录用、排版、印刷一体化的国际化运作和网上即时出版，极大地提高了互联网期刊在国际的影响力。《中国物理快报》（中国物理学会）已经与英国皇家物理学会的 IOPP（Institute of Physics Publishing）进行了合作。

二、自建期刊网站模式

除纸质期刊与线上期刊数据库的合作模式之外，较为普遍的发展模式还有期刊自建网站模式。传统期刊与网站运营商之间进行有效的合作，建立自己的期刊网站，让期刊内容与网络内容相结合并通过网站平台发布。

自建期刊网站在快速有效地提供期刊文献之外也为广大的用户提供网络订阅、免费下载等服务。在进行宣传期刊、扩大影响、提高知名度的同时也通过网站向用户发布大量的信息，为读者与编者提供相互交流的平台，有着丰富的网站内容，拉近传者与受者的距离。互联网期刊自建网站的发展模式除了涵盖传统纸质期刊的基本内容之外，还可以有效地将期刊内容根据网络传播的特点进行再次编辑，二者的相互结合，使互联网期刊成为传统纸质期刊的一种扩展与延伸。

这种模式下的互联网期刊有着宣传和采编提效、检索高效等特点。建立互联网期刊自己的期刊网站，以长远的发展眼光来看，有着至关重要的作用。对宣传期刊的重视程度的不断提高，可以有效方便地进行期刊内容的更新与维护，独立自主地掌握客户资源，稳固客户群，有利于互联网期刊网站产生更多的利益。通过专业的采编技术，大大提高了网站的工作效率。网络技术的不断创新，期刊出版的各个环节都实现了整体化、合作化、网络化、高效化的工作模式，缩短编辑的工作时间却提高了其工作效率，有利于提高作者与受众的满意程度。

其中，互联网期刊行业网站主办者——行业联盟通过吸收同类期刊加盟，整合了行业期刊资源，从而做到期刊资源的共享，实现互联网期刊资源的系统化、规模化、网络化，进而推进互联网期刊同行业、各种期刊的信息同步发展，形成合力，共同推进互联网期刊行业的整体发展。互联网期刊行业联盟网站网主要有方便读者和作者浏览及投稿、减少编辑部工作量、实现跨库检索等特点。每个编辑部的网站就像一个蜘蛛网的节点一样，实现编辑部之间引文的相互链接。如因为《中国采矿技术》《中国有色设备》《中国有色冶金节能》《中国矿山工程》《中国有色冶金》和《中国冶金动态》等杂志的加入而组成的中国冶金资讯网，在提升中国冶金资讯和完善冶金的相关知识、数据方面都有着了极大的作用。再如，中国医药期刊网是由中华中医药学会主办的《中华中医药杂志》《中医正骨》《中国病案》《中国神经精神疾病杂志》《中华疾病控制杂志》等多家国家级医药卫生期刊联合发起的，对医药卫生期刊综合性网站的形成发挥着重大作用。

三、原创多媒体期刊模式

原创型多媒体互联网期刊，俗称"电子杂志"，是指以科学技术 P2PQ 技术、互动技术和多媒体技术支撑的，通过直接在网络上进行编辑、出版、发行，以声音、图像、动画、视频等多种表现形式相融合的，具有交互性、可视性、个性化等特点的互联网期刊发展模式。这种发展模式对于互联网期刊来说是一种新的发展形态。它以全新的加工方式和影音互动的丰富表现形式对传统互联网期刊进行具有创意性的加工和表现，由专业性的工作人员从各大中文期刊数据库中进行内容的筛选，搭建栏目构架，以电子杂志的形式进行发布。ZCOM、Xplus、Poco 三大发行平台原创的多媒体杂志，新浪网的《车行天下》和博客网发布的《博客周刊》均属于这一类型。

电子杂志曾在 2005—2007 年呈短暂的市场爆发式发展，2006 年达到顶峰时全行业共吸收 1 亿美元的风险投资。但在 2007 年热潮迅速回落，Xplus 推出电子杂志领域，Poco 转型专注于图片社区。ZCOM 在市场中曾奋力突围，其间推出过 ZMaker 一键式电子杂志合成软件、ZCOM 杂志订阅器，但也在 2012 年左右黯然退市。电子杂志全行业的没落是移动互联网经济激烈竞争的一个缩影。2007 年苹果 Iphone、亚马逊 Kindle 的横空出世，即代表一个新时代的到来，也意味着某些互联网产品的终结。平台化的互联网产品生态圈的出现与壮大，成为中小型企业最大的市场威胁，在强大的资源供应链、巨大的品牌号召力面前，中小型产品终究无法与之对抗。而电子杂志也就这样在市场竞争迭代的洪流中被淘汰。

四、开放存取期刊模式

开放存取是基于 OA（Open Acces）出版模式的一种互联网期刊，主要是指某互联网期刊文献在互联网的公共领域中，任何用户都可以享有免费获取、阅读、下载、拷贝、传递、打印、检索、超级链接等服务，同时，还可以将所看文献编入索引，用于其他的数据输入或其他任何合法用途的一种发展模式。互联网期刊在不收取任何费用、无法律限制、无技术存取障碍等特点上又有基于 OA 期刊的投稿便捷、出版快速、费用低廉、检索方便、利于传送或刊载大量的数据信息、具有广泛的用户群等出版特点，使其得到了极大的推广。开放存取期刊不仅可以在已有的传统期刊上进行改变，还可以通过创办新的电子版期刊来实现。

随着开发存取期刊的普遍使用和快速发展，全球已经有多数国家建立了多个 OA 期刊网站，从而实现了免费下载论文、全文期刊、开放课程、免费电子书资源上的无国界共享。根据调查，实现一定程度的开放存取，可以使期刊论文实现高频次的被引使用。据英国科学信息研究所(ISI)的调查，在其收录的近 6000 多种的期刊中，有近 90% 的期刊允许期刊文章作以开放式电子文档进行存储。在中国，科技期刊的开放存取模式也越来越受关注并得到广泛应用。根据中国科协在 2010 年近 1003 种科技期刊的统计调查，其中开放存取类期刊有 241 种，占全部期刊的 24.0%，较 2007 年相比，净增加 101 种，中英文版期刊有 30 种，占中国科协全部英文版期刊的 42.9%。开放存取期刊的总被引频次比非开放存取期高了 7.3%，影响因子和即年指数分别高了 6.2% 和 59.0%。由此可以看出，开放存取的发展模式切实提高了中国互联网期刊的影响力。

五、手机期刊模式

随着手机科技的不断创新、手机功能的不断完善、网络移动平台的不断成熟，互联网期刊一种新型的发展模式——手机期刊开始崭露头角。手机因网上功能越来越完善、作用越来越突出尤其是智能手机、平板电脑等传播工具的普及，使其在互联网期刊的发展中扮演着越来越重要的角色。据统计，我国 2019 年的手机用户数量为 10.8 亿，手机网民规模达 8.47 亿。手机作为最普及的终端设备，订阅手机互联网期刊已经成为目前手机用户经常使用的服务内容之一。互联网期刊利用手机内容传播、期刊发行和产品创新等方面的特性日益受到重视。《中国新闻周刊》《中国国家地理》等期刊都已经开发了关于手机阅读的手机报等业务并取得了较好的收益，包括意林传媒、读者、南方报业、财讯传媒等在内的多家杂志传媒联合苹果阅读应用开发商，在苹果 AppStore 发布了旗下《意林》《读者原创版》《南都周刊》《新旅行》等为主的 44 个知名杂志的品牌客户端。以手机为代表的无线阅读方式逐渐成为了互联网期刊的重要发展方向。

第四节　互联网期刊发展趋势

互联网期刊历经前期发展阶段后，在知识经济背景下专精垂直领域的数据库、专业知识服务逐渐成为主流业态。随着国家对基础科学研究的重视，科技类知识的产出与应用也将迎来新的突破，也为互联网专业期刊的再发展开辟出巨大的空间。同时，数据化知识也将在人工智能时代、大数据时代有着更为多样的技术形态与应用场景，专业知识通过各类数据平台创造出更大的社会价值和经济价值，助力我国全面构建创新型国家。

一、产业外部环境得以优化

互联网期刊出版产业在整个数字出版产业中的发展，得益于整个数字出版产业环境的优化，整个行业的规范引导，有利于互联网期刊更好地盈利。而目前，中国数字出版产业发展受版权制度、行业标准、产业政策等环境因素的制约非常明显，这些多数是由法规、政策的不完善引发的。虽然中国政府部门针对数字出版产业已做了诸多工作，但仍存在着一些问题：一是中国没有一部有关数字出版的专门法律，立法相对比较分散；二是部门立法多，行业立法少；三是数字出版权保护、数字化、统一标准等方面制度缺失。因此，政府部门需从以下三个方面入手来优化其发展的外部环境，促进产业的良性发展。

完善数字版权法律制度，其一，要健全技术保护措施力度，推动数字版权保护核心技术的进步。依靠技术手段防侵权行为是比较直接和有效的方法，国外已出现了相关法律法规，如 DMCA 等，可借鉴利用。其二，疏通著作权的授权渠道，通过集体管理组织解决目前授权模式的弊端。相关部门应推进在涉及著作权的行业建立相应的集体管理组织，完善有关著作权集体管理组织的立法等。其三，要加强授权许可、版权代理、版权认证的制度建设，建立起数字版权的认证机制。

明确数字出版相关的法律法规并将这些法律条文进一步细化，以使其具备较强的可操作性，如我国《著作权法》应不断细化采取技术措施的条件、违法破坏技术措施应承担的责任等。另外，只有数字化标准统一，才能促进资源信息的畅通和市场的规范发展。加快数字化标准建设，应注意积极研究和借鉴国际先进标准，推进标准化技术的发展，并结合国内现实情况，协调政府部门，发挥企业、技术专家、标准化专家各方合力，建立起符合行业规范的数字出版业标准化体系，创建公平的市场竞争环境。

二、以移动阅读市场扩张行业发展空间

目前，一些数字期刊平台如龙源期刊网已经开发了手机应用 APP，2013 年，

龙源数媒推出以社区化为特征的付费阅读产品——"读品"，体现 HTML5 技术的龙源网以及体现智能推送技术和语义技术的"心理健康知识库"产品。其中，移动智能推送系统和心理健康知识库获得了上海市和北京市创意文化产业扶持资金的支持。2018 年，龙源数媒实现营业收入 4865.16 万元，较上年同期营业收入增长 10.3%。其中，产品的充值付费已经成为龙源的主流付费模式。由于手机阅读的模式可以防止内容的无限传播，产品的充值付费模式比网上包库模式和流量计费模式更符合用户的需求，也更能体现版权资源的价值。但也有例如同方知网、万方数据、维普资讯等在内的学术期刊数据库生产商尚未大规模开发此项业务。随着 5G 时代的到来，手机阅读发展越多元，将会成为期刊数字化出版产业新的盈利点。

三、广告盈利占比增加

正如上文的分析，目前我国互联网期刊盈利模式仍是以网上包库和镜像站点为主，以广告收入为辅。如维普资讯 2013 年营业收入超过 0.9 亿元，其中网上包库收入 0.21 亿元，占总收入的 23%，镜像站点收入 0.62 亿元，占总收入的 68.5%，流量计费 0.045 亿元，占总收入的 5%，而该公司 2013 年广告收入仅 0.03 亿元，占总收入的 3.3%。而在期刊数字化发展的模式下，新媒体在促进纸质期刊发行量提高的同时，也促使广告呈现出迅速增长的趋势。越来越多的广告商将其广告投放方式从单纯投向平面媒体转向互联网、移动终端、楼宇电视、大众媒体等。互联网期刊可以创新"免费+广告"的盈利模式，通过大量免费内容的提供，获得一定量的用户群，吸引更多的人气，以此招揽更多的广告商，增加自己的广告收入。同时，多样化地设置广告，例如在自己的门户网站设置视频广告、滚动广告、弹出广告、浮动广告等，将内容和广告有机结合，通过用户有效的访问、新媒体的多媒体化和广告精准投递等手段，提高广告的点击率，进一步延伸和拓展杂志广告的版面空间，但在采用"免费+广告"盈利模式时要注意用户体验的保护。

此外，注意广告投放的针对性。由于期刊在风格定位上已经对特定人群做出了细分，因此，企业利用期刊营销将更理性地保证广告投放的有效性，利用期刊的分众化传播特点，有针对性地投放广告，根据不同受众定制内容的特点植入针对特定受众的广告内容，整合企业的营销传播资源。

四、基于读者提供个性化增值服务

增值服务盈利模式是以提供某种服务来满足消费者的特点需求，通过收取服务费用来实现盈利。互联网期刊出版不再仅仅强调资源的简单整合与叠加，而是更加注重对读者行为信息的研究，坚持以读者为中心的服务原则，利用自主网站推广个性化服务，例如期刊付费检索服务、信息分析、在线咨询等。同时，互联网期刊出版商还可以基于用户信息数据库，根据用户的特殊需求实现一些特色主题产品的出版，或者为企业、机关、高校、科研等机构用户提供专业化的知识服务。另外，期刊出版商应该积极在手机杂志中增加互动环节，向广大手机用户提供更多个性化、多样化的服务。通过发现用户的阅读习惯和注重对读者行为大数据的研究，寻找更多的潜在需求，实现"付费+增值"的盈利模式。

例如，同方知网在增值服务领域，在加快软件产品化、服务化的同时，面向客户需求不断创新，推出了互联网信息监管系统、学术不端文献检测平台、科研管理系统、科研人才管理系统等产品，并与学术期刊优先出版业务结合，加快文献发表的速度、优先获取优质内容资源、加强文献评价。公司研发的"基于指纹特征的出版物原创内容监控机版权保护系统"得到了北京市2012文化创新发展专项资金的支持。

五、云出版模式实现产业转型升级

云出版服务平台是"云出版"模式的技术系统，"云出版"实际上就是把自主权最大限度地交还给期刊出版社，实现出版社从采稿、编稿、审稿、数字发行、经营方式全程化的自主管理模式，这就使期刊社从真正意义上实现了自主经营数字内容出版，确立了其主体地位。在云出版的模式下，原来的数字出版商则转变为平台服务商和技术提供者，负责提供平台建设、运行、维护和产品渠道等服务。有一个很形象的比喻：将"云出版"用"电网"形容，将期刊社比作从事不同经营活动的各个企业，平台运营商则好比是电网公司，电网公司负责提供生产经营所需的电力，但不参与各家企业的经营活动，企业按照各自所需从电网公司获取电力，独立经营自家的业务。目前，期刊社大多仍处于传统的编辑出版流程中，并不直接参与数字出版环节，云出版平台第一次在实体上提供了各家期刊出版社自主进行数字出版的全程装备，实现了数字出版产业链中的编辑、出版、经营与平台、物流、渠道建设的全面对接，使期刊社获得了主导内容数字出版和经营地位，与平台运营商各展所长、优势互补，这将对整个数字期刊产业的经营模式的转变产生重大影响。

同方知网培育基于数字出版权的文献版权共有合作出版业务，与国内外出版业"同享内容资源、同享技术资源、同享平台资源、同享市场资源"，为各出版社打造自主运营的云采编、云加工、云出版、云发行、云服务平台，构建资源共享机制下的盈利模式。总之，只有注重多渠道地实现数字期刊的市场化才能使传统期刊获得良性发展，使得期刊无论是社会效益还是经济效益都能通过市场得到良好的体现。

第六章　网络游戏：产业生态迭代突进

　　游戏是人类文化生活中的重要组成部分。游戏的出现历史悠久，考古人员在距今 3000 年的新疆哈密古墓葬中发现了作为玩具的飞去来器和木质、石质陀螺。战国时期的《韩非子·外储说左上》中也提到"夫婴儿相与戏也，以尘为饭，以涂为羹，以木为裁，然至日晚僎者，尘饭涂羹，可以戏而不可食也"，指的是孩童们的"过家家"游戏。清初盛行的七巧板游戏更是从宋朝燕几图到明朝的蝶几图一路传承至今。随着科技的进步，人们不断开发出了更加丰富有趣、精巧复杂的各类游戏。自与电子信息技术融合，游戏从大众文化演化出产业功能，在文化产业之路上高速发展。尤其在互联网兴起后，网络游戏成为各国文化产业群种中规模大、发展快的类型之一。

第一节　网络游戏出版概述

　　网络游戏是在电脑桌面游戏基础上发展而来的，互联网技术强化了电脑游戏的社交性、竞技性，又保留了电脑桌面游戏集高科技、文化、艺术于一体的特征，将游戏带入了一个全新的时代。今天的网络游戏出版业作为一项文化娱乐产业创造了巨大的利润和社会文化影响力，已成为各发达国家文化产业的重要支柱之一。

一、网络游戏出版的定义

　　对于许多科学概念来说，定义只是帮助研究学习者认知、分析的工具。但在网络游戏出版身上，如何定义这一特殊的数字出版产业，直接关系到网络游戏出版的归属权与管理权。而要定义网络游戏出版，首先要定义网络游戏。网络游戏是指游戏玩家运行在自己计算机上的客户端软件，通过互联网连接到网络游戏运营商所架设的游戏服务器，与该游戏中的其他游戏玩家一起进行游戏的一种互联网娱乐活动。根据定义可以发现，网络游戏属于一种特殊的出版物。它不像电子书、音乐、视频这些常规出版物，受众只需要获取即可。对于网络游戏，玩家在获取客户端后所进行的互动游戏行为也是网络游戏的一部分。这已导致网络游戏出版与其他各类数字出版间存在着一个重要差异：网络游戏出版包括传播和使用两个部分。

前文中提出数字出版的定义，数字出版是指利用数字技术进行内容的编辑加工、无纸化存量复制，并通过网络传播的新型出版活动。但网络游戏比较特殊。对于网络游戏，仅仅只传播作为网络游戏出版物的客户端软件是不够的，还需要提供后续的服务器支持，以确保用户能够正常对网络游戏软件进行使用。

从新闻出版总署在互联网出版中对网络游戏出版的概念及管理思路调整可以明显看出。2002 年 7 月 15 日，新闻出版总署、信息产业部联合出台的《互联网出版管理暂行规定》对于互联网出版做出如下定义：互联网信息服务提供者将自己创作或他人创作的作品经过选择和编辑加工，登载在互联网上或者通过互联网发送到用户端，供公众浏览、阅读、使用或者下载的在线传播行为。其作品主要包括已正式出版的图书、报纸、期刊、音像制品、电子出版物等出版物内容或者在其他媒体上公开发表的作品，以及经过编辑加工的文学、艺术和自然科学、社会科学、工程技术等方面的作品。

《出版管理条例》第二条第二款规定："本条例所称出版活动，包括出版物的出版、印刷或者复制、进口、发行。本条例所称出版物，是指报纸、期刊、图书、音像制品、电子出版物等。"此时新闻出版总署所规定的出版物只是有形的载体，没有涉及游戏使用。例如，游戏安装光盘属于游戏出版物，以光盘的形式让用户安装客户端的网游产品就必须按照出版物的程序进行审批。但之后的使用便不在条例规定范围。

这一问题很快引起了新闻出版总署的注意，2004 年 7 月新闻出版总署、国家版权局联合发出的《关于落实国务院归口审批电子和互联网游戏出版物决定的通知》明确定义了互联网游戏出版物是指通过计算机应用程序，将图文声像等游戏内容经过选择、编辑和数字化制作加工，以互联网（含局域网、专网）为传播载体，发送至电脑、电视、手机等用户终端，供多人同时在线浏览、阅读、使用或者下载的互联网游戏软件作品。2009 年 10 月，新闻出版总署等更是直接下发通知文件，补充说明网游内容通过互联网提供在线交互使用或下载等运营服务是网络出版行为，必须通过新闻出版总署前置审批。

2008 年 7 月文化部、广电总局和新闻出版总署在《"三定"规定》中规定："文化部负责动漫和网络游戏相关产业规划、产业基地、项目建设、会展交易和市场监管。国家广播电影电视总局负责对影视动漫和网络视听中的动漫节目进行管理。国家新闻出版总署负责在出版环节对动漫进行管理，对游戏出版物的网上出版发行进行前置审批。"按照上述规定，文化部是网络游戏的主管部门，对网络游戏出版进行统一的宏观管理和日常管理，包括相关产业规划、产业基地、项目建设、会展交易和市场监管。

综上，结合国家各部委的文件说明，可以给出网络游戏出版以下定义：指以互联网(含局域网、专网)为传播载体，将互联网游戏软件作品发送至电脑、电视、手机等用户终端，供多人同时在线下载、交互使用等的出版行为。

二、网络游戏出版的类型

由于网络游戏出版存在着出版物和出版物的使用两个阶段，使网络游戏出版类型也表现出不同于其他数字出版产业的状态。根据提供方式的不同，可将网络游戏分为客户端网络游戏出版、网页游戏出版、移动游戏出版和社交游戏出版四种类型。

(一)客户端网络游戏出版

客户端网络游戏，简称"端游"，一般指面向桌面计算机用户且拥有安装数据包的网络游戏。"客户端"是相对于网络游戏公司的"服务端"而言的，从学术严谨的角度看，客户端网络游戏的界定词较为泛化，可以包含现阶段所有的网络游戏，准确的应该为"电脑(PC)安装包客户端网络游戏"。但业内及用户已经约定俗成地将客户端网络游戏指代 PC 端运行安装软件的网络游戏，故在此也从俗地保留"客户端网络游戏"的称谓。

常见的客户端网络游戏开发工具有 Unity3D、Unreal Engine(UE)以及 3D 动画制作软件等，故而有着独立且大量的安装数据，对 PC 电脑的硬件配置要求比较高，一般可以呈现出最好的画面、音效和游玩体验感。目前客户端网络游戏主要包括大型多人在线角色扮演类网络游戏和休闲客户端网络游戏两种类型。

1. 大型多人在线角色扮演类网络游戏

大型多人在线角色扮演类网络游戏(MMORPG——Massively Multiplayer Online Role-playing Game)为客户端网络游戏的主要类型之一，由服务商主机构建出不受玩家离线与否的影响且可持续演进的虚拟世界，每个玩家在此扮演游戏角色，通过完成相关的任务、与其他角色互动来实现虚拟世界中的晋级成长。MMORPG 代表性游戏作品有《魔兽世界》(美国暴雪娱乐制作)、《梦幻西游》(网易制作)、《传奇》(韩国 Actoz 开发)和《远征 OL》(深圳冰川网络开发)等。

2. 休闲客户端网络游戏

休闲客户端网络游戏(Leisure Online Games)构建的虚拟世界为重复场景、没有持续演进剧情，主要为玩家提供固定的短时间回合制游玩场景，题材分类繁多，如射击 、赛车、格斗、桌面棋类等较为轻松休闲的主题。休闲客户端网络游戏代表作品有《穿越火线》(韩国 Smile Gate 开发)、《跑跑卡丁车》(韩国 Nexon 开发)、《街头篮球》(由韩国 Joy City Entertainment 公司开发)和《劲舞团》(韩国 T3 Entertainment 开发)等。

(二)网页游戏出版

网页游戏(Web Game)，也称无端游戏，简称"页游"，是指无需下载安装游戏安装包，基于 FLASH、MySQL、JAVA、HTML5 等工具开发的直接运行于网页浏览器的在线互动游戏，不受 PC 电脑硬件配置的限制。网页游戏以 2D 画面为主，且开发投入少，因其简单快捷等原因，降低了网络游戏的起点，起到了增加网络游戏用户的效果，正逐渐成为网络游戏出版的热点。近几年，网页游戏也因以弹窗广告在浏览器非游戏页面中"粗暴"的频繁出现，从而造成的信息干扰极大影响了网友的冲浪体验，也引发了有关网页游戏的争议。

网页游戏题材丰富多样，涵盖策略类、体育类、宠物类、仙侠类、RPG(角色扮演)类、经营类、塔防类、养成类等，其中角色扮演类、战争策略类是市场份额最大的两类。网页游戏中全像素、即时制的体验品类已成为市场主流产品，视音效果、任务操作等游戏体验已接近 2D 客户端网游。业内反响较大的网页游戏有《贪玩蓝月》《神座》《三国策略》《开心农场》《开心宝贝》等。

（三）移动网络游戏出版

移动网络游戏(Mobile Game Online)，也称手机游戏，简称"手游"，是指运行于手机、平板电脑等移动终端的游戏，具有可随身携带的优点。移动网络游戏的火爆与智能手机、4G 网络的普及有着直接的关系，智能手机性能的升级保障复杂游戏程序的高速运行，4G、5G 通信网络的扩容提速确保移动游戏网络数据交互的快速响应。移动网络游戏有别于 PC 端游戏，一般表现为小屏幕显示、触屏式操作、碎片化内容等特点。常见开发工具 UNITY、Project Anarchy、App Game Kit、Corona SDK、Ludei、Maya LT 等。

移动网络游戏在类型上与客户端网络游戏基本相同，特别是在"三端互通"的需求下，安卓、IOS、PC 三类平台实现同一游戏的数据互通，使得主流游戏的类型化趋同。移动网络游戏也以 MMORPG(大型多人在线角色扮演网游)类型和休闲类游戏为主。现阶段主流的移动网络游戏有《王者荣耀》《部落冲突》《绝地求生》《海岛奇兵》《植物大战僵尸》《炉石传说》等。

第二节　网络游戏出版的发展历程

从第一款网游出现至今，网络游戏已经有 50 余年的发展历史。随着科技的进步，受众习惯的改变，经营模式的调整，网络游戏展现出了日新月异的变化。从最初粗糙简单的局域网游戏到今天电影大片级画质的多人在线游戏，从必须到高校实验室的"戏作"到今天随身携带的手机游戏以及虚拟现实交互游戏，网络游戏在人们数字化娱乐的需求下不断迭代升，演化出独特的数字文化图景。

一、第一代网络游戏(1969—1977 年)

第一代网络游戏产生于 20 世纪 70 年代的技术环境，开发语言、操作系统、运行平台以及应用环境都有着典型的时代特点。一般使用 Basic、Pascal、Forth、C 等编汇语言，操作系统因尚未统一标准而种类繁多，如 CP/M、OS/360、

Multics、UNIX 等，但计算机已经发展出了如 Apple I、HP 9100A、IBM 5100 等的微型化一体机。而网络游戏则一般诞生于计算机研发前沿的高等院校，如伊利诺斯大学、麻省理工学院、弗吉尼亚大学等，多数为大学生或科研人员非营利的爱好之作。

图 6-1 第一款交互式式游戏《太空大战》操作场景

最早的网络游戏名为《太空大战》(Space War)，诞生于美国伊利诺伊大学，是远程教学系统 PLATO，由 Rick Bromi(瑞克·布罗米)在单机版《太空大战》的基础上改造而成，可以实现两人远程连线。此后，PLATO 平台陆续出现大学生及程序员独立开发的联机游戏，只支持多人的远程终端游戏互联。这一时期流行的游戏有以电影星际迷航为背景的《帝国》(Empire)及以龙与地下城为设定的《圣者》(Avatar)。PLATO 平台的作品对后期网络游戏的研发影响极大，不少游戏被游戏公司改编为 PC 游戏、箱式游戏机以及网络游戏。如《微软飞行模拟》(Flight Simulator)、《奥布里特》(Oubliette)、《巫术》(Wizardry)等都是经典的改编佳作。

这一时期，世界上首个包交换网络 ARPAnet(Advance Research Projects Agency Network)由美国国防部高级研究计划署研制而出，奠定了互联网以及传输控制协议(即 TCP/IP)的前期研究基础，由此开启了后来的互联网时代。网络游戏也在互联网通信标准化建设的大势下，从雏形走上逐步成熟。

第一代网络游戏的游戏世界的非持续性，计算机及网络主机重启后游戏的运行信息会被消除，玩家无法得到持续的情节、技能等升级体验；游戏只能在同一系统服务器/终端主机网以类似局域网的形式执行，无法联网到其他数据平台。

二、第二代网络游戏(1978—1995 年)

第二代网络游戏在计算机性能迭代升级、互联网初步普及、游戏产品商业化的背景下发展起来，Commodore VIC 20、东芝 T100、任天堂 Donkey Kong(大金刚)等运行及显像性能突出的个人电脑被大众接受并应用于游戏娱乐；这一时期，互联网建立了通信标准，各国政府、通信企业均积极投身于全球化的信息化工程建设，并由西方国家开始逐步普及互联网；网络游戏正式步入商业运营，专营网络游戏的企业不断出现并初步形成产业链、脍炙人口的游戏作品层出不穷、游戏行业的盈利模式逐步成型，网络游戏的产业属性越加彰显。

图 6-2　MUD 游戏操作界面

首个第二代网络游戏的标志性作品是 1979 年英国的埃塞克斯大学学生 Roy

Trubshaw（罗伊·特鲁布肖）编写的"MUD1"。它是依照 D&D（*Dungeons & Dragons*，《龙与地下城》）类型桌游而设计的电脑游戏，但与现下游戏的呈现形式相差极大，因为"MUD1"是纯文本的游戏形式，所有的操作指令、结果显示都是文字符号，没有任何画面、动作。该游戏首次实现了多人交互、跨系统运行以及不受下线限制的数据持续积累，这意味着真正意义上的网络游戏雏形已成。"MUD1"游戏推出后迅速风靡全球，被中国网友称为"泥巴游戏"。

20 世纪 80 年代发展最迅猛的是电子游戏，红白机、PC 机上运行最多的是《吃豆人》（*PAC-MAN*，1980）、《大金刚》（*Donkey Kong*，1981）、《精英》（*Elite*，1984）、《超级马里奥兄弟》（*Super Mario Bros.*，1985）、《俄罗斯方块》（*Tetris*，1985）《银河战士》（*Metroid*，1986）、《魂斗罗》（*Contra*，1987）、《模拟城市》（*SimCity*，1989），这些早期经典电子游戏在游戏理念、操作模式、关卡设计、题材类型等方面为网络游戏奠定了坚实的基础。

进入 20 世纪 90 年代，游戏业界诞生了里程碑意义的概念技术——游戏引擎（Game Engine），其原理是开发出程序代码集合作为同一类游戏的核心工具，类似汽车引擎一样驱动游戏的运行，在核心引擎的基础上外加图像、声音、动画等资源包，就可以打造出不同题材、情节的游戏。游戏开发引擎划时代的意义在于，游戏开发者告别了每一款游戏从零开始编写代码的历史，凭靠游戏引擎已经编写好的程序框架，建模师、关卡设计师、动画师仅需要填充素材内容即可，极大提高了游戏开发的生产力。初代游戏引擎诞生于 1992 年，最早应用于经典单机游戏《德军司令部》（*Wolfenstein 3D*，1992）。游戏引擎的出现意味着游戏产业正式步入工业化进程，也标志着游戏文化产业达到全新的发展高度。

20 世纪 90 年代中期出现的游戏引擎技术也直接催生了电子游戏发展中另一个重要的时代"特产"——3D 游戏。它的出现使人类史无前例地实现了三维空间的自由绘制与娱乐，并极大地解放游戏世界的叙事空间。这一时期的 3D 游戏不但实现了场景、人物形象的立体影像，还实现了包括角色动作以及移步换景的 3D 效果。如 Doom 引擎开发的《毁灭战士》（*Doom*，1993）、《投影者》（*Shadow Caster*，1993）、《毁灭巫师》（*Hexen*，1995）等都是早期经典的 3D 动作类游戏。自此，3D 技术从单机游戏引入网络游戏，并成为各类数字游戏的主流类型。

图 6-3 《叶塞伯斯的阴影》游戏操作界面

这一时期开始涌现专业的游戏开发商和发行商，如 Activision、Interplay、Sierra Online、Stormfront Studios、Virgin Interactive、SSI 和 TSR 等，联合 GEnie、Prodigy、AOL 和 CompuServe 等运营商有力推动欧美网络游戏的产业化发展。20世纪八九十年代产生出一大批影响后世的经典游戏佳作，并为网络游戏后期的类型化、标准化发展奠定了基础，如《阿拉达特》(Aradath)、《龙门》(Dragon's Gate)、《夜在绝冬城》(Neverwinter Nights)、《叶塞伯斯的阴影》(The Shadow of Yserbius)等。此外，行业盈利模式逐步完善，网络游戏的付费从每小时 20 美元到每月 40 美元的包月制，玩家付费机制也为市场所接受，标志着市场已进入较为成熟的阶段。

第二代网络游戏的游戏世界可以持续发展，玩家的存档数据在网络服务器中可以长期保存并与其他玩家数据并行不悖，但游戏结局只能依照固定剧情发展，无法实现多结局或多线剧情；实现大规模的用户在线交互，但还局限在单一的服务商和服务平台；游戏类型逐渐丰富，角色扮演、射击、棋牌等类型均实现网络化，并初步出现网络游戏的重要形态——网络竞技平台（棋牌类）；随着数字动画技术的进度，网络游戏的可视性提升明显，玩家操作系统、功能、界面体验越加完善，尽管出现了 3D 游戏技术，但其主要应用于电子游戏，而第二代网络游

戏还是以 2D 画面为主；游戏引擎的发明促成开发成本降低，工业化流程生产网
络游戏的技术已然成熟。

三、第三代网络游戏(1996—2006 年)

第三代网络游戏产生于个人 PC 电脑和国际互联网较高普及的互联网时代，
信息高速公路(Information Super Highway)的理念深入人心，各发达国家、发展中
国家均将信息基础设施建设纳入国家的重要发展战略，并初步完成全国范围的信
息传输网络铺设及相关配套项目。互联网经济成为世纪风口，互联网企业创造出
世人瞩目的诸多奇迹，各类互联网应用呈爆发式增长，互联网的时代特征显著地
在人类的生产生活中逐一呈现。网络游戏在这一背景下发展迅猛，美国、日本、
韩国等国的网络游戏产业先行形成成熟体系，游戏作品形态已类型化并一直延承
至今，网络游戏产业在互联网开放格局下正式步入国际化竞争阶段。

图 6-4　《叶塞伯斯的阴影》游戏界面

第三代网络游戏出现的标志是 1996 年推出的世界上第一款 3D MMORPG 游
戏——《子午线 59》(*Meridian* 59，Archetype Interactive 开发)，其为真正意义上基
于互联网运行的游戏，而非过去游戏企业架设的私人网络，全世界各个国家的玩
家都可以登录同一款游戏，代表着网络游戏开始具备"全球化"特征。从严格意

义上说《子午线 59》只是 2.5 D 图像，使用的是平面人物贴图法，尽管视觉效果上低于当时的 3D 电子游戏，但仍引发网络玩家的高度兴趣。此外，《子午线 59》首次正式引入"多人玩家"的概念，其聊天方式、装备切换界面、角色制定，以及 PVP（Player VS Player Mode）、联盟公会对战系统都是划时代的开创性设计，一直为后世的网络游戏所模仿。

第三代网络游戏后期的游戏引擎技术持续发展，多边形模型、动画和粒子特效等 3D 技术被引入网络游戏的开发，尽管从现在的眼光看还很粗糙，但全立体场景的视角为当时的玩家提供了无与伦比的视觉效果和体验感。这一时期的游戏设计理念也发生了颠覆性变革，游戏世界呈现出庞大的世界观，玩家可以自主创建游戏世界、主导开放结局的剧情、自定义游戏功能，在网络虚拟社会中充分体验"探索"与"创造"的游戏愉悦感。

这一时期，大型多人在线角色扮演类网络游戏（MMORPG）一经入市立即获得市场热捧，并最终成为网络游戏市场份额最大的类型。第三代网络游戏的其他代表作有：《网络创世纪》（*Ultima Online*，1997）、《艾莎隆的召唤》（*Asheron's Call*，1999）、《亚瑟王的暗黑时代》（*Dark Age of Camelot*，2001）、《无尽的任务》（*Ever Quest*，2003）和《星战前夜》（*EVE Online*，2006）。特别要提出的是，2004年推出了一款深刻影响网络游戏史的作品——《魔兽世界》（*World of Warcraft*），该游戏不仅是跨国界玩家最多的 MMORPG 游戏，而且所形成的魔兽游戏文化至今仍是全球玩家追捧的主流。此外，第三代网络游戏还将 FPS（First-Person Shooting，第一人称视角射击）游戏引入互联网平台，极大助推了网络游戏另一个重要标签——电子竞技的形成。自此，网络游戏逐步发展成为数字游戏产业的主流，并"迫使"传统电子游戏走下主舞台。

第三代网络游戏后期的制作研发模式也出现跨领域、跨国际的变化，由各大游戏开发商在各个国家的动画、电影、音乐等领域挑选优秀制作人与游戏技术研发人员一起组建庞大的团队，巨量的大投入、大制作开始出现在网络游戏的研发过程中。这一变化在为游戏玩家创作诸多经典佳作的同时，也使得网络游戏研发成为高门槛的领域。这一时期知名的网络游戏制作公司有暴雪（Blizzard）、Maxis Software、CCP Games（Crowd Control Productions）、西木工作室（Westwood Studio）、索尼在线娱乐（Sony Online Entertainment）等。

四、第四代网络游戏(2007 年至今)

第四代网络游戏发展于互联网信息科技由"广"向"深"的维度演进发展的时期,而网络游戏呈现出"视觉极致化、终端移动化、场景竞技化"的发展特征;网络游戏产业构建出完善的模式,并形成由美国、日本领衔的全球网络游戏市场格局。

业内初期将第四代网络游戏归类于次世代网络游戏,次世代是日本动漫游戏文化中的时间概念词,含义为"下一代",等同于英语中的 Next Generation。次世代网络游戏一般是为了描绘某个时间点上尚未商用普及、却代表着前沿趋向的新兴游戏。早期"次世代"一般用于介绍电子游戏机产品,指代 2005 年以来基于 Play Station、Xbox 运行的高画质、高可玩性电子游戏。2007 年起,"次世代"的概念辐射到网络游戏领域。但次世代的提法仅为时间概念,而非事物界定概念,业内进而提出更为确切的概念——3A 游戏(A lot of money、A lot of resources、A lot of time)。"3A 大作"用于指代耗费大量经费、资源、时间投入研发的高成本、长周期、高质量的网络游戏。

2007 年《战地之王》(*Alliance of Valiant Arms*,Redduck 开发)是世界上第一款使用虚幻 3 引擎(Unreal Engine 3)开发的 3A 级网络游戏,被网游业界认为掀开行业发展新篇章的里程碑作品。基于虚幻 3 引擎所具备超越往代的渲染效果、动画系统、游戏性系统、物理学碰撞仿真等使得《战地之王》成为第四代网络游戏诞生的标志。其后出品的《永恒之塔》(*AION*,NCSoft 开发)、《剑灵》(*Blade & Soul*,NCSoft 开发)、《全境封锁》(*Tom Clancys The Division*,Ubisoft Massive 开发)等,意味着网游大作具备堪比电影画质的游戏画面和动作特效,也突显着第四代网络游戏的"视觉极致化"特征。

2007 年苹果公司发布第一代 iPhone,开启了智能手机时代。其后 2009 年 4G 网络开始在全球各个国家进入大众商用阶段,由此催生出第四代网络游戏的第二个重要形态——移动网络游戏。手机游戏早在 20 世纪 90 年代就已经问世,但那个时期的手机游戏以单机版游戏为主,一般为塞班系统(Symbian OS,诺基亚手机主用系统,游戏为 Java 语言开发)时代的移动应用,并不具备联网功能。早期移动网络游戏的代表作有:《传奇(手机版)》(上海盛大网络发展有限公司,

图 6-5　《战地之王》宣传海报

2007）、《幻想 i 时代》(北京掌上明珠科技股份有限公司，2007）、《三界传说》(美通无线通信上海有限公司开发)等。

自 2010 年起，移动网络游戏步入爆发式增长期，Gartner 研究显示：2010 年全球手机游戏市场规模达到 56 亿美元，年比增长 19%。文化部发布的《2010 中国网络游戏市场年度报告》显示中国移动网游戏市场规模为 26 亿元，年增长率 40.7%；呈现出移动网游戏市场增长快于互联网游戏的结构性变化。其后，《我叫 MT Online》(北京乐动卓越科技有限公司，2013 年)、《王者荣耀》(腾讯游戏天美工作室，2015 年)、《穿越火线：枪战王者》(*Smile gate*、腾讯游戏，2015 年)、《绝地求生》(*Bluehole Studio*，2017 年)等移动游戏相继问世。自此，基于热门 IP 开发移动游戏、桌面网游与移动网络互通、移动竞技等成为手机网络游戏的主要发展形态。

此外，互联网竞技在全球普及开来，电竞赛事被官方认定，标志着第四代网络游戏呈现出"电子竞技"的典型标签。游戏业界的电子竞技发展由来已久，早在 20 世纪 90 年代初美国、韩国就兴起了由游戏公司、电视媒体等机构举办的电子竞技赛事，任天堂世锦赛、I2EI 星际争霸大赛等都是当时影响广泛的赛事项目。后期随着电子竞技的市场接受度与日俱增、影响力日渐扩大，逐渐发展出的 WCG(World Cyber Games，世界电子竞技大赛)、CPL(Cyberathlete Professional League，职业电子竞技联盟)、ESWC(Electronic Sports World Cup，电子运动世界杯)被誉为世界三大电子竞技赛事。以韩国为代表的各国游戏产业均建立起清晰的电子竞技产业链，也逐渐影响到传统体育竞技领域。如 2008 年，中国国家体育总局将电子竞技改批为第 78 号正式体育竞赛项，10 名电子竞技选手还成为了北京奥运火炬手。电子竞技正式被官方体育机构认定纳入主流体育项目，是网络游戏在内的数字游戏发展的重要里程碑。

当下 5G、大数据、云计算、虚拟现实、物联网、人工智能、脑机接口等新技术以超出想象的速度层出不穷，预示着人机共生时代的全新到来，也将催生出全新形态的"第五代网络游戏"。未来，类似于科幻影视《头号玩家》（*Ready Player One*）、《刀剑神域》（*Sword Art Online*）中脑机接驳、五感仿真、增强现实的 VRMMO 游戏有望从幻想走入现实，游戏形态将更加多元，虚拟网络游戏对物理现实的反向推动也将发展到新的高度。

第三节　中国网络游戏出版市场

中国互联网世界的第一部中文网络图形游戏是 2000 年由台湾华彩软件发行的《万王之王》（2006 年 10 月 11 日停服，2018 年由腾讯游戏重启 IP 推出 3D 手游版），其后的几年大量韩国等网络游戏被代理引入国内。而中国大陆第一款原创网络游戏则是 2001 年北京中文之星数码科技有限公司推出的《第四世界》（2003 年停运）。时至今日，尽管中国网络游戏起步较晚，但在强大的用户市场孕育下中国网络游戏产业迅猛发展。2019 年我国数字游戏收入已达到 2308.8 亿元，在整个数字出版产业总收入中占比 23.11%。知名国际游戏全球市场研究公司 Newzoo 发布的《2019 年全球游戏市场报告》显示，中国游戏产业收入达 365 亿美元，亚太地区占比 50.55%，全球占比 23.99%；在全球移动游戏市场流水 TOP100 中，中国总流水增速超过美国、日本、韩国。凭借着庞大的人口基数以及对网络游戏产业的投入发展，中国正在成为全球最具吸引力的网络游戏出版市场。

一、中国网络游戏出版市场规模

中国网络游戏出版市场发端之初就有着良好的发展环境，国内信息化基础硬件建设成效卓著、互联网经济正值热潮、民众信息消费需求强烈等有利条件极大刺激着我国网络游戏的飞速扩张，在极短的时间就进入产业时代。到2015年，中国网络游戏产业一直处于跃进攀升的阶段。但自2016年起，手机网络游戏(移动游戏)开始成为细分市场的主流，占比达到57.2%，且逐渐呈上升趋势，到2018年占比已为70%，移动端占据着市场主导地位。

中国新闻出版研究院发布的《2018—2019中国数字出版产业年度报告》显示，2018年国内数字出版产业整体收入规模为8330.78亿元，其中移动出版(含移动游戏)和网络游戏分别为2007.4亿元和791.1亿元，仍是我国数字出版产业营收来源的重要支柱。另外，中国音数协游戏工委发布的《2019年中国游戏产业报告》显示：2019年中国自主研发网络游戏市场实际销售收入为2308.8亿元，移动游戏营销收入1581.1亿元，电子竞技游戏营销收入947.3亿元，VR游戏营销收入26.7亿元、用户规模830万，AR游戏营销收入0.7亿元、用户规模约140万，海外市场营销收入115.9亿美元(人民币约为825亿元)。

由此可见，现阶段中国网络游戏市场的主力是移动游戏，而与之伴随的是客户端游戏、网页游戏逐年显著下滑，以及新兴的VR/AR游戏的崭露头角，均预示着网络游戏市场进入新一轮的演化格局。

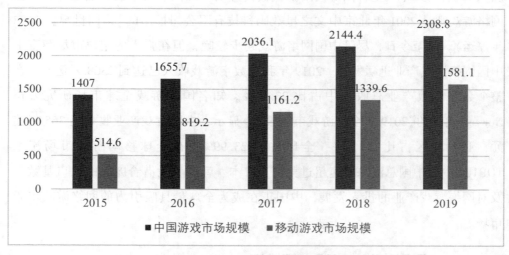

图6-6　2015—2019年中国游戏市场及移动游戏市场收入(亿元)

(数据来源：中国音数协游戏工委发布的历年《中国游戏产业报告》)

从上述数据可以看出，中国游戏产业发展持续增长，其中移动网络游戏 5 年间增幅 3.07 倍，成为当之无愧的市场主体。此外，近年来国产自主研发的游戏发展迅猛，2019 年营收达 825 亿元，在全国整体市场份额占比 35.73%，同比增长 21%；而且不少国产游戏在海外下载榜和畅销榜进入头部位置，充分显示出"中国造"的厚积实力与非凡潜力。

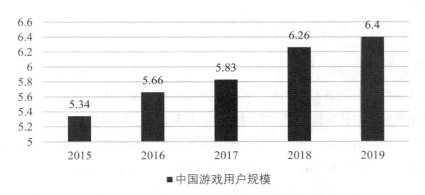

图 6-7　2015—2019 年中国游戏市场用户规模（亿人）

（数据来源：中国音数协游戏工委发布的历年《中国游戏产业报告》）

用户规模方面，2019 年我国游戏用户达 6.4 亿人，其中网络游戏用户为 5.32 亿人，手机网络游戏用户为 5.29 亿人。角色扮演类、策略类游戏最为网络游戏玩家青睐，市场占比最高。此外，自 2016 年起，中国已成为世界游戏市场规模排名第一国家，中国以其庞大的玩家群体、逐渐完善的产业链、日益强大的文化输出能力等，正深刻地影响着全球游戏产业。

二、中国网络游戏出版运营主体

自 2000 年以来，我国网络游戏产业尽管因互联网经济波动偶有增速回落，但综合体量仍保持常年增长。而近年来，我国网络游戏产业在国家政府扶持以及市场自我优化资源配置下，产业链各游段不断升级、逐步完善，市场主体的自主研发模式成为产业主流，已成为中国信息产业和文化产业的重要组成部分，极大推动国家互联网产业与新兴文化产业的融合发展。

网络游戏行业的运营主体包括游戏的开发商、渠道商、运营商，以及电信运营商。产业的周边运营主体包括软件开发服务商、软件运营平台商、计算机硬件厂商、网络硬件厂商、网络安全厂商等。这些运营主体共同构成网络游戏行业的上下游链条。网络游戏运营主体按照公司所经营业务的不同，网络游戏运营商可以分为四类：纯网络游戏运营商、网络综合服务提供商、专业软件开发商、电信运营商。

（一）纯网络游戏运营商

纯网络游戏运营商只提供网络游戏接入服务及其他与网络游戏相关业务的运营商，其典型代表是盛大、久游、九城，这类运营商是我国最早进入网游产业的运营商，开始都以代理国外公司的网络游戏业务为主。纯网络游戏运营商通过代理已经成功的网络游戏，省去了自主游戏开发的周期与成本，避免了产品运营风险，能够专注于市场的开拓，因而易于在短期内获得玩家的认可，占据一定的市场份额。其中，盛大网络公司早期凭借所代理的韩国游戏《传奇》从 2001 年 12 月开始收费起，在不到一年的时间中，占据了中国约 60%的市场份额，创造了中国网络游戏历史上的第一个"传奇"。

纯网络游戏运营商具有比较突出的优势：周期短，回报丰富。直接投入运营，具有短平快的特点，在高风险的同时能获得较高回报。其通过代理不同的产品，可以使产品多样化，以丰富客户群资源。同时根据市场热点，对游戏产品进行调整。由于不牵涉游戏的开发成本，游戏调整灵活，如果定位准确，与游戏开发商谈判有利，可获得较高的市场利润。运营经验丰富的纯网络游戏运营商从进入行业开始就将商业运作主要集中在销售和会员制的运营服务上，多年运营经验的积累成就了其较强的市场运作能力。其中，盛大网络最为突出，短短几年内已经建立了国内最成熟的网上游戏直销体系，并且编织了全国最大的网吧联盟，充分把握国内市场，形成了网络游戏行业第一大品牌。

但是，纯网络游戏运营商的劣势与优势的表现同样突出：受游戏开发商制约，严重在产品少而代理商多的网络游戏市场，产品开发商就具有了天然的优势和主动权，游戏运营企业缺乏可以与之议价的能力。在产品维护、升级以及利益关系中，受制于开发商，并很难达成充分协调，使得经营上存在一定的滞后性。

无自主产权，难以建立完善的社区服务网游产业作为创意行业，其核心是知识产权。企业如果只从事代理运营就缺乏核心竞争力，那样就只能在竞争中处于被动的局面。同时，版权、技术等问题，限制了周边市场的开拓，以及跨平台市场的发展。单一游戏产品的引进，虽然可以利用现有的销售渠道，却容易导致不同开发商之间利益分配的冲突，造成计费、运营平台无法互通互联，难以建立统一的社区环境。盈利模式单调，代理运营模式的收入主要是单纯的会员月卡、点数卡收费模式，相对于自主开发企业的多种盈利模式显得较为单调。而且这些收入还要经过开发商分成、渠道及推广等数次截流，因而盈利相对有限。

（二）网络综合服务提供商

网络综合服务提供商主要是指门户型网站，其不仅提供聊天、新闻资讯、虚拟社区等服务，而且提供网络游戏服务。其典型代表有网易、搜狐、腾讯。门户型网游运营商通常具有一定的游戏开发实力，多采取自主研发运营模式。网易公司凭借自主研发的民族网络游戏产品《大话西游》和《梦幻西游》以24%的市场份额，一度取代盛大成为中国网络游戏行业的新盟主。搜狐公司凭借自主研发的《天龙八部》成为本土研发网游之首，取得整体盈利的突破性增长。

网络综合服务提供商的优势主要表现为：平台效应综合门户型企业凭借自身媒体平台的特性积累了大量的原始客户群，同时社区基础及电子商务渠道也形成一定的规模和成效。更为重要的是综合门户型企业的强大平台品牌效应将有利于市场推广和获取网民的信赖，具备了市场获胜的先机；运营经验丰富经过多年的互联网经营实践，综合门户型企业拥有丰富的经验积累，企业管理能力较强，尤其是在市场推广及销售方面，手段不仅多样化而且不断推陈出新。腾讯进入网络游戏行业后取得的一系列成功可见一斑；范围经济综合门户型企业运营网络游戏产品，网络游戏可以与原有网站内容相互补充，相得益彰，既能够扩大客户数量，又能提高网站知名度，获得双赢，有效地实现了范围经济。因此，网络游戏综合服务提供商在网游市场的份额正逐年扩大，目前，网络综合服务提供商共占市场整体份额的30%左右。而网络综合服务提供商的缺陷则主要在于受本身资源的限制，可能会影响网络游戏业务的专业性和扩展性。

（三）专业软件开发商

专业软件开发商是以原有的软件开发能力为基础、自主开发网络游戏产品并自己投入运营的网络游戏运营商，典型代表是金山公司、迅雷公司。2003 年，金山公司在办公、杀毒软件业务增长缓慢的情况下，自主研发了第一款网络游戏《剑侠情缘网络版》，获得了玩家的广泛好评，金山公司当年也跻身三大网络游戏运营商之一。

专业软件开发商拥有强大的产品研发能力，能够为玩家提供高质的游戏画面、身临其境的音响感受以及千变万化的游戏玩法。同时，其软件开发领域的品牌效应也使玩家易于产生信任感，从而尝试其游戏；自主产权由于拥有知识产权，专业软件开发商能够自主地进行运营平台的开发和搭建，经营上也具有很大的灵活性，能够建立完善的网络社区，增加客户群的凝聚力，充分挖掘相关增值服务的价值。同时，避免了不同开发商之间的利益冲突所带来的平台不统一、客户的流失等。正是基于以上优势，目前专业软件开发商网游市场份额有所上升，共占整体市场份额 10% 左右。但是由于产品的研发成本很高，周期较长，同时专业软件开发商主要从事的是网络游戏产业上游环节的研发工作，很少涉及网络游戏的运营与销售，因而其面临产品类型相对单一、客户群单一、市场运作能力较弱、销售渠道不健全等诸多困境。其中，最重要的是软件开发商缺乏以玩家为本的意识，易陷入闭门造车的境地。

（四）电信运营商

电信运营商是指在提供基础网络运行服务基础上通过代理网络游戏产品进行运营的网络游戏运营商，典型代表有重庆电信、上海电信、聚友网络。2004 年，上海电信不甘心只作为网络游戏运营商提供宽带接入、平台出租、服务器托管等服务的"配角"，其通过代理运营，进入网络游戏领域，并且取得了不俗的成绩。

电信运营商垄断的网络设备资源电信运营商拥有网络资源垄断优势，能够通过网络游戏增加流量，提高收益。此外，电信运营商还可以有效地降低运营成本，对竞争对手采取区域垄断控制，限制其规模的扩大；数量庞大的宽带用户网络游戏用户必然是电信运营商宽带用户的主要构成，电信运营商如果实行网络游戏和宽带接入捆绑的经营策略，必将大幅度提高网络游戏家庭覆盖率，进一步稳定宽带用户群。但是由于网络游戏是电信运营商的非主营业务，很难得到管理层的重视，更为重要的是电信运营商多为国有企业，经营体制不灵活，很难敏锐地捕捉到市场机会。

三、中国网络游戏出版的产业链

当前网络游戏产业链包括主线、辅线两条，如图6-8所示。其中主线由网络游戏研发商、网络游戏运营商、销售渠道、电信运营商和用户组成。其中，网络游戏运营商直接面对上游的研发商，下游面对销售渠道和用户，是整个产业链价值体系的核心。网络游戏产业链的辅助线则涉及 IT 产业、制造业、媒体业以及展览业，丰富的产业链相互关联，且随着网络游戏规模化的发展，相关产业获得了巨大的商业空间，尤其是电信和 IT 产业。

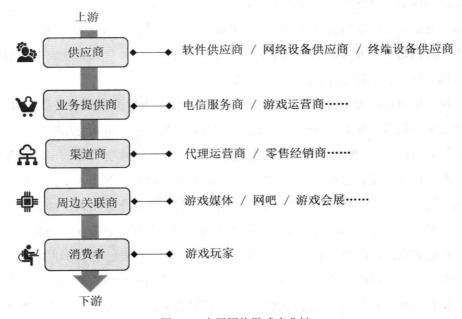

图 6-8　中国网络游戏产业链

游戏开发商作为最主要的供应商，主要负责游戏研发，在数字出版流程中处于内容生产地位。全球知名的网络游戏开发商有：美国的 Blizzard（暴雪）、EA

SPORTS（电子艺界），日本的スクエニ（SQEX/史克威尔·艾尼克斯），韩国的NCSOFT、网禅（WEBZEN）、内克松（NEXON）、娱美德（WEMADE）等。在中国也有自行研发网络游戏实力的代表性企业，如盛大网络、完美时空、网易、巨人网络、金山公司、久游网等。中国台湾地区的代表企业有智冠、大宇、昱泉等。

游戏运营商是业务提供商中负责维护网络游戏产品持续运行、给玩家优质体验的服务主体。运营商负责扩大游戏产品的市场影响、采取各种营销手法吸引玩家购买游戏，建立产品口碑、引导玩家持续消费。同时，还要负责网络游戏的硬软件服务，不间断维护承载服务器，通过各种渠道收集玩家意见，及时解决各类游戏体验的问题，多元经营玩家、采取各类收到黏合游戏用户。早期，盛大、九城等公司都是单纯的运营商。自2004年开始，我国游戏运营商可以出版网络游戏，由此游戏运营商可以集出版权与运营权于一身。

电信运营商指提供互联网接入基础服务的主体，包括通信电缆布网入户、互联网信号接驳、网络维护以及其他服务业务。随着产业链的复合化发展，电信运营商也开始将触手涉猎其他领域，中国电信、中国移动、长城宽带、联通等都在积极发展网络游戏业务。如中国电信的"天翼云游戏"平台，采取分成方式引入了腾讯、网易、星游记等的多款游戏产品。

游戏销售商作为主要的渠道商，负责线下或线上销售游戏附带产品及服务。如通过实体商店、线上综合性网站来销售游戏客户端软件、游戏使用时间（月卡、点卡等），还一起搭售以游戏为主题的期刊、影音制品、食物、服饰、玩具等周边产品。目前，随着电商平台的成熟发展，游戏销售业务以线上为主，且越来越多地被游戏运营商跨界占据市场，单一的游戏销售商生存压力增大。如全球最大的实体游戏销售商GameStop，近年也因实体销售量下滑明显，开始裁减员工。

周边关联商是因网络游戏文化而延伸发展出的相邻行业，包括如以游戏故事为蓝本的电影、漫画、动画，由游戏角色粉丝参与的动漫会展、举办游戏赛事及游戏体验的网吧和会场，以游戏攻关、群内资讯为主的游戏期刊、专业化电视频道等，以及曾作为资本风口的游戏直播，还有以游戏角色、游戏场景为logo和主要造型的各类服装、饰品、手办玩具等。游戏周边因为涉及的领域广泛，所创造的市场总值甚至远超过网络游戏行业本身，有数据统计表明：欧美国家的游戏产业总收入与游戏周边产业收益的比例接近1∶9，而在日本则为3∶7。

　　在整条网络游戏产业链中，运营商是为产业提供驱动力的企业，运营商通过持续营销促使玩家长期使用网络游戏。因玩家持续接入互联网，进而产生了巨额的上网费用，以及维系游戏运行须租赁、托管服务器产生了不菲的通信使用费，由此形成稳定的电信资费，支持电信运营商的业务；运营商运营游戏项目需获得游戏开发商的授权，并支付版权金，以及相应的分红金，为游戏开发商的持续发展提供生命力；此外，网络游戏的市场火热，还能促进专用游戏终端、计算机、智能手机等设备供应商的销售额。可见，一条高速运转的产业链需要各个环节的有力支撑。在技术爆炸的时代，不管是哪个环节，只要是有新兴技术的突破，都极有可能带来整条产业链的再造升级。

四、网络游戏出版盈利新模式

　　在市场上寻求获得利润的稳定方式是所有经营性质组织的核心任务，而网络游戏的盈利模式有着典型的数字文化娱乐消费特性，而且在全球竞争激烈的当下，单一的盈利模式已不适应时代环境，"多元化复合盈利"成为各个网络游戏企业的市场战略共识。除了传统的内购、包月制外，各游戏企业不断探索新的盈利手段与渠道，并做出"一类为主、多类为辅"适应性的组合配置。步入 21 世纪后，网络游戏企业探索出种类繁多的盈利手段，归纳起来可以总结为：订阅（Subscriptions）、应用内购买（In-app Purchase）与激励广告（Incentive Advertising）。

（一）订阅

　　订阅制指用户付费购买未来一段时期内持续的商家产品与服务，这一商业模式早已出现在我们的生活中，如订阅杂志、订购牛奶等。订阅制能够有效"捆绑"住用户的未来消费行为，为商家实现稳定的未来销售额，所以一直以来是各类商家特别是零售商采用的主要盈利手段。而且后来还演化出熟知的预付制、会员制、VIP 等模式，其也被沿用到互联网领域，产生了基于 B2C 模式的"付费会员制"，如新闻网站的付费墙、软件云端订阅、流媒体包月制等。Netflix、Apple、Verizon、Amazon、Google、UBISOFT 等的发展壮大也都与成功引入订阅制有莫大的关系。电子游戏是较早尝试这一模式的领域，XBOX（GAME PASS）、EA（Access）、PlayStation（NOW）都推出相应的订阅服务。2018 年起，网络游戏领域兴起引入订阅制，未来游戏也采取基于订阅模式来开发，进而推动游戏产业又一次影响深刻的市场变革，订阅制或将主导未来数字内容发展方向。

图 6-9　育碧订阅会员服务 Uplay+界面

　　游戏订阅制从用户的角度看，指充值小额度会员费即可任意享用平台游戏池中的多款游戏服务。与传统订阅模式和游戏销售不同的是，现阶段的游戏订阅制使用户以小成本在短周期内获得众多游戏的体验权以及后悔权。过去的游戏售卖是买断式的，抑或是网络游戏的包月制，但都是用户与游戏产品建立长久的一对一关系，玩家想要更换游戏则必须重新购买付费。而订阅制用户则能花更少的钱，试玩体验平台提供的多达百款的游戏，进而选择下一周期持续付费的游戏。这种销售模式一经推出就得到了广大游戏群体的欢迎，特别是追求新鲜感、轻量化体验的轻、中度玩家。

　　订阅制的兴起也与游戏经销商（发行平台）的推动有极大的关系。从发行平台商的角度看，盘活平台上投放游戏点击下载的规模量，远比头部游戏的运营更具战略发展意义。一般来说，头部游戏的题材、用户类型都较为单一，用户群体扩展和付费空间挖掘都已近瓶颈。从长尾理论看，非头部的电子游戏市场同样值得游戏开发商、经销商关注。而且从盈利模式看，订阅制为游戏开发商、经销商建立起经常性收入模型，使之拥有持续、确信的收入流。大型游戏开发运营商不用仅投注于精品游戏项目的收入回报，自建平台的订阅制所带来的稳定收入流为企业良性运转提供了重要保障。

（二）应用内购买

应用内购买是移动互联网兴起后由苹果公司首创的一类主流盈利模式，即用户免费下载应用程序后，购买非免费的部分功能以满足个人进一步的使用需求。互联网产品通过免费的基础功能吸引规模化的用户群体，借此树立品牌、扩大平台流量，同时将更优质的功能或内容封装为付费模块，吸引有付费意愿的用户在应用中购买，实现产品的直接变现。这一模式有效解决了互联网应用产品市场推广难题，迎合了消费者先试后买的心理，较好降低了用户付费的抵触情绪，故在互联网产品营销中被广泛推行。

以苹果应用为例，应用内付费的类型包括：基础软件（Free Version）升级为功能更强大的专业版（Pro Version）、免费游戏解锁等级、在线游戏拥有特殊虚拟财产或通关道具、杂志类扩展订阅与下载等。在游戏领域，应用内购买在相对长时间内成为主要的运营及盈利模式，比较经典的游戏如《植物大战僵尸》（图 6-10）、《安魂曲》等。

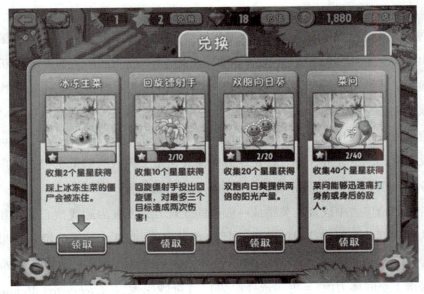

图 6-10　《植物大战僵尸》应用商店购买界面

应用内购买的盈利模式也深刻地改变着游戏产业，游戏研发者会分层设定游戏体验，而消费用户层成为重要的设计对象，游戏经济体系设计成为必须兼顾的环节，进而形成消费引领体验的主流设计思路。但应用内购买模式一度泛滥，容易引发玩家的抵触，主要是其认为应用内购买过度偏向付费层，导致免费玩家与付费玩家在游戏的排名、竞技 PK 等环节中差距太大，严重破坏游戏的整体平衡性。自 2015 年起，以苹果为代表的平台商开始在游戏池中开设"无应用内购"专区，市场也开始逐步回归理性。但应用内购买仍是当下游戏业界采用的主要盈利模式之一。

（三）激励广告

激励广告是较早的一种互联网广告类型，指通过奖励(物质或精神)来引导用户主动关注广告，并参与到广告活动内容中，从而达到营销的目的。激励广告常见的形式有积分墙、激励视频(图 6-11)，前者的用户完成指定操作获得积分以兑换相应奖励，后者的用户观看完视频则可获得相应的权益。总的来说，无论广告采取怎样的形式，都是对用户产品体验的一种干扰。而激励广告是将广告的"打扰"效果转化为用户的产品收益，降低用户对广告的抵触情绪，进而增强用户黏性、实现广告目标。

网络游戏的激励广告从 PC 时代发展至今，也发生了较大转变，并在游戏产品中出现得越来越多。2020 年海外数据分析公司 GameRefinery 的专项分析报告结论显示，大约 35% 的美国手游产品中含有激励广告；按类型的占比依次为休闲游戏(39%)、体育/赛车游戏(34%)、中度游戏(20%)、博彩游戏(17%)。互联网流量巨头 Facebook、Google Admob，以及专业游戏平台 Unity ads、Vungle 等均开设有激励广告业务，并一直是业界的模式典范。国内的腾讯也推出了广告营销服务线(AWS)，在腾讯游戏生态中导入激励广告业务。

游戏激励广告中设置的奖励从一般性的变现方式发展为游戏核心循环和经济体系的组成部分，用户获得的奖励包括游戏虚拟币/道具、短暂的增强效果、复活机会、缩短时间。如《金·卡戴珊：好莱坞》(Kim Kardashian：Hollywood)观看广告获得 1 小时体力值(=更多选择次数)、《奇妙庄园》(Matchington Mansion)开始关卡前玩家可以选择观看广告获得增强道具以增加通关概率、《梦幻水族箱》

图 6-11　卡片收集游戏 Animation Throwdown 的激励视频广告弹窗

（*Fishdom*）玩家观看广告可以随机获得游戏内货币，金币、钻石或兑换券。现阶段，网络游戏激励广告主要以激励视频为主，而积分墙机制使用得越来越少，最主要的原因是激励视频更容易简便地融入游戏消费场景，同时也符合当下媒介视频化转型的大趋势。

激励广告是游戏运营商在内购、应用内购买等用户付费盈利手段之外拓展的从广告主处盈利的重要商业模式。现在除了注重激励广告的内容外，还强调游戏循环的切入点、出现频率、效果衡量，以及与其他盈利手段的非竞争性互补等综合设置。这使得现在的网络游戏广告植入架构变得更加多元立体，同时大大提高了广告的用户认可度，促进向应用内购买的转化率，而游戏玩家则可获得更多权益的玩法体验。

订阅、应用内购买、激励广告作为历经市场考验留存的游戏盈利模式，随着游戏的发展也在不停演化，并且游戏运营商往往会对三种模式进行组合配置，探索最佳的相互转化方式，最终达成理想的商业变现。

第四节　中国网络游戏出版发展趋势

中国国产网络游戏发端于第二代网络游戏的历史环境，追随跟进于第三代网络游戏时期，蓄力突破于第四代网络游戏。中国网络游戏在历年的发展进程中已建设和具有完善的产业体系、体量巨大的用户市场、多元丰富的文化生态，并在海外市场有着不俗的表现。新一轮的技术风口和产业革新的契机已经到来，中国网络游戏产业通过强化科技创新、产业创新、文化创新，将以更强劲的动能助力我国迈向文化强国。

一、第五代网游产业革命拉开序幕

2019 年是全球科技史上重要的里程碑年份，5G 技术的正式商用无疑将人类的信息社会推向更高的层次。增强带宽、海量通信、超低时延的技术能力催生诸多超出以往世代的超级应用，如智慧城市、工业互联网、VR/AR 交互现实、无人驾驶、远程医疗等，并直接推动各行各业迎来新一轮的技术革命。对于网络游戏产业而言，在 5G 技术普及的背景下，第五代网络游戏将应运而生。

第五代网络游戏相对于以往代际会出现的新特点有：云端化、深度交互、感官全覆盖等。其一，网络游戏运行的云端化。云的概念在 4G 时代已经普及并在相关领域有着一定的应用度，但大体量的数据交换仍缺乏足够的技术支撑，以至于云端应用的用户体验一直不佳、难以在相关行业延伸发展，而"云"应用只有在 5G 时代才真正呈现出理论设想的效果。对于网络游戏而言，5G 的海量秒速可以让所有游戏运行于云端，而不需要在本地设备上运行任何游戏数据，本地设备只需要提供足够动态清晰度的显示功能即可，完全可以实现在普通性能手机上运行基于云端的 3A 游戏。这一巨大进步将直接冲击游戏终端商，以及电信运营商。云端化发展进一步的演变则会是"去设备化"，在传感技术及显示技术突破的近未来，人类体验网络游戏不再需要任何附体设备，只需要在感应区做游戏动作即可。

其二，网络游戏的人机深度交互。同样，交互也是 4G 时代的产物，但在 5G 技术下会进一步演化升级。5G 迭代后的超低时延、高数据量，能够实现更多场景、更深层次下的人机交互。多通道融合交互下的网络游戏中，玩家的指令不再是单一的键盘鼠标，将会从手势、人脸、语音等更多的渠道与游戏世界交互。斯皮尔伯格导演《头号玩家》（Ready Player One）中 VR 体感交互的游戏场景将从电影荧幕走入普通玩家的真实世界。随着人工智能技术的同时并进，5G+AI 会在游戏世界中产生各类主动交互、订制化交互等体验，玩家与游戏世界的交互不仅仅是剧情上的互动推进，还会在游戏的互动模块中加强与外部世界的关联，根据玩家游戏世界之外的网络行为订制在游戏世界之内的个性化服务，并会在游戏进程中进行主动交互。此外，随着物联网技术的发展，游戏人机交互的终端不再受限于特定的设备和物理空间，进而实现随时登录、随处交互。

其三，网络游戏的五感全覆盖。第一代至第四代网络游戏均是基于视、听两个感官的信息传播与交互，而在 5G+传感器的时代网络游戏有望覆盖玩家的视、听、触、味、嗅五个全部感官。特别是在生理传感器、及感官反馈器技术日益发展的背景下，触、味、嗅三类感知有望全面突破。而且触觉通信技术已经有一定的进展，微软研究院于 2018 年推出了 Haptic Links 物理连接器，以探索提升虚拟现实场景中的触感、力反馈效果。在 AI、5G 技术的加持下，感官传感及反馈技术将会率先在网络游戏领域普及应用，为玩家带来前所未有的五感虚拟体验，促进感官通信技术的跃进突破，也会给网络游戏产业带来颠覆性变革。

第五代网络游戏出现的新形态不会仅限于上述的三种，新形态的爆发式涌现预示着新世代网络游戏的来临。游戏技术、游戏样式、游戏环境等都呈现了超越以往的变化，而游戏行业也随着新一代网络游戏对技术集成创新需求的增强，必然会强化技术龙头企业的地位，整个网络游戏市场的垄断格局将得以固化。同时，网络游戏文化土壤中也会继续迸发出更为多样的次生文化，进而创建出生命力旺盛的网络游戏生态圈。

二、产业增长模式向"内生型"深化转向

宏观经济学中的内生性增长理论认为：经济能够不依赖外力推动实现持续增长，内生的技术进步是保证经济持续增长的决定因素。内生型经济增长的市场特点具体表现为创新技术驱动与不完全竞争。中国网络游戏在相当长时间内是受到外来技术、资本、文化的驱动而发展的，属于偏外生型的产业增长模式。如网络游戏的代理运营模式就是典型的外生性因素主导的市场形态。自中国网络游戏的自主创新品牌崛起后，产业开始进入"内生型"的转向期。

对于以技术为驱动的网络游戏产业来说，产业底层技术是产业的基石，也是核心竞争力的基本保障。尽管国外有 Unreal Engine(虚幻引擎，代表作有《战争机器》《质量效应》《绝地求生》)、Frostbite Engine(寒霜引擎，代表作有《荣誉

勋章》《战地》）等顶级的商用游戏引擎，但中国网络游戏龙头企业并没有依赖国外技术，而是发展有自主知识产权的游戏研发关键技术。目前，如腾讯自研游戏引擎 Quicksilver、网易的 NeoX、北京完美时空公司的游戏引擎 Angelica、国内知名游戏厂商目标软件（北京）有限公司的 OverMax 引擎出口新加坡等。国产网络游戏研发引擎以自行开发为主，说明国内网络游戏开发企业已经具备较高的游戏核心技术能力。行业内部大多数企业以自主研发为主，是内生型增长的基础和标志。

内生型增长模式的产业形态还表现为不完全竞争，在中国网络游戏产业则具体表现为寡头垄断形态。主要体现为两点。首先，少数企业产量在全产业比值很高。艾瑞咨询发布的《2019 年 Q1 中国网络游戏季度数据发布研究报告》显示，腾讯游戏、网易游戏共计占据中国网络游戏市场规模的 68.98%。腾讯、网易两大游戏巨头凭借自身优势，经过多年的市场竞争获得市场垄断地位。其次，行业门槛高，市场壁垒化。2016 年起，中国网络游戏进入行业洗牌阶段，在企业业务范围、资金规模、品牌运营等方面树立起明显的入行壁垒。一方面，企业跨行业并购行为密集、发展成为超级综合体。能够全面打通游戏、影视、动漫等全链条的网络游戏企业才可得到市场的认可，只有实力雄厚的市场主体才能符合适应条件。另一方面，随着国家主管部门的监管力度持续加大，在未来，中国网络游戏产业将进入成熟期，精品化将是网络游戏的基本定位。游戏企业研创门槛将会提得更高，而中小型企业的生存空间和竞争优势将会越来越小。从更为长远的经济发展视角来说，正如互联网领域中的"BAT"三大巨头一样，特定时期的寡头市场形态是积极的，有助于更迭掉产业初级阶段的各类低质事物，从寡头企业中培育出具有更强生存实力的下一代市场主体，带动整个网络游戏产业链的完善与升级，让中国网络游戏产业具备 5G+AI 时代卓越的国际竞争力。

在下一个发展期，中国网络游戏产业的增长模式将会进一步凸显"内生性"。在我国 5G 技术全球抢滩优势下，中国势必是第五代网络游戏技术爆发的主要地域第一。技术进步内生化迫使网络游戏产业持续投资人力资本，刺激劳动力要素有序流动、全要素生产率大幅提升，进而扩大以技术进步、知识创新、人力资本为核心内生变量引致的规模收益递增，最大限度地激活中国网络游戏市场主体的营商与创新禀赋。由此，自主技术、国内资本、本土人才、扶持政策、派生文化等内生性全要素得到显著提升，并稳固支撑起中国网络游戏产业下一轮的高质量发展。

三、生态赋能促进产业繁荣

在互联网重构人类生存方式的时代，人们复杂多样的文化娱乐信息消费需要庞大、复合的多行业协作才能得到满足，20 多年来中国网络游戏与整个社会的各行各业互生互促，逐步发展出较为完善的产业生态，除网络游戏的上下游全产业链外，还云集着游戏行业大文娱的 IP 行业联动、专业化游戏媒体、电子竞技及其周边、广告 SDK 服务、创新型游戏孵化、游戏成长守护平台等互为供给的生态链。随着产业生态系统的经济过程更高效、承载能力更庞大、网络化经济互惠层次更高，产业生态圈爆发出巨大的推进能量，中国网络游戏市场将进入一个繁荣期。

（一）技术赋能：新型虚拟感知游戏引领市场

随着第五代网络游戏的出现，虚拟现实交互、智能传感深度沉浸、万物皆可联的新型感知互动游戏势必引发新的市场热潮。作为前行探索的 VR 游戏在经历了早期的起伏后，在 5G 商用元年的 2019 年迎来了复苏。在 5G 底层技术的直接驱动下，VR 游戏的设备研发、内容生产、场景体验等都得到极大的突破。

硬件方面，2019 年开始，业内陆续推出标志性 VR 硬件产品。Facebook 发售了 VR 一体机 OculusQuest，VR 硬件技术大幅提升。华为发布首款 AI 光猫产品 OptiXstar V 系列，支持运营商搭建云 VR 业务的硬件环境，进而直接推动家庭 VR 业务的普及。网易发售 Pico Neo 2 VR 一体机，专用于 VR 游戏体验，在 VR 眼镜基础构架上配搭电磁双手柄。

网络运营商方面，2019 年 10 月，中国电信四川公司正式放号首个云 VR 业务，这意味着云 VR 正式迈入商用。云 VR 在 VR 游戏、VR 直播、VR 教育等家庭场景中有着广泛的应用需求，运营商步入商用可以切实搭建家庭网络基础，确保 VR 视频、直播和游戏流畅、自如的体验。

内容运营商方面，2019 年起，Facebook 收购 VR 游戏幕后工作室 Beat Saber、VR 音乐游戏开发商 Beat Games，以及 VR 游戏开发商 Sanzaru Games。网易公司与美国顶级 VR 游戏工作室 Survios 合资创立"网易影核"（Netvios），专门致力于打造面向全球的优质 VR 内容，自主研发推出的有首款 VR 多人在线开放世界游戏《故土》（Nostos）、首款隐身射击 VR 游戏《荒野潜伏者》等。VR 游戏的优质内容生产已经步入发力阶段。

市场形态上看，在城市商业圈开设的 VR 体验店、游乐城的 VR 游戏机等是拓展用户、培育市场较为现实的方式，在大型网络链接、竞技性、社交化的 VR 游戏真正成熟前，基于单机版线设备局域联网的线下体验店运营仍将是 VR 游戏市场的主流方式。

不少游戏运营商都聚焦到 VR 游戏为发端契机的第五代网络游戏转型上，如网易就提出在手机、电脑、VR 实现手游三端互通。在 5G 技术的催化下，VR 游戏有望进化为新型虚拟感知游戏，并带动网络游戏步入新一轮变革。

（二）内容赋能：IP 生态持续加持游戏开发产能

文化消费领域的产业化发展迫使数字文化产品必须以较低成本快速获取到规模性用户，而 IP 的跨界延伸转化就成为最佳市场选择，并极大地推动了泛娱乐化的文化风潮和跨界融合的产业转型。基于 IP 构建内容生态已成为网络游戏业内较为成熟的模式，并且在信息传播深度融合的时代将长久占据内容创意的主要领域。

近年的中国网络游戏产品市场份额排名数据显示：IP 改编转化的产品在客户端网游市场中占比在 50% 左右，在移动游戏市场则占比保持在 60% 以上，其中 MMORPG/ARPG 类型改编率最高；动漫、小说改编为网络游戏的市场规模均已接近百亿元/年，越来越多的头部产品都带有 IP 属性。市场表现优异的产品无一例外均布局有 IP 联动战略，深度挖掘游戏、小说、动漫、影视等领域的延伸价值。

网络游戏的精品化发展急需大量优质且快速产出的规模化创意内容，而文化创意规律决定了游戏内容创意无法流水线量产，由此相邻文化领域的 IP 就成为可输入资源；此外，游戏、网络小说、动漫等领域用户群体的高度重合，也决定了 IP 跨界并不是偶发的市场现象，而是符合市场持续发展的长期规律。

内容产业的持续发展也带来良好的前景，网络文学创作群体已超过千万，短视频发布者已逾 6 亿且持续攀升，还有大量活跃在各门户网站、社交媒体圈的百万级动漫创作者，庞大基数的创作群体所带来的内容高产，均是文化 IP 产品最有创造力的产能供应来源。而且随着文化生态自下而上的繁荣，IP 泛化也得到进一步加强，网络游戏可利用的 IP 资源范围得以扩充，如网络游戏的故事世界不再限于情节文本，诸如群体形象标签、表情包、热点人物等网络符号都可转化为游戏 IP。在国家政策扶持、行业储备孵化下，IP 产业将持续高产供给网络游戏。作为 IP 领域变现效率最高的网络游戏行业，无疑是产能最为突出的文化创意产业。

（三）用户赋能：移动化、电竞化玩家偏好长期主导市场

网络游戏的移动化、电竞化尽管是 4G 时代的产物，但满足的是用户数字生活中碎片化时间休闲以及游戏专业化对抗等的需求，而这类需求在 5G 时代并不会消失，反而会在未来游戏应用场景中被加强。随着网络游戏生态不断演化，开发应用出的新技术驱使移动化、电竞化的网络游戏产生新的变体，在迸发新的用户需求下还会催生出新的游戏模式。

自 2016 年起，作为网络游戏移动化产物的手机游戏就成为细分市场的最大份额主体，也开始带起客户端游戏移动化的风潮，如拳头公司（Riot Games）推出《英雄联盟》手游版，部分游戏运营商也开发出"三端互通游戏"（同一款游戏可在 PC 端、手机端、平板端共享数据）。而且随着未来移动设备的研发突破，智能手机与穿戴设备进一步融合，电子设备的物联场景愈加丰富，网络游戏的移动体验将达到新的层次，不再限于手机屏幕的指尖触动。新的移动游戏体验也将扩大移动端的市场份额。

从网络游戏文化的发展趋向看，网络游戏的电竞化、职业化也将是玩家用户的长期需求点。自 2018 年中国电竞在世界赛事上创造辉煌后，职业电竞文化被助推上新的热度，而网游电竞市场已经发展出较为成熟的商业模式，并且得到产业政策的一贯扶持。目前，中国电竞游戏产业已步入高速发展阶段，并在全球移动电竞市场保持头部序列。2018 年电竞游戏产业市场规模超过 880 亿元人民币，且呈现出稳定的增长趋势，即将成为达千亿元级产业。其中移动电竞细分市场的占比也将越加提高，在新兴移动技术的助推下，有望成为最大的主体。

（四）文化赋能：媒介叙事由表及里共促新时代文化兴盛

随着网络游戏的文化媒介属性日益彰显，网络游戏的出版传播在文化传播中占据着越来越突出的作用。一款优秀的网络游戏产品不单负有商业成功的经济使命，还承载着输出文化、传承文化的社会使命。而网络游戏行业高层次的竞争也表现为文化的竞争，以网络游戏为叙事载体询唤不同族群的文化认同，以文化赋能中国网络游戏产业，而产业亦反向助推网络游戏文化进一步壮大，并与主流文化互融共通构建繁荣的社会文化生态，进而彰显中国新时代文化自信的底气与实力。

中国有着极为丰厚的历史文化资源以供网络游戏挖掘和运用，乃至成为国外游戏的故事蓝本。如日本光荣株式会社推出的系列游戏《三国志》，以其对三国历史细致的考据和高可玩性的政治军事模拟，使之自 1985 年至今仍是策略类游戏的翘楚。对历史文化的游戏产品转化，并非简单地套用历史情节、历史人名、民俗符号、山水图景等，也不能生硬植入或肤浅架空，而是要将艺术真实、历史厚重与游戏性有机融合。让用户沉浸在现代媒介技术的同时，将仁义、持节、忠孝、诚信等人格精神，精巧瑰丽的传统技艺、恢宏灿烂的历史、激荡绵延的英雄浩气等融入游戏人物的命运发展、性格设定、史诗情节推进等，网络游戏对传统文化的运用须从表层的中国风场景转向深层的民族文化内核。

自 2004 年起，以原国家新闻出版总署出台《关于实施"中国民族网络游戏出版工程"的通知》的扶持政策为标志，中国正式将网络游戏纳入文化产业战略发展中的重要部分。"大力弘扬中华民族优秀文化和传统美德……坚持社会效益与经济效益的有机统一，坚持民族性、科学性、娱乐性三者的统一"等是国家对网络游戏产业提出的殷切希望、未来长期的指引目标。近年来，中国网络游戏产业取得长足发展，并且可喜地在海外取得不俗的突破，这都直接反映出中国游戏产业竞争力优势正逐步积蓄。目前，一批弘扬中国传统文化的功能性游戏已出现在市场中，如腾讯的《榫卯》《折扇》《纸境奇缘》等，尽管现阶段规模体量较小、应用场景较窄，但为传统文化的游戏化、功能化及实用化做出了积极的探索，未来作为通关模块嵌入大型商业游戏，或封装于教育软件等都具有极高的应用价值。

中国网络游戏应当充分认识和运用网络游戏的媒介传播功能，激活与传统文化的联结效力，打造丰富多元的故事符号世界和文化生态系统，积极承载主流价值观的传播使命，为互联网新生代营造正向鲜活的时代精神图谱，并成为真实、立体、全面向世界展现中国故事、中国声音的重要协奏篇章。

第七章　网络（数字）动漫：乘风大视频时代

动漫作为当代流行文化的重要分支，深受青少年群体的喜爱，其出版传播极大影响着各个国家的文化生态。动漫从最初的绘本读物，发展到电影电视化、网络化，以及游戏化、实物化等的延伸。进入 20 世纪 90 年代以后，随着互联网数字技术被运用于动漫的制作、发行，网络（数字）动漫逐渐成为主流形态。在动画领域，制作者开始通过电视及电影的动态表现方式，添加数字化制作、剪辑手段，使用多种编绘手法，进行新的卡通作品创作发行。同时，漫画与动画开始合为一体，在传播过程中，与电视、电影、新媒体相结合，同一部作品有着多种传播渠道和表现形式。相比传统动漫来说，网络（数字）动漫有着更为突出的社交属性、融合属性和产业属性。

第一节　网络（数字）动漫出版概述

数字影视以及互联网技术的出现，使动漫在制作生产、传播形态、营销方式等方面都发生了巨大变化。尤其数字网络时期的动漫与以往的动漫有着很大的不同，这一时期发展出的动画及新漫画合称为"新动漫"。

一、网络（数字）动漫出版的定义

动漫是指动画和漫画的合称、缩写，取这两个词的第一个字合二为一称为"动漫"，泛指所有的动画、漫画作品。中国汉语词汇"动漫"一词最早见于我国最早的专业动漫资讯类月刊《动漫时代》（*Anime Comic Time*），因概括性强而在大陆地区开始普及起来，并约定成俗。国外则习惯性将动画（Anime）、漫画（Comic）、游戏（Game）三者合称为 ACG，或加上轻小说（Novel）合称为 ACGN。

在我国则习惯于将游戏、小说单列,仅将"动漫"合并统计。

动画和漫画之间从形式上看差异很大,一个是动态的画面,一个是静止的图画。传统上一般认为动画属于影视艺术的范畴,漫画则属于绘画的范畴。但在互联网时代,二者传播媒介走向融合趋同,媒介形态也变得异常丰富,除纸张外,手机、电脑、电视、电影、网络多媒体等都成为承载媒体。而在艺术方面,二者也有着许多共通性,如叙事性、象征性、幽默感,以及角色的夸张造型和轻松简洁的表现手法等。

基于上述认识,可以给出网络(数字)动漫出版做出界定:其是以数字影音技术为创作工具、以网络渠道为传播载体的动画、漫画出版活动,涵盖传统动漫的数字化出版传播以及网络原创动漫出版传播。网络(数字)动漫的数字化生产和网络化传播是其两个主要特性,从内容的数字化生产和艺术形态来说,分为两种类型。一种是数字化原创,即利用先进的数字工具和软件创作的适合网络媒体传播的动漫内容,主要是充分利用新媒体特性创新的动漫艺术形态,如受众参与交互的动漫游戏、动漫电子书、动漫表情、动态漫画、动漫应用软件等。另一种是传统动漫的数字化,即将通过传统媒介传播的动漫内容利用数字化技术转换成相应的数字形态,从而适应新媒体传播要求,是传统动画在网络新媒体中的再生和扩容。

二、网络(数字)动漫出版的特点

网络(数字)动漫出版传播依赖数字与互联网技术,并在制作周期、创作主体、产品形态、传播方式等方面有着突出的特点。

(一)制作周期缩短

传统动画在制作商遵循整体制作再播出的制播模式,网络(数字)动漫却可以利用网络的同步性进行分阶段的制作与播出。分段制作的模式大大缩短了动漫企业制作资金的运转周期,保持特效与制作技术的市场同步性,根据观众的反应调整产品,大大降低了动漫产品的市场风险。相对于传统动漫,同样制作水平的网络(数字)动漫在制作成本和传播成本上降低明显。

(二)创作主体多元化

互联网时代，随着制作工具的普及、传播平台的开放，动漫作品创作门槛和壁垒被打破。除了专门化的动漫出版机构外，广大互联网用户也加入动漫创作大军之中。数字出版时代比较活跃的卡通形象有许多并非来自出版社的策划，而是完全由互联网用户群体创作，并获得了网民与普通大众的喜爱。这些由大众创作的卡通明星大多造型简洁、容易识别、富有个性，走可爱路线，因此能够从草根涂鸦文化的汪洋大海中脱颖而出。其相关作品常常以 Flash 动画短片、表情动画、桌面壁纸、屏保等形式在互联网上广为流传。

(三)产品形态多样化

在网络平台上，既有将传统动画、漫画通过网络进行传播形成的网络动画、网络漫画、手机漫画等产品形态，也有只在网络平台上才存在的彩漫、手机主题、壁纸屏保、QQ 表情等新型产品形态。

网络传播平台让动漫有了更为广阔的发展空间。相对于传统的传播方式，动漫的最大特点是再现与原创的迅捷性。新媒体的普及与应用、网络动画的低成本，以及智能手机的普及，促进了各种动画题材的出现，动画广告的应用深入人们生活的方方面面，地铁上的公益广告和商业广告越来越多地以动画为表现形式，在许多电子商务网站上，网络动画也成为招揽购物者的工具。

一些具有知名度和市场传播度的卡通形象，如绿豆蛙、兔斯基、悠嘻猴等没有内容产品为载体的动漫明星，在传统动漫产业中是不可想象的。例如网络动漫形象"兔斯基"最早便是通过 QQ 表情广为传播。北京梦之城文化有限公司运营的"阿狸"动漫形象堪称目前以形象为中心进行品牌打造的最成功的案例，如图 7-1、图 7-2。2006 年，北京梦之城文化有限公司推出阿狸 QQ 表情等互联网虚拟产品并迅速蹿红于网络。之后，在该公司大力运营下，包括阿狸表情、社区模板、输入法皮肤、壁纸等在内的互联网增值产品迅速覆盖亿级用户。梦之城后来推出了阿狸系列的绘本和动画短片，打造了 300 余款阿狸产品，品类包含毛绒公仔、服饰、箱包、文具、生活用品等，除了在天猫、淘宝、当当、京东等线上渠道热销之外，首家线下实体店也在 2012 年年底落户北京中关村，并开展了与太平鸟家纺、DQ、御泥坊等品牌的商业授权合作,成功实现了网络(数字)动漫形象从线上向线下的"逆袭"。

图 7-1 阿狸

图 7-2 阿狸动漫《阿狸布塔故事集》

此外,动漫这一艺术表现形式在广告、航天、医疗等领域的应用,通过动漫的形式对某些实际场景进行模拟、复制和还原。许多动漫爱好者在热点社会事件发生后,创作出相应的动漫作品对其进行呼应,获得网民的关注和传播。

(四)传播社交化

网络动漫主要以青少年为目标群体,无论是创作题材、艺术表现手法、审美趣致等均迎合着青少年群体的喜好,其中也包括青少年社交化的网络使用习惯。在网络动漫的创作、传播、运营等活动中,充分考虑到青少年的网络社交需求以及分众群体的话语特色。

网络动漫制作方开辟官方网站的交流专区、设置热搜话题、开设微博、微信、抖音等新媒体运营公号以及平台会员制,激发和满足目标群体的社交诉求。此外,引入弹幕等群体符号互动功能,极大释放了青少年的社交话语表达,并强化了青年亚文化群体的身份认同与构建。

三、网络(数字)动漫产业的界定

2006 年国务院办公厅转发财政部等部门《关于推动我国动漫产业发展的若干意见》的文件对"动漫产业"做出了明确的定义,"动漫产业"是指以"创意"为核心，以动画、漫画为表现形式，包含动漫图书、报刊、电影、电视、音像制品、舞台剧和基于现代信息传播技术手段的动漫新品种等动漫直接产品的开发、生产、出版、播出、演出和销售，以及与动漫形象有关的服装、玩具、电子游戏等衍生产品的生产和经营的产业。

　　动漫产业根据收入模式又划分成版权市场和衍生市场。版权市场包括电视动画、动画电影、网络动漫、手机动漫、动漫出版、动漫音像制品、动漫舞台剧等；衍生市场包括玩具、服装、游戏、食品、家居、文具、主题乐园等。

　　网络(数字)动漫市场一般分三个层次。一是制作市场，由数字动漫生产单位(包括企业、个人生产者)利用数字处理技术加工生产出包括数字漫画、电视动画、动画电影、动画视频、数字表情等数字动漫产品，用以投放市场。二是播出市场，数字动漫代理商或者渠道商通过购买、接受委托等手段取得制作市场加工生产出的数字产品，并将其推向市场，以收费或免费模式通过电视台、互联网、电子书渠道将数字产品向终端发布。三是衍生产品市场，包括服装、玩具、饰品、生活用品等，其中，动漫衍生品是指利用卡通动漫中的原创人物形象，经过专业的卡通动漫衍生品设计师的精心设计，所开发制造出的一系列可供售卖的服务或产品。随着动漫日益受到人们的喜欢，各式各样的以动漫为主题的游戏、服装、玩具、食品、文具用品、主题公园、游乐场等成为了数字动漫产业中重要的一环。

　　动漫产业链是指以"创意"为核心，以电影电视传播为龙头，带动系列产品的"开发—生产—出版—演出—播出—销售"的营销行为，包括漫画创作与出版、动画片的制作与播出、游戏的开发、动漫关联产品和衍生产品的开发。动漫产业的横向产业链还包括动漫产业涉及的领域，包括出版印刷业、信息业、软件业、网络游戏业、玩具文具等制造业、旅游服务业、会展业等。

第二节　网络(数字)动漫产业形态

一、网络(数字)动漫出版的运营环节

数字动漫出版运营指从动漫制作、动漫作品的影院投放和电视台的播映、动

漫音像制品的出版发行、动漫衍生产品的销售和动漫旅游等整个过程进行策划安排。数字动漫运营起始于市场分析，经过基础创意、资源整合、产品研发、营销组合、后续开发，再回到下一步市场分析、从而往复循环。运营方利用生产方制作出的动漫作品获得制作成本的回收，打造衍生产品获得利润，把产业链上的各个环节有机结合起来，从而获得持续发展。数字动漫出版营运的核心问题是动漫产业链上中下游的各环节及其相互的协调，每一个环节发展的健全与否，都会影响到整个产业状态。

(一)产品策划

评判一个优秀的动漫作品，不仅看它是否具有审美价值、艺术价值，还要看它是否具有市场价值。作为具有商品属性的动漫产品也需满足销售目的，并非没有流通、孤立的艺术品。为了实现其商业价值，动漫人就不能闭门造车，在创作和设计之前，一定要对市场进行详细调查，找到切入点，对推行过程中有可能出现的危机做好预测，并准备好应对措施，才能将风险系数降到最低。

前期策划在整个动漫产业中的作用是统帅全局、指导方向。只有通过前期的调查分析，了解本企业及竞争对手的情况之后，才能做出相应的制作、宣发等部署。在欧美动漫领域，一部片子推出前要请市场调查公司进行调研，然后选择不同的模式进行运作。比如，制作公司先规划故事大纲，制作出1~2集的样片后再去找投资商，同时开始做各类宣传活动。根据收视数据、观众反馈、投资方意见等情况，重新调整剧情、角色设定、受众群体、道具、制作成本估算、资金回笼、宣传推广及衍生开发等问题都应该有详细的实施方案。

动漫作品在制作之前，要明确自己的目标受众。只有充分了解了动漫作品所面向的观众，才能很好地进行脚本选择、人物设定，主体意义不会发生偏差。目标受众分析非常重要，它影响着整体战略的制定。受众群体处于动漫产业的核心位置，对动漫产业而言，所制作的每一部动漫作品和相关衍生品所针对的目标人群必须是非常清楚的，这样才有利于进行明确的定位。

动漫观众一般可以以年龄进行划分，主要有以下四个类别：儿童观众、少年观众、成年观众和老年观众。儿童观众喜欢的类型是角色厉害、有绝招、勇敢，外形可爱帅气，性格活泼开朗。少年观众喜欢的类型是机智、超高的推理，人物真实有趣，造型帅、可爱，性格活泼，勇敢善良，好玩幽默。成年观众更偏好制作精良，主题引人深思的作品，对他们来说，动漫和好莱坞的电影没什么不同，只是形式上更活泼动感一些。老年观众喜欢的类型是主题温馨的作品，内容平实，讲述生活中快乐的点点滴滴。数字动漫策划可以充分利用其互动性强的优势，在开发之初就推出产品形象，根据反馈进行调整，确保市场接受度。

(二)内容创意

优秀的创意是动漫产业的起点，创意是动漫产业产生和发展的原动力，是动漫产业最重要的构成要素。内容策划中的想象力和创造力可以体现在故事情节、人物形象的设定、影片的背景刻画等艺术创造上。以美国动画电影为例，1991年迪士尼推出的童话动画电影《美女与野兽》取材于法国童话，描述了一段女主人公贝儿的爱情经历，谱写了一曲跨越人类界限的爱情传说。1992年迪士尼推出的《阿拉丁》是根据世界著名的故事集《一千零一夜故事》改编而成，演绎了苏丹王朝时期的动人传说。1994年迪士尼推出的《狮子王》改编自英国著名戏剧家莎士比亚的名作《哈姆雷特》，把宫廷的斗争故事安排在动物世界。1996年迪士尼推出的动画电影《钟楼怪人》，改编自法国著名作家雨果的小说《巴黎圣母院》，它描写了卡西莫多虽然外表丑陋但内心美丽善良的形象，着重讨论人性的真善美。《小鸡快跑》是动画版的集中营故事，演绎了人类世界的寓言故事。小鸡面临的命运是屠宰，他们奋起反抗为赢得自由而抗争。反观日本的动漫，其题材覆盖广泛，内容丰富多彩，既从本国文化风俗习惯中寻找题材，又从亚洲邻国甚至世界各国历史文化中寻找素材，历史、神话、体育、科幻、侦探、保健、美食、游戏等，包罗万象，尽情发挥他们的想象，例如他们拿来中国人热爱的《西游记》中的孙悟空原型，重新创作了艺术水平很高且内容有深度的《七龙珠》，受到广大动漫爱好者的好评。动画和漫画创作中融入了大胆的想象、大胆的创作，体现了更多的现代人的思维和生活。

(三)数字制作

漫画作品数字化后与传统形式差别不大，通常的数字化制作以动画作品为主。数字制作，人们经常称之为 CG(计算机图形学)，在影视动漫中通常包括三种应用方式：纯后期特效(特技效果)、3D 特效(3D 与实拍合成)和全 3D 制作。动漫按数字制作的要求，分为三个层次：电影级(对制作的真实感、沉浸感、场面大小、分辨率等要求更高)、电视级、游戏级(对可玩性的要求很高)。

美国数字动漫便是以好莱坞为依托，凭借其强大的电影数字技术、市场、资金等要素，迪士尼、华纳兄弟、梦工厂、皮克斯等大影视制片公司以高资金投入、高成本、大制作进行动画片的创作生产，利用动漫特技制造逼真形象刺中观众的视觉神经，让人震撼不已，使观众沉醉于超现实的幻想世界中，满足其对不可能的事的幻想与渴望。美国特别重视动画技术，其三维动画非常倚赖科技，讲求细腻与精致，比如衣服的皱褶、身体的毛发、动作下的肌肉表现等，每一个小细节都需要耗费许多的精力与时间。其电脑特技做出种种令人眼花缭乱的特效，让观众赞叹不已。2003 年皮克斯动漫制作室(Pixar Animation Studios)推出的《海底总动员》(Finding Nemo)，将计算机动漫的特技运用到七彩缤纷的海洋世界中，他们把一向被业界认为最难体现的形态——水，逼真地呈现于观众眼前，让观众经历了一次满载欢笑、刺激好玩的海底历险。《海底总动员》在美国上映之初就刷新了票房纪录，首映三天票房就突破 7000 万美元，同时开创了动漫电影的最高首映票房纪录。

利用基于计算机视觉的 3D 建模技术，完成 3D 美工的工作；通过实时进行影视级绘制的引擎实现数字制作。数字动漫产业既需要艺术环节，也需要技术环节的共同参与，为这个产业源源不断地注入核心技术和发展动力。

(四)商业销售

数字动漫有两种产销模式：先产后销、先销后产。其选择往往和动漫企业的资金实力、市场容量、企业战略和运作环境有关。

先产后销模式的代表是美国的迪士尼，依托强大的人才、资金、技术、市场运作实力，其作品生动传神，节奏流畅优美，高度体现出动画艺术自身的独特魅力。其作品大多成为动画艺术的经典作品，近百年过去，依然流传于世。但它制作难度高、耗费人力大，产出数量满足不了广大的需求。这种模式比较适合有强大经济实力的大型动漫公司，因为一部动画电影的投资成本相当巨大，在国内，市场平均制作费每分钟 8000 元是较低投入，1 万~2 万元是较高成本。1999 年

《宝莲灯》的制作成本为 1200 万元，近年来投拍成本逐步提高，《魔比斯环》更突破 1 亿元。而国际上，通常平均制作费每分钟为 1.2 万美元，迪士尼公司制作《恐龙》时成本高达 2 亿美元，和好莱坞电影业一样。这么庞大的资金投入存在高度的市场风险，因为这些大型制作公司的导演和制作人员通过琢磨和揣测观众的心思和偏好，他们不计成本地将大笔资金投入求新求怪，目的是通过制作出刺激观众视觉神经的作品来赚取利润。

先销后产模式则盛行于日本动漫业界。日本的动漫产业结构是除了最大的动漫制作公司东映以外，其他规模比较小，基本上是小作坊式的公司。日本没有美国那样强大的好莱坞电影市场作为后盾，没有美国那样雄厚的资金实力，他们不可能模仿美国几大电影公司走那种高投入、高成本、大制作的盈利模式，日本动漫走出了一条适合自己国情的路。为了规避高度的市场风险，依托于强大的漫画市场作为塔基，他们的动画片题材元素选自经市场几道淘汰筛选后成功的漫画故事，在动画制作时进行市场互动和快速回收，更重眼前的经济效益，有效地控制制作成本，以尽可能小的投资和尽可能少的人力获得尽可能高效的制作和尽可能大的回收。

在电视动画方面，日本动画制作公司的分工一般可以划分为两种，一种叫"企划公司"，就是筹划制作动画的公司，它们负责挑选有市场的漫画连载及动画的营销运筹和资金的收集；另一种叫"制作公司"，是专门的动画制作公司。动画的完成是通过这两种公司协作完成的结果，这种分工提高电视动画的制作效率，分散了高度的市场风险。轰动日本的影片《人狼》只是由十几人的小公司制作的，其中有一半的人专门做前期策划和市场运作，剩下的人做制作的工作，可以说做策划和市场的人比制作的人还多。

在制作的过程中，为了更紧密地利用时间，日本动画公司配合着企业公司的漫画连载的进度，制作人员一般可以分为两个独立的团队，每周甚至在更短的时间内就可以推出一集。制作和播出也是配套协作的，如果前几集的播放市场反应良好，马上收回收益并继续下一集的制作，如果收视率不高、市场反应不好，则立即停止制作，提高资金的使用效率。而且其制作工序流程化，因为其动画的情节、人物、场设、故事都是以漫画为基础的，不会有太多变动，从而缩短了电视制作流水线，同时如果需要变动又可以采集样本库，不用每个画面都要重新画过，大大减少了制作成本与时间，极大地缩短了投资收益周期。

（五）周边开发

在动漫行业内，有一个通用的盈利比例 1∶2∶9。这个比例的意思是动漫产业的盈利如果细分为 12 份，那么最初产品播出获利占 1，图书音像出版占 2，后续衍生产品如服装、玩具、鞋帽等周边产品则占 9，可见周边开发地位之重要。

作为业内鼻祖的迪士尼，是品牌价值变现最大化的典范。迪士尼不断推出制作精良的动画影视作品，每一个作品推出后都极尽宣传之能事助推票房，观众还可以购买动画电影的 DVD 音像制品，赚取第一轮收益；然后是主题公园，每一部动画作品收获高票房、形成形象品牌，就在迪士尼主题公园中增加动画中高人气的形象主题，吸引游客持续消费主题项目，以增加主题公园的营收，迪士尼赚取第二轮收益；接着将动画电影中的高人气形象授权给文化娱乐生活周边制造商，将动画形象融入各类玩具、服饰、生活用品、体育用品等衍生品，通过销售网络在全球售卖以赚取第三轮收益。

中国巨大的人口消费市场给动漫产业的发展提供了强大的基础。据文化部有关部门预测：我国整个动漫市场的价值具有 1000 亿的市场空间。未来 3~5 年内将是动漫产业发展的黄金时期；另外，我国 18 岁以下青少年达 3.67 亿，这是动漫消费的潜在人群，市场潜力巨大。如果我国动漫产业市场完全发展成熟，蕴藏其中的市场潜力被充分挖掘出来，那时的数据将会更加惊人。

二、网络(数字)动漫产业链

网络(数字)动漫产业链的主要环节，包括三个部分：动漫产品制作——电视电影互联网发行——衍生品的开发。由于网络(数字)动漫出版的特性，这三个环节的顺序不是固定不变的，但三者一定是交叉关联的，任何一个环节都不可能独自作战。具体到产业环境中，三个环节分别包括内容提供商、渠道发行商、衍生品开发商。

上游的内容提供商主要负责动漫产品制作，为网络(数字)动漫出版提供所需的内容，包括内容制作和内容集成。内容提供商有两类：一类是传统动漫企业转型数字化、互联网及移动互联网，利用互联网增加自身的发展渠道；另一类是

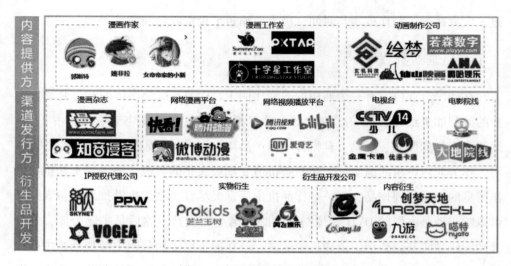

图 7-3　中国动漫产业链图谱

（信息来源：艾瑞咨询研究院）

致力于移动互联网动漫产品开发的企业，这类企业的产品针对移动互联网传播特性开发，无需后天技术移植改造，在竞争上具有先天优势。动漫内容提供商又可以细分为动漫内容整合商和动漫内容原创提供商，两者的定位略有差距。动漫内容整合商主要是聚集各类动漫内容的平台，是内容提供商的高级形式，凭借其在产业链的中间地位，通过能动的整合、协调、分配上下游资源，将内容精准高效地提供给最终用户，从而保障产业链的良性运转。

中游的渠道发行方一般为适合动漫传播的各类现代媒体机构，主流渠道包括漫画期刊、网络视频平台、网络漫画平台、传统电视动漫频道及栏目、电影院线等。这些对接内容提供商的媒体及发行方，按照市场规律实施动漫作品的宣传、绘本出版发售、放映及票单售卖、网络点播付费、电视广告嵌入等营收行为。对于动漫企业而言，发行渠道的选择与安排应以产生相应传播效果为标准，要明确作品的优势及特色，在发行期间针对定位用户制定强吸引力的宣发方案，充分利用各类宣传平台多渠道推广作品，并形成具备高口碑和市场反响的品牌形象，取得相应的经济效益，之后进一步扩大品牌价值。

下游的动漫衍生品开发是利用卡通动漫中的原创场景及人物形象，经过专业设计建造师的再造设计，所开发创造出的一系列可供消费的服务或产品，如音像制品、电影、书籍小说、各种游戏、玩具、动漫形象模型、服饰、饮料、保健品、袜业、鞋业、文具等都能开发成动漫衍生品，更能以形象授权的方式衍生到更广泛的领域，比如主题餐饮、漫画咖啡馆、主题公园等旅游产业及服务行业等。

随着社会的发展和科技的进步，动漫产品的影响力越来越大，动漫产业的外延在不断扩展，从动漫产品本身的图书、音像、影视剧、网络动画、手机动画、动画游戏到多个产业的衍生产品，已经形成一个完整的产业链。

三、网络（数字）动漫的盈利模式

传统动漫盈利包括购买内容后加工出售、开发衍生产品、贴片广告三种主要方式。网络（数字）动漫则不同，网络平台下支付渠道的日益成熟让消费者直接付费观看动漫产品成为可能。订阅模式这一由传统纸媒开创的盈利模式正通过电子书等途径被网络（数字）动漫普及，并且用户对动漫作品的消费习惯已然逐渐养成，一些知名动漫网站的用户黏性度也持续增强。手机动漫也通过电信运营商搭建的收费渠道、服务模式、营销体系为运营商和内容生产者都带来了丰厚利润。艾瑞咨询的调研数据显示，全国动漫爱好者约为 1.6 亿，其中 54.6% 的人对手机动漫感兴趣，有 58% 的用户愿意每月支付超过 5 元的使用费。

（一）传统销售渠道盈利

尽管有着网络化、数字化特点，但网络（数字）动漫仍是动漫产业的一部分，传统动漫产业的主流销售渠道盈利也是网络（数字）动漫盈利的来源之一，包括网络漫画实体书籍出版销售、电影票房、电视台版权采购等。经典网络文学《斗罗大陆》改成为漫画，在腾讯动漫平台累计阅读 47.8 亿次，第一季动画在爱奇艺累计播放 195.9 亿次，而在传统渠道方面：实体图书销量超过 3500 万册，漫画平装版以及典藏版累计销售 245 万册，销售额超过 1500 万元。以暴雪公司著名的网络游戏《魔兽世界》为原型的同人 3D 网络动画《我叫 MT》，在网络视频平台已拥有上亿浏览量，于 2016 年推出院线电影《我叫 MT 之山口山战记》，获得 1213 万元的票房成绩。

（二）动漫产品与渠道合作

动漫企业将具有一定知名度的品牌或卡通造型转让给品牌代理投资机构，或授权给商家、制造生产企业获得利润。该模式主要借助动漫角色的开发，为下游企业如玩具、文具、服装等提供贴牌式的或订制式产品包装和设计。

网络(数字)动漫的盈利渠道还包括被打通的数字产品平台。整个数字出版产品平台中，网络(数字)动漫与网络游戏、网络文学等数字出版产品有着天然的血缘关系，这使得网络(数字)动漫与其他新媒体内容产品之间的融合和衍生创作更加方便和丰富。由七彩映画工作室出品的原创 3D 网络动画《我叫 MT》，以暴雪公司著名的网络游戏《魔兽世界》为原型进行衍生创作，取得了很大的国内市场反响。漫画作家穆逢春将知名网络写手唐家三少的小说《斗罗大陆》改编为同名漫画，其收入进入漫画作者收入前五。3D 动画电影《昆塔》是在国内首个儿童思维养成体验的互动网络平台"盒子世界"的背景基础上推出的动画电影。

（三）植入产品或广告收费

目前在网络动画中加入广告的方式有两种，一种是巧妙植入网络动画中的软广告，另一种是在网络动画片头片尾直接插入商家广告。前者如动画剧集《泡芙小姐》中的三星手机、苹果电脑、雪佛兰汽车、风尚杂志和泡芙工坊的食品等都是成功的合作案例，后者如优酷网中常见的插播广告。通常，内容植入商品广告不仅可以拓展盈利渠道，也可以体现品牌价值。借助植入软性广告等方式不仅补偿了制作的成本，同时对消费者来说也容易接受，起到了潜移默化的作用。此外，动漫企业与媒体的广告分成模式也逐步开始建立，这种模式可以有效降低广告成本和制作风险。目前如优酷、爱奇艺等视频网站都已经具备了广告分成模式，《泡芙小姐》与优酷的合作就是在这方面比较成功的案例。

（四）网络订阅及"打赏"机制

网络(数字)动漫在消费市场上的新特点主要表现为消费者年龄由低幼年龄段向全年龄段发展。互联网数码技术的发展让国产动漫产业从针对低幼儿童的娱乐产品，演变为全龄化的文化产品。这样的变化不仅拓展了国内动漫产品的内容形式，还因为成人具有更强的付费能力而使动漫产业出现了新的盈利模式。

注册会员收费和动漫作品的下载收费目前许多网络动画或漫画公司采用的主要盈利模式。漫画网站还可以通过"打赏"机制来奖励创作者，即通过读者的直接现金奖励来推出高人气漫画作者并鼓励他们继续创作。除此之外，企业特殊动漫形象的订制服务也是目前一些网络动漫公司的盈利模式，例如广州盒成动漫科技有限公司就曾经为英特尔公司设计研发了独有的动漫形象。

（五）网络游戏社区与动画的联姻

浙江博采公司借鉴韩国模式，建立儿童网络社区并获得了超过 2000 万的注册用户。2010 年，同名的动漫电影《昆塔传奇》项目启动；同样，上海的淘米网将儿童网络虚拟社区"摩尔庄园"与动画捆绑一起。公司的游戏社区包括太空、科幻题材以及儿童少女类幻想题材如仙女、采集、服饰、烹饪、乐器、种植和精灵的在线养成游戏。此外，还有面向男孩子的"功夫派"多人在线 RPG 游戏，还连续推出了系列动画大电影《赛尔号》扩大了品牌影响力。同年，《摩尔庄园》实体乐园落地常州嬉戏谷。目前该公司注册用户已超过 2 亿人并形成了"多元化"的经营特色。

第三节　中国网络（数字）动漫市场

中国动漫有着 80 多年的优秀历史，20 世纪的中国动漫作家在世界范围赢得了"中国学派"的美誉。《大闹天宫》《阿凡提的故事》《三毛流浪记》《哪吒闹海》等一系列的中国经典动画无论在内容还是制作形式上都曾对世界动画的发展起到过深远的影响。进入 20 世纪末期，中国动漫产业却迅速陷入低谷，国外动漫产品一度占领我国 90% 的动漫市场。跨入数字出版的今天，我国网络（数字）动漫迎来了自己的春天，产业获得了飞速发展，在产量上已经跃居世界第一。

一、网络（数字）动漫市场规模

近年来，我国文化消费市场发展迅猛，而动漫市场在文化产业、互联网领域中的占比逐年上升。在新媒体、消费用户、资本和行业政策的多重驱动下，动漫产业的产值常年保持快速增长，如图7-4，巨量的产值主要来自行业中上游的内容市场、下游的衍生市场，其中衍生市场占据整个动漫产业的三分之一以上。此外，随着国产成人向动漫产量和质量的提升，我国在线网络(数字)动漫市场的规模也在快速提升。

图 7-4　2012—2018 年中国动漫产业总值

(数据来源：历年艾瑞咨询发布的《中国动漫行业研究报告》)

数据显示：2018 年动漫产业内容市场营收达到 206.4 亿元，其中网络动漫达141.6 亿元；共生产原创动画片 3433 集、14703.5 分钟；出版漫画 81 部、发行652357 册；制作动画电影 5 部、游戏 910 款。其中，在动画电影方面，2018 年在国内上映的进口动画 27 部，累计票房 24.83 亿元；国产动画 34 部，实现票房16.22 亿元。如图7-5。

从动漫发行渠道来看，以移动互联网、智能电视等为代表的新媒体渠道的兴起和繁荣助力动漫行业发展，如图7-6。以"有妖气原创漫画梦工厂"为例，旗下动漫作品《十万个冷笑话》动画短片播放量数亿次，2015 年年初上映的同名电影获得 1.18 亿票房。但国产动漫影视行业 2016—2017 年出现下滑，主要是受全球经济增速持续放缓、国际贸易投资低迷的影响，导致动漫产业的投资数量显著下

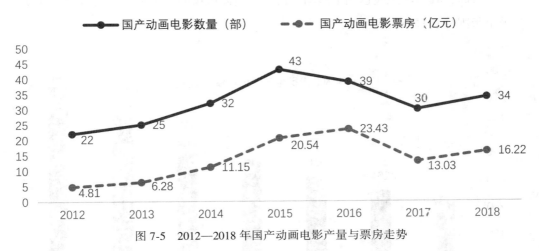

图 7-5　2012—2018 年国产动画电影产量与票房走势

（数据来源：历年艺恩发布的《中国动画电影市场研究报告》）

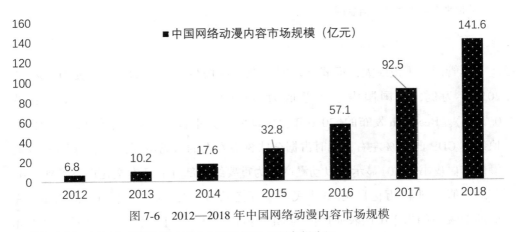

图 7-6　2012—2018 年中国网络动漫内容市场规模

（数据来源：历年艾瑞咨询发布的《中国动漫行业研究报告》）

降。2018 年起，腾讯、快看漫画、哔哩哔哩等大型网络平台商的参与，在一定程度上恢复了商业资本投入的规模，这也说明未来以平台为核心的商业模式将成为主流。

　　如图 7-7，从动漫衍生品市场来看，2018 年中国动漫衍生品市场规模为 648亿元，占动漫产业的 37.1%，衍生品市场规模历年来持续增长。其中，动漫玩具占比最高，其市场规模达到中国动漫衍生品整体市场的一半以上，动漫服装和动漫出版则分别占 16% 和 4%。

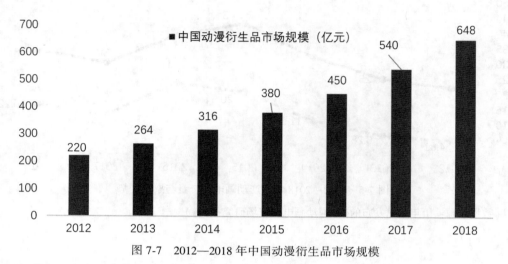

图 7-7　2012—2018 年中国动漫衍生品市场规模

（数据来源：中国产业信息网）

尽管产业规模庞大，但我国动漫产业占国民生产总值的比重不足 0.2%（以 2018 年为例，中国国内生产总值为 900309 亿元，动漫全行业产值占比为 0.19%）。Research 发布的《2010 年美国动漫研究报告》显示，美国动漫产业的产值约占 GDP 的 15% 左右，同时占据全球 30% 左右的市场份额；日本动漫协会《动漫内容白皮书 2010》显示，以动漫产业为重要组成部分的日本文化创意产业 2010 年的产值达到 48 万亿日元(约人民币 5 万亿元)左右，约占日本当年国内生产总值的 10%，相当于中国农业产值的 GDP 占比。从这一比例看，中国动漫产业市场规模潜力巨大。

二、网络(数字)动漫产业基地

2004 年，国家广电总局发布《关于发展我国影视动画产业的若干意见》，吹响振兴动漫产业的号角。国家广电总局、新闻出版总署、文化部、科技部、教育部、信息产业部六部门纷纷牵头建立动漫产业园区、文化产业示范基地以及数字媒体技术产业化基地、动画产业基地。

　　从 2004 年 11 月文化部批准建立 42 个首批国家文化产业示范基地起，经过 6 年发展，共批建各类 71 个动漫(动画)产业基地(园区)，北京、上海、重庆、广州、长沙、杭州等 25 座大中型城市都设有动漫产业基地，其中国家级基地 44 家。至此，我国动漫产业已经初步形成了六大区域为主导的产业格局：一是以北京、天津为代表，以生产制作为特点的京津冀动漫产业发展区；二是以上海、杭州、苏锡为代表，以资本实力、人才资源为特点的长三角动漫产业发展区；三是以长沙为代表，以动画原创——如"动漫湘军"为特点的中部动漫产业发展区；四是以大连为代表，以外包为特点的东北动漫产业区；五是以广州、深圳为代表，以衍生产品生产制作为特点的珠三角动漫产业发展区；六是以成都为代表，以游戏、无线娱乐为特点的西南动漫产业发展区。

　　目前国家级动漫产业基地从类型上可以划分为以下三种类型。一是企业型，是指在申报动漫基地的时候，以企业为单位进行申报，通过审查，批准认可的动漫基地。如，上海美影、央视国际总公司、三辰卡通集团、金鹰卡通有限公司等。二是园区型，又可以具体分为实体园区型和泛园区型两种。所谓的实体园区型，就是指在规划、建设好的区域内，有固定的用地范围、一般来说是在高新技术园区、文化产业园区或者软件园区里设立的，通过实施优惠政策来吸引入动漫企业入驻实体园区。如杭州、常州、大连、苏州等。泛园区型有别于实体型动漫产业基地的最显著的标志就是，它没有十分精准的范围，没有划地专用，而是一个比较宽泛的、模糊的区域，在这个区域里有很多企业，当然也包括动漫企业。如北京中关村科技园区的海淀园、石景山园、雍和园等。三是教育基地，通常也可以说是教学实体型的基地。这类动漫基地多以大学、研究机构为载体，是培养和储备动漫产业的多层次人才的摇篮。如北京电影学院、中国传媒大学等。

　　中国动漫产业发展在政府的基地模式和市场竞争合力下日新月异。但快速扩张的动漫产业基地也呈现出发展过快、数量过多、质量不高、重复建设等"粗放式"发展问题，有的是同质化发展，有的是公共平台尚未启动，还有的仅仅是"跑马圈地"，70 多个动漫产业基地均不同程度地出现了基地抢企业和基地资源闲置的现象。

表 7-1 中国动漫产业基础分布表

批准部门	类型	基地名称
国家广电总局	国家动画产业基地	上海美术电影制片厂
		中央电视台中国国际电视总公司
		三辰卡通集团
		中国电影集团公司
		湖南金鹰卡通有限公司
		杭州高新技术开发区动画产业园
		常州影视动画产业有限公司(常州国家高新技术产业开发区软件园)
		上海炫动卡通卫视传媒娱乐有限公司
		南方动画节目联合制作中心
		深圳市动画制作中心(深圳怡景国家动漫产业基地)
		大连高新技术产业园区动画产业园
		苏州工业园区动漫产业园
		无锡太湖数码动画影视创业园
		长影集团有限责任公司
		江通动画股份有限公司
		重庆市南岸区茶园新区动画产业基地
		南京软件园
		北京市文化创意产业集聚区
		厦门软件园影视动画产业区
		沈阳高新技术产业区动漫产业园
		北京市海淀区文化创意产业集聚区
		北京市石景山区文化创意产业集聚区
		北京市通州区创意产业集聚区
		中新天津生态城国家动漫产业综合示范园
	国家动画教学研究基地	中国传媒大学
		北京电影学院
		吉林艺术学院动画学院
		中国美术学院
		浙江大学
		浙江传媒学院
		广播电影电视管理干部学院
		西安美术学院

续表

批准部门	类型	基地名称
国家文化部	国家动漫游戏产业振兴基地	华东师范大学
		大连高新园区
		长沙市高新区麓谷园区
		成都高新区天府软件园
		无锡新区
国家新闻出版总署	国家网络游戏动漫产业发展基地	成都高新区数字娱乐软件园
		广州天河软件园
		黄浦园区(广州国际玩具礼品城)
		番禺天安科技节能园
		上海张江高科技园区
		广州越秀园区
		北京中关村科技园
		石家庄市动漫产业发展基地
	国家动漫产业发展基地	沈阳浑南新区
		青岛市国家动漫创意产业基地园区和人才培养与研发基地
		烟台芝罘区
		合肥市高新技术开发区
		芜湖软件园
		郑州高新区
	国家动漫出版产业基地	黑龙江省动漫产业基地
国家科技部	国家数字媒体技术产业化基地	青岛市南软件园产业基地
		北京石景山区
		北京大兴区新媒体产业基地
		国家数字媒体技术产业化(四川成都)基地
		国家数字媒体技术产业化(上海长宁)基地
		国家数字媒体技术产业化(湖南长沙)基地

从表 7-1 可以看出，目前全国各类动漫产业基地的数量达到近 80 个，很多地方仍在建设动漫产业基地，并争取国家相关部门的授牌，同时一些动漫基地存在严重重复建设和同质化的现象。这些基地由国家文化部、国家广电总局及新闻出版总署等不同部门授牌成立，有些基地还存在重复授牌的现象，因为多头领导的存在，基地在管理上多有混乱。地方动漫基地的建设更是杂乱，有些地方根本不结合本地的实际情况，盲目建设基地，发展动漫产业，结果建成的基地成了摆设，造成极大的资源浪费。

政策扶持动漫产业基地建设，是我国动漫产业发展一定阶段的产物，是我国政府在为推动动漫产业的规模化、集约化发展的一大举措。目前，我国的动漫产业基地的建设还仅仅刚刚起步，相关的制度还有待于进一步的完善。与此同时，基地的建设方向和发展战略也需要不断地进行调整，由此逐渐适应市场化的运营机制。达到扶持动漫产业发展，落实党和政府发展动漫产业相关政策的目的。

三、网络(数字)动漫产业政策环境

中国对于动漫产业扶持的标志性政策是"5155 工程"——新闻出版署和中宣部于 1995 年起启动实施的中国儿童动画出版工程。工程的内容包括力争在两三年内建立五个专业动画出版基地，重点出版十五套大型系列儿童动画图书，创立五个儿童动画刊物(即《中国卡通》《北京卡通》《少年漫画》《漫画大王》《卡通先锋》)。"5155"工程的启动背景是我国政府在打击盗版漫画的同时，力图促进国内漫画市场逐步走向正轨，繁荣少儿动漫读物的出版。这项工程的版本带动了中国专业动漫出版的发展。

尽管有"5155"工程的推动，但自 20 世纪 80 年代起，中国的动漫市场基本被外国产品占领。为了改变电视台的动画节目基本上被国外动画片垄断的局面，2000 年，国家广电总局规定电视台引进动画片必须得到审批，电视台播出动画片必须有比例限制；2004 年，国家广电总局下发《关于发展我国影视动画产业的若干意见》(下简称"若干意见")，进一步规定各单位的国产动画片播出数量不少于 60%。"若干意见"的下发从政策上明确了我们动画产业一要强调政企分开，建立现代动画企业；二要扩大影视动画的播映平台；三要加强制度管理和政策支持。从此时起，中国动漫市场彻底改变了境外动画片一统天下的局面。

"这是我国政府把动画事业转型升级为动画产业的第一个官方文件。"从此，中国动漫产业走上了快车道。

2006年是对于我国动漫产业和动漫出版具有崭新意义的一年。标志性的事件为当年4月25日国务院办公厅转发财政部等部门的《关于推动我国动漫产业发展的若干意见》。该意见分为11部28条细则，在文化部牵头的扶持动漫产业发展部际联席会议制度建立的基础上，进一步对我国动漫产业链的发展模式进行了详细的规划，并明确规定了对动漫产业政策支持的范围和资金投入，提出力争用五到十年的时间使我国动漫产业在各方面能进入动漫大国的行列。

这一意见的公布标志着国家把动漫定成了大文化战略的一部分，与此同时，广电总局在全国影视动画工作会议上，宣布了一项雄心勃勃的计划，计划通过一系列的税收激励措施，支持国内动画原创企业，并逐步改变日本和欧美动画在国际市场上一统天下的局面(当时的国产动画产量仅占全球份额的11%)。

在接下来的一段时间内，相关配套政策和文件不断推出：2006年9月，《国家"十一五"时期文化发展规划纲要》提出，动漫产业应作为文化产业发展的重中之重，作为一项基本国策明确下来。文化部2008年发布《文化部关于扶持我国动漫产业发展的若干意见》，启动原创动漫扶持计划，开始实施国产动漫振兴工程。新闻出版总署对原创动漫出版作品和单位进行资金扶持的"原创动漫出版扶持计划""青年原创动漫作品大赛"和"中国原创动漫作品版权保护工作项目"纷纷启动。文件中还提出"大力发展以数字化生产、网络化传播为主要特征的网络动漫、手机动漫产业，充分利用数字、网络等核心技术和现代生产方式，改造传统的动漫生产和传播模式，培育新兴动漫业态。拓展传播方式，推进传统动漫产业升级，延伸产业链条……高度重视手机动漫产业的发展，办好中国原创手机动漫大赛，不断提高原创手机动漫作品的质量和水平，并将其作为我国动漫产业发展新的增长点和提升我国动漫产业国际竞争力的突破口"。该文件在政策层面上充分体现出新媒体对于传统动漫产业改造升级的重要性。

2009年文化部将动漫产业列为《文化部文化产业投资指导目录》鼓励类别，国务院《文化产业振兴规划》提出要着力打造深受观众喜爱的国际化动漫形象和品牌。

在政策和市场的双重推动下，中国动漫产业和动漫出版的发展进入了快车道，动漫产业的产值在 2010 年年底达到 480 多亿元，其中网络动漫产值 30 亿。平均年增长率超过 30%，动画片的生产规模也从 80000 分钟增长到 220000 多分钟；电影申报备案的数字也接近 50 部，超过亿元票房纪录的动画影片也层出不穷。这一年，中国动画片的产出的 220000 分钟已经取代日本成为动画制片领域第一。即使在全力刹车的 2011 年动漫，仍然达到了 260000 分钟的产量。而这一年动画制片第二的日本动画产量仅有 90000 分钟，足足被中国拉开了两档。

2011 年，十七届六中全会提出"加快建设社会主义文化强国"的战略目标，将文化产业定为未来重点发展的支柱性产业，同时出台了和颁布了一系列关于文化产业的重要文件和规划意见，大力持续扶持动漫产业及动漫出版。这一阶段《国家"十二五"规划纲要》提出要推动文化产业成为国民经济支柱性产业，大力发展动漫等重点文化产业。《国家"十二五"时期文化改革发展规划纲要》明确提出要加快发展动漫游戏等新兴文化产业，《"十二五"时期国家动漫产业发展规划》是我国将动漫产业首次进行单列规划，提出了要建设完善动漫出版体系，实施原创出版作品的保护扶持、为动漫作品铺设良好的出版渠道、提升动漫出版企业的集中化和专业化程度、加强版权保护和著作权登记等工作。还有《国务院办公厅转发财政部等部口关于推动我国动漫产业发展若干意见的通知》等具体指导性文件，引导中国动漫产业转向精品化、产业化发展方向。

文化部《2016 年弘扬社会主义核心价值观动漫扶持计划入选项目的通知》提出重点扶持"社会效益突出、弘扬社会主义核心价值观、传播当代中国价值观念、体现中华文化精神、反映中国人审美追求，思想性、艺术性、观赏性有机统一的优秀动漫作品"，对符合主题要求的电视动画、动画电影、动漫出版物、动漫舞台剧、新媒体动漫作品等多类创意或产品类作品项目启动政府扶持。

国家从不同层面给网络(数字)动漫产业以政策引导、扶持，充分肯定了网络(数字)动漫在当代文化生态中的地位，也对这一具有世代特征的流行文化在文化繁荣、文化输出、文化强国的宏大叙事中给予厚望。中国网络(数字)动漫产业应紧跟国家战略的指引，尽快完善产业链体系，在国际间的竞争中彰显出中国动漫的复兴。

四、网络(数字)动漫的发展趋势

中国动漫产业在长年的国家政策扶持和供给下，凭靠互联网触发产业转型的发展红利，形成广告、用户付费、IP 授权等稳固的盈利模式，逐步构建出较为完备的产业链，并在国内及国际市场上取得了一些瞩目的成绩。从国际的横向比较看，中国动漫尚属于产业初级阶段的中后期，产业链各环节发展不均衡、互为支撑不足等说明离产业成熟体还有一定距离。但自网络视频的风口起，国内各网络视频平台就开始以企业入股、项目注资、企划制作、专项运营等方式渗透到动漫产业的全环节领域，近年来以平台为主导的产业格局愈加明晰。此外，随着 5G、AI 等新信息技术的突破以及数字文化娱乐消费市场供给的巨大缺口，中国动漫的潜力可期，即将迈入下一高级发展阶段。

（一）动漫+短视频促提行业产能

自 2016 年起，短视频风口爆发成就了诸多互联网现象级的"奇迹"，还催生了抖音、快手等继微信、微博后的国民级应用。随着 5G 时代的来临，短视频势必会蜕壳壮大成为信息传播、文化消费等领域最闪耀的主角，并渗透动漫领域催生新的产品形态，进而延伸动漫运营的商业触角，极大地带动整体动漫产业的产能。

3D 特效等动漫制作技术的迭代升级并没有解决制作成本的问题，反而随着受众观影经验的积累对制作技术在内的动漫综合质量愈加挑剔，同时由于当下精品动漫制作能力的企业规模不足，各中小型动漫企业也因大多数以外包代工为主要生存方式，导致中国动漫产业的产能偏低。同时，在国外优秀动漫的市场冲击下，越发加剧了对中国动漫产能水平的考验，也一定程度上进一步强化产业的技术依赖。

而网络（数字）动漫在"5G+短视频"孕育初期，就已经出现了有望破除技术依赖僵局的新形态——动态漫画。动态漫画是一种介于动画与漫画之间的短视频作品——在漫画图片的基础上附以人物或场景简单的动作效果，其最突出的前景就是能够实现动漫作品的短视频化，适应行业规模化促进产能的刚需。作为动漫企业来说，将完成的成片切割为短时长的内容在短视频平台投放，且不论传播效果的好坏，依然不能解决制作成片高成本、高风险的问题。因此，网络 IP 的动画化始终只适合打造头部的动漫产品；将 IP 转制为漫画，尽管成本降低明显，但平面媒体的内容承载能力有限，且网络流量的吸附能力远不能与视频媒体抗衡。

而动态漫画恰能综合动画、漫画二者的制作成本控制及内容传播优势。

而类似动态漫画等新形式的出现，可有力开拓动漫企业新的盈利渠道，特别是为中小型动漫组织提供了独立开发 IP 的可能，同时借助短视频平台的传播效果及运营能力，有望极大释放中小型组织、独立制作人乃至 UGC(用户生产内容)的动漫产出能量。由此，动漫+短视频更契合未来互联网影像社交的商业运营要求，将成为在短视频为主导的市场格局下新的行业增长点。

与动态漫画相似的，还有 MG(Motion Graphics，动态图形)动画，也属于精度"偏低"的二维动画创作。二者的不同在于，MG 动画的应用场景主要在非虚构类的文本叙事中，如新闻报道中的数据可视化展示、商品物品的动态广告设计、直观趣味的公益宣传片制作等。MG 动画已然成为新闻采编、影视广告、政府宣传领域应用数字动漫实现全媒体传播的主要手段。此外，VR 动画技术也将成为促进动漫产业的新驱动。现阶段，VR 动画主要应用于游戏领域。但随着 5G 通信、物联网技术的进一步成熟，全景立体+人机互动的阅读观影动漫作品可能成为引发市场关注的新业态。5G 时代对动画短视频的界定或将发生改变，其不再仅仅是视听故事的艺术作品，更有可能扩展演化为服务产品而被嵌入各类 5G 应用场景，如智能交互界面、虚拟现实、数据表达等。由此，网络(数字)动漫将在与不同领域的跨界融合中探索出产业升级的可行路径。

(二)平台化视频网站入主产业中场

2013 年起，中国动漫产业凭借移动互联网的兴起和资本的关注而步入快速发展阶段，杭州玄机科技信息技术有限公司(代表作《秦时明月》)、苏州米粒影视文化传播有限公司(代表作《龙之谷：破晓奇兵》)、北京燕城十月文化传播有限公司(代表作《大圣归来》)、广东奥飞动漫文化股份有限公司(代表作《火力少年王》)等动漫企业都是在这股浪潮下走上头部位置，其中 IPO 上市的动漫公司有前身为玩具制造商的奥飞娱乐，但依然没有一家动漫链企业占据不可撼动的垄断地位，也没有发展出能与日本、美国动漫产业相比的知名企业群。中国动漫企业仍缺少高黏合度用户的事业平台，以及全产业链扩展的能力。

近年来，驱动动漫市场的资本力量发生了较大改变，大型视频网站、互联网巨头直接入局逐步取代动漫企业招募风投的资本运作模式，且有成为主流的趋势。爱奇艺、哔哩哔哩、腾讯、网易，以及光线传媒、万达传媒等网络视频、互联网文娱、影视工业领域的头部企业是现阶段动漫行业主要的投资方。2017年中国动漫企业整体招募109笔融资，而腾讯、哔哩哔哩、爱奇艺、阿里、阅文参与的就有27起，涉及资金超过17亿人民币。

其中哔哩哔哩、腾讯是当下投资最活跃、入局最深的"玩家"，不仅投资或入股多家具有IP生产能力或者动漫制作能力的企业，而且在自有平台上全面布局网络动漫战略。2019年5月，哔哩哔哩近10亿元并购二次元音频社区——猫耳FM；2019年8月，腾讯1.25亿美元投资移动端漫画平台——快看漫画；2020年1月，爱奇艺4750万元投资漫画平台——小明太极，持股19.19%。由此可以看出，平台携领内容的全产业链模式已成为趋势。

此外，资源聚集型平台的入场还为动漫产业的IP孵化创建出良好的基础条件，众多平台均开设了动漫作家、作品培育体系。作为以创意为核心竞争力的动漫领域，建立作家的成长扶持机制、作品的价值扩大孵化机制至关重要。日本动漫出版三大巨头——集英社、讲谈社、小学馆的编辑制度和版权分成体制，在日本动漫发展进程中发挥了不可忽视的作用，孕育了诸多动漫大师及殿堂级作品。国内也正在逐步完善作家作品的养成体系，如腾讯动漫有扶持漫画作者和工作室的"微光计划"、哔哩哔哩有补贴UP主的"bilibili创作激励计划"、爱奇艺推出有"精品剧情短片扶持计划"等。这些事例也表明，我国动漫产业的平台化发展辐射面越加全面，有利于促进产业链正向高速正轨。

在国际竞争的格局下，一个产业要做大做强，必须要有巨无霸级的航母企业带动各层次、各细分领域的企业形成行业集群。而现阶段中国动漫暂时还没有形成这样的产业格局。但在大型视频网站、互联网巨头入主动漫竞争市场中场的当下，以及结合5G时代加速网络视频产业升级的前景，假以时日有望培育出中国动漫的大型航母。

（三）头部效应撬动市场新格局

2018年起，《斗罗大陆》（企鹅影视、玄机科技联合出品，腾讯视频首播）、《魔道祖师》（北京视美精典影业有限公司制作、腾讯视频独家发布）、《我的三体：章北海传》（游族影业出品，哔哩哔哩首播）等诸多网络动画成为爆款，网络播放量均以亿计；2019 年《哪吒之魔童降世》院线票房达到史无前例的 50.70 亿，网络首播当天总播放量就破 3 亿次。国产原创网络漫画《镖人》自网络连载以来，三年内快看漫画上阅读量达 14.94 亿、腾讯漫画上阅读量达 3.9 亿，日本央视 NHK 称之为"太阳系级别的中国漫画精品"。国漫《尸兄》累计突破 40 亿网络点击量，《中国惊奇先生》漫画点击量则超 134 亿、动画版第一季全网点击播放超 15 亿。可以看出，中国动漫市场的"头部效应"已开始显现。

动漫领域不同于电子商务领域，不适用长尾定律所推崇的"小利润大市场"，动漫产品均属于同一品类，受众难以形成零散小量、排他的个性化需求。由此，高成本、高风险的动漫领域更适用二八定律的头部市场规律来认识，即只有处于头部位置的产品及企业才会赢得市场。2017 年起，动漫行业风投资本的融资数量及规模开始明显收缩，从 2016 年的 125 件降至 109 件，2018 年更是缩减至 51 件。这说明资本面对动漫市场开始趋于理性，资源只倾向具备头部潜力的项目。而且，这一时期也只有少数爆款动漫作品获得了市场的肯定，其他作品则因受众被聚集引流至爆款而鲜有达成收益预期，甚至难以收回成本。

在头部效应的环境下，动漫市场的格局已经进入整合期，新的产业格局即将形成。头部位置将被资本雄厚、实现全产业链整合运营的少数大型网络影视（动漫）平台占据，由这些航母级企业来带动全行业各垂直领域的前进发展。而中小型动漫企业在这一不对等的竞争态势下，无力孵化和运营出高转化率的 IP 作品，因此将难以生存，只能转型成为"航母"产业链的一个环节、或被收购、或售卖 IP、或承接外包制作。尽管有少许作品会成为黑马获得成功，但终究不是中小型动漫企业的运作常态。

以《我的三体》系列网络动画为例，第一部动画是由原著小说爱好者神游八方纯凭爱好借助 MC（Mine Craft，我的世界）沙盒动画制作而成，以个人账号上传到哔哩哔哩网站后获得网友的高口碑。随着网友对后续系列的呼声，原本粗糙的 MC 动画效果无法满足网友们对动画质量的进一步渴求，到了第二部时神游八方团队被拥有《三体》版权的游族影业收编，成为公司的一员，并继续创造出第三部的辉煌。从神游八方团队以及业内系列并购案例可以看出，中型以下的动漫制作组织被大型企业整合是大势所趋，以平台为核心聚集跨界产业资源、优化效益调配产业链企业结构、打造头部产品集中开拓市场的模式下逐步演化出新的产业格局。

（四）国际化叙事内化动漫出海战力

文化对外输出是新时代国家文化战略的重要目标之一，作为流动性、传播力突出的动漫文化在对外传播领域有着天然的优势，这也正是国家近 30 年产业扶持的主要出发点之一。尽管近几年我国数字文化输出取得一定成就，但仍普遍存在国内火热、海外遇冷的现象，如美日动漫作品全球风靡、深入人心的案例还暂时鲜有问世。未来中国动漫需要构建出适应不同文化生态的国际化叙事模式，讲好中国故事，潜心打造彰显本民族文化主体性的艺术灵韵，并借助网络视频平台提升跨国界传播力，才能在翱航世界文化之海中划出更为宏大的远途。

构建国际化叙事的关键是要厘清文化主体性与文化身份的问题，在叙事学中指的是"自我"与"他者"的关系构建。通俗地讲，即中国动漫须坚持呈现的特异性为何，以及怎样形成叙事效果理想的文化身份，以达成他国人对中国动漫的理解与认同。

过去中国动漫创作者选用中国传统文化中的题材、情节、俗理，片面地认为这就是在塑造独特的中国风格，海外市场不理想主要是欠缺精良的动画影像技术。作品中着重堆砌功夫、侠名、帝宫、中国红等特异性符号，在民族文化元素应用中错位地重视了"符号"的地位，导致作品普遍存在形式大于内容、视觉表层先于思想深层，追求感官刺激而叙事无力、内涵空洞。尽管近几年这一行业现象有所扭转，但在求快的资本逻辑、求正的获奖逻辑以及迎合偏见的海外诉求等诸多因素影响下，中国动漫本土化叙事错位、文化主体性悬空的沉疴仍重。

国内即使成功如 49.74 亿元票房的《哪吒之魔童降世》，在海外的票房也仅近3000 万元，尽管有北美观众不习惯看字幕、无海外配音等收视习惯等因素制约，但其"我命由我不由天"的主旨在以个人意志自由为简单朴素道理的西方文化背景下，缺乏足够的共情效果和耳目一新的震撼力。反观国外，2019 年《爱，死亡和机器人》(*Love，Death &Robots*)(NetFlix 出品)系列科幻短片动画获得全球的高口碑，其中一集《狩猎愉快》(*Good Hunting*)将中国狐妖的故事嵌入蒸汽朋克背景，而主题则是哲学化的旧事物在新时代续存去留命题，其女性主义的切入点更是丰富了作品的意义层次。

此外，中国动漫还需要打造精品化的中国"故事"。结构主义叙事学理论中将文本表达分为两个层次：故事(Histoire)与话语(Discours)，故事指文本表达的所指，叙述呈现的事件、人物、背景等；话语指文本表达的方式，结构、视角、修辞等叙述形式。过去中国动漫创作者陷于叙述方法"炫技"的误区，怪异的结构、繁华的修辞充斥于作品中，而忽略了营造叙事的本体对象——故事。事件缺乏严谨的逻辑、人物扁平脸谱化、背景胡乱架空，叙事基本功底的单薄致使动漫作品"立"不起来，更在叙事模式的国际化"对抗"中轻易败阵。

国际化叙事并不是要迎合西方文化的议题，而是要构建不同文化之间的对话关系。中国动漫要真正沉入中国文化的底层，寻找到思想内涵的精髓，并用中国特异性的理念来审视全人类尺度下的现在及未来，在此之上构建出匹配的动漫情节、中国化符号以及兼顾文化性、商业性的叙事方法，并且开放地吸纳其他国家民族的优秀文化元素以强化海外受众"在场"的关联度，才能让中国动漫作品具备真正的海外影响力。

从近几年精品动漫的成功案例看，国内的主创团队及制作单位均清醒地认识到既往动漫作品的症结问题，也在积极探寻高质量的创作路径，借助视频网站平台打造精品培育体系，淘汰优选头部作品，孵化出具备国际竞争力的动漫产品。中国动漫在产业发展进程中逐步打磨出高水平的国际化叙事能力，承担起国家倡导的"讲好中国故事"责任，以自信的姿态讲出世界能够理解和认同的中国化故事。

综上，中国动漫产业已逐步开启规模化、集约化道路，未来在网络视频平台的整合格局下调控匹配出完善的产业体系，以适应5G+的新网络视频时代长久生存需求，同时精进动漫文本的叙事水平、彰显中国文化的主体性，完成好国家赋予的文化战略目标，更有希望尽快实现中国动漫的复兴。

扩展资料：网络(数字)动漫出版企业巨头

目前，在文化创意产业发达国家，动漫产业已形成了庞大的消费市场和产业集群经济。在全球动漫产业的格局中，美、日分列前二：美国作为老牌动漫强国依然是稳坐第一把交椅，日本作为中生代力量表紧追其后。老牌欧洲文化大国法国的动漫产业也不容小看。对这些国家的动漫出版业巨头进行分析研究,有利于我们借力发展自己的数字动漫产业。

一、美国

美国是最初把动画片推向市场、并且形成产业规模的国家。其中,迪士尼公司最具代表性,凭借其强大的品牌优势缔造着动漫神话,一部部经典的动漫电影推动了主题乐园和众多衍生产品席卷全球,相当长的时间内在欧美地区、甚至整个世界都处在无可争议的霸主地位上。20世纪90年代,伴随着创意产业在世界各国的悄然兴起和大力发展,动漫产业作为典型的创意产业在美国得到了各大制公司的青睐。美国八大制片公司纷纷涉足动漫产业,后起之秀层出不穷,可谓是青出于蓝胜于蓝。

(一)沃尔特迪士尼动画公司(Walt Disney Feature Animation)

1923年,Walt Disney 和 Roy Disney 在好莱坞成立了一个工作室,这就是拉开美国动漫神话的开端的迪士尼公司。总部设在加利福尼亚的伯班克,是全球第二大传媒集团。

1937年,迪士尼第一部长篇动画电影《白雪公主与七个小矮人》获得了巨大的成功,由此公司进入了发展的黄金时代,美国动漫也由此达到了一个前所未有的新高度。迪士尼是最早将人才、资金、技术与行销这四个要素结合起来的动画公司。经过80多年的积累,迪士尼公司不仅使自身成为拥有539亿美元资产的娱乐帝国,而且还拥有包括电影、电视、网络、出版、音乐、主题公园等在内的各种娱乐产业。如今迪士尼公司,在先进动漫技术的推动下和日益激烈的市场竞争环境中,逐渐向全新的3D动画模式转型。迪士尼的立体性开发、多元化经营以及不断的锐意创新,形成了无与伦比的品牌优势。

80多年的发展,成就了迪士尼在世界动漫产业中的王者地位,并形成了独具特色的盈利模式——"轮次收入"(利润乘数)模式。迪士尼的盈利主要分为三轮:第一轮是迪士尼的动画制作,票房收入加上发行、销售拷贝和录像带收回数亿美元,解决了成本回收的问题。第二轮是世界各地的迪士尼乐园,吸引大量游客游玩消费。第三轮是品牌产品授权和连锁经营。遍布全球的授权专卖商店,加上迪士尼动画形象专有权的使用和出让、品牌产品的生产和销售以及相关书刊、音乐乃至游戏产品的出版发行等衍生品占迪士尼

40%的利润。在整个动漫产业的业务收入中，动画片与衍生产品的销售比例大概是1∶4。全球近800家"迪士尼专卖店"同时经营衍生产品、音像、杂志(如《家庭乐趣》《迪士尼历险》《发现》等)、卡通书、幼儿故事录音碟片、英语教学产品、游戏电脑软件。

32座奥斯卡奖、7座格莱美奖、950项全球范围的奖项(截至2001年)奠定了迪士尼动画帝国的地位和传奇神话。迪士尼动画不仅启迪了为数众多的后起之秀，并且已然形成一种独特的文化现象为学者所关注。

2009年，迪士尼宣布斥资40亿美元收购拥有《蜘蛛侠》《X战警》《绿巨人》《钢铁侠》等多部漫画版权的漫威娱乐集团，在业界引发地震。

(二)梦工厂动画SKG公司(Dream Works Animation SKG)

"梦工厂"电影制作公司(Dream Works)是由美国著名导演斯蒂芬·斯皮尔伯格和其他两名合伙人杰弗瑞·卡森伯格和大卫·格芬于1994年10月建立的。梦工厂在经历了早期《拯救大兵瑞恩》《美国丽人》等奥斯卡大片后，公司陷入了票房危机，继而转向动画制作，开始致力于使用电脑生成的动画制作高素质家庭娱乐产品。经过几年的市场考验，梦工厂收获了意外的惊喜。SKG公司以三维CG技术、恶作剧式的搞笑手段和类似黑帮人物的反传统动画角色赢得了大批迪士尼的实现和潜在受众，已经牢牢地稳固了它在动画电影市场的重要地位，成为与迪士尼抗衡的动画制作公司。梦工厂发行的《怪物史莱克》子2002年获得了奥斯卡最佳动画奖。2004年发行的《怪物史莱克2》票房收入超过4.4亿美元。《怪物史莱克》系列在美国甚至全世界风靡一时，恶搞之风也席卷全球。2008年后陆续制作出品了中国功夫元素的3D动画《功夫熊猫》三部，更是让梦工厂票房再创新高。

(三)皮克斯动画工厂(Pixar Animation Studios)

1986年，硅谷PC教主斯蒂夫·乔布斯收购了乔治·卢卡斯的电脑影像事业部，创立了皮克斯动画公司。公司成立之初，就坚持原创性，一改迪士尼改编经典故事的传统，再加上遥遥领先的CG物理仿真技术，结果出人意料地大获全胜。作为内容生产商，皮克斯没有自己的发行渠道，而迪士尼非常青睐皮克斯的三维动画技术，于是两家公司于1991年开始合作。在合作推出的《玩具总动员》《虫虫危机》《玩具总动员2》《怪物公司》《海底总动员》

《超人特工队》六部动画片中，五部获过不同种类的奖项，不包括《超人特工队》的前五部动画片总共全球票房为 25 亿美元，平均每部片子赢利 5 亿美元，仅《海底总动员》全球票房就达到 8.4 亿。2006 年 5 月，迪士尼以 74 亿美元换股正式收购了皮克斯公司。迄今为止，皮克斯共赢得 13 座奥斯卡、1 次金球奖和 1 次格莱美奖。

（四）20 世纪福克斯(20th Century Fox)

20 世纪福克斯公司成立于 1935 年 5 月，由默片时代的大公司福斯电影公司和 20 世纪影片公司合并而成，是 19 世纪三四十年代好莱坞 8 大电影公司之一。在动画片产业方面，20 世纪福克斯起步较晚，尤其在 CG 动画领域，已经远远地落在迪士尼与梦工厂之后。20 世纪七八十年代以后，20 世纪福克斯公司开始慢慢走向衰落，所拍摄的一些大成本影片也相继失败。但是进入 90 年代以后意外的动画电影尝试却给公司带来了新的发展契机。20 世纪福克斯公司启用了荣获 1999 年奥斯卡最佳动画短片的导演克里斯·伟基及其旗下的优秀制作队伍——蓝天工作室，2002 年《冰河世纪》以 6 千万投资换回 1 亿 8 千万美元，席卷了北美票房。这家昔日在皮克斯、梦工厂动画面前显得不起眼的“动画新贵”——20 世纪福克斯已经吸引了越来越多人的眼球，逐渐成为可以与皮克斯、梦工厂三足鼎立的 CG 巨人。20 世纪福克斯动漫影业新巧夸张的形象、温暖紧张的剧情是其独特法宝，这相对于皮克斯的细腻造型、梦工厂的恶搞风格来说，无疑是三维动画影坛的一股清新之风。

（五）华纳兄弟公司

华纳兄弟成立于 1918 年，与成立于 1912 年的派拉蒙电影公司和环球影业并称美国最悠久的电影公司。20 世纪三四十年代开始制作动画短片，1962 年关闭了动画部门，直到 20 世纪 90 年代，又开始重新制作动画片。目前，华纳兄弟公司旗下包括华纳兄弟影业、华纳兄弟制片厂、华纳兄弟电视制作、华纳兄弟动画制作、华纳家庭录影、华纳兄弟游戏、华纳电视网、DC 漫画和 CW 电视网。2009 年，华纳兄弟影业宣布将旗下拥有《蝙蝠侠》《超人》等漫画版权的 DC 漫画公司改组为 DC 娱乐公司，进军电影、电视及其他多媒体领域，以抗衡风头正劲的迪士尼的惊奇联盟。DC 漫画公司（DC

Comics)创立于1934年，当时名为国家联合出版公司，1967年改名为DC漫画公司，1969年，该公司被时代华纳集团收购，目前是华纳兄弟娱乐公司的子公司。作为美国最大的两家漫画公司，DC漫画与漫威堪称是一对老冤家。20世纪八九十年代，DC漫画的《超人》和《蝙蝠侠》系列电影将超级英雄漫画改编电影推向巅峰。然而，到了21世纪，情况急转直下，惊奇娱乐的《蜘蛛侠》《X战警》《钢铁侠》相继崛起，频频刷新票房纪录，而DC漫画的"超人""蝙蝠侠""闪电侠""神奇女侠"则遭遇"英雄末路"，要不是英国导演克里斯托弗·诺兰将"蝙蝠侠"重新带回人们的视线中，DC漫画根本无力与漫威"英雄"抗衡。

二、日本

日本动漫产业起步于"二战"之后，源于漫画产业，日本漫画有将近100年的历史，成熟期在20世纪60年代；动画有80多年的历史，成熟期在20世纪70年代。20世纪70年代，日本承接了美国的动画制作加工转移，为本土动漫产业的发展积累了技术和人才。20世纪80年代日本经济开始腾飞，动漫产业原创也得到了迅速发展。在日本，漫画、动画以及游戏是一个经济整体AGC(Anime，Game，Comic)，三者紧密相连，齐头并进、共同发展，成就了日本动漫强国的地位。日本国内的东映动画、GAINAX、ProductionIG、GONZO、集英社、宫崎骏的吉卜力工作室等都是日本非常成功的动漫生产企业。

(一)东映动画

东映动画(TOEI ANIMATION CO., LTD.)是日本动画制作公司。1948年成立。东映动画成立于1948年，是日本老牌动画制作公司之一。初时成立时以日本动画有限公司为公司名称，后来于1952年更名为日动映画股份有限公司，1956年被东映买下后更名为东映动画股份有限公司。从1998年10月开始，东映动画有限公司的名称改为东映アニメーション株式会社(TOEI ANIMATION CO., LTD)，中文译名不变，简称"东映动画"。

东映动画是现在日本最大历史最悠久的动画制作公司之一，注册资本金略高于战前成立的东宝株式会社。主要参与动画制作、电影制作、业务销售等主要经营路线，是日本动画协会正式会员，练马动画协议会干事。东映是朝日电视台的发起者及大股东，东映动画与朝日电视有着非常紧密的合作关系，拥有全球卫星频道"Animax"。

东映动画第一套剧场版动画为《白蛇传》，而第一套电视动画为《狼少年》。拥有手冢治虫、宫崎骏、高畑勋、石森章太郎等一批动漫大师。东映动画在日本成立伊始，在社长"大川博"的带领下，为日本的动漫事业了打开新的一页。

20世纪90年代，凭着大人气漫画改编的动画让东映动画的名声远播海外，尽管这些大人气的改编动画无论在人气上还是在商业上都取得大成功，但是表面的风光并没有带来预想中的巨大收益，高昂的版权费让东映动画感到十分无奈。例如《美少女战士》的版权费问题，所以东映动画在女性向动画市场上，放弃了走漫画改编路线，而改为走动画原创路线。

东映动画曾制作过《七龙珠》《美少女战士》《变形金刚》《圣斗士星矢》《灌篮高手》《金田一少年之事件簿》《数码宝贝》《小魔女DoReMi》《海贼王》等作品。

目前，在国内畅销的日本动画(含电影、TV)音像制品，过半数为"东映动画"出品。

(二)集英社

集英社是日本的一间综合出版社。公司的名称有"睿智汇集(英知が集う)"的意义。除了发行《少年Jump》《non-no》等杂志以外，还出版了文艺书、小说等书籍。同一时间，1986年创办了年刊现代用语词典"imidas"。这个词典的发行相当成功，以后每年都有发行。与白泉社、小学馆同样属于"一桥出版集团(一ツ桥グループ)"。集英社从1977年开始主办昴文学奖。

株式会社集英社，是日本最大的出版社之一，成立于1926年8月，当时是作为小学馆的一个娱乐杂志部门，1947年改组为股份有限公司，1949年正式成立株式会社集英社。地理位置是在小学馆对面，如今是日本最大的漫画出版社。集英社出版多种面向青少年的漫画杂志，其中最有名的《少年Jump》周刊漫画，不仅在日本国内拥有众多读者，在海外也很受欢迎，被翻译成多种语言，在世界上许多国家出版发行。集英社还出版发行面向从少女到中年女性读者的多种时装杂志，也同样取得了巨大成功。在图书出版方面，集英社出版了很多优秀的畅销书。此外，集英社还出版发行各类美术图书、文学全集、影集、辞典、儿童读物等。集英社还积极从事版权贸易活动，与世界上 30 个国家和地区的出版社进行过版权交易，中国内地及香港、澳门、台湾地区都与集英社有版权贸易往来。

集英社创办于 1968 年的《少年 Jump》代表了日本动漫的历史。《少年 Jump》为周刊，发行量最多时每期达 600 万册，如今平均每期发行 320 万册，其码洋占全社码洋的 91%。

旗下有鸟山明、秋本治、车田正美、尾田荣一郎等大批优秀漫画家。

(三)小学馆

小学馆是日本的综合出版社，名称的由来是创办时以出版适合小学生的教育图书为主要业务。小学馆与集英社、白泉社等三家出版社一起成立一桥出版集团(一ツ桥グループ)，成为日本最大的出版集团。株式会社小学馆创建于 1922 年，总部位于日本东京都千代田区的一桥，是目前日本三大出版公司之一。创始之初，小学馆主要经营各种小学教学用期刊，现已发展成为兼营图书、期刊、漫画、工具书、光盘等多类出版物的大型出版公司。小学馆自 1959 年创办少年漫画杂志《少年星期天》以来，陆续出版了儿童漫画、少女漫画、少年漫画和成年漫画等杂志共 19 种，漫画单行本年销售量高达 1 亿册。小学馆出版的漫画《哆啦 A 梦》《名侦探柯南》等漫画作品还被拍成动画片，漫画书和动画片在中国深受少年儿童的欢迎。

小学馆每年出版期刊 67 种，图书 4500 种，漫画 4600 种，涉及百科全书、历史、艺术、绘画本、字典、小说、论著、儿童绘画本等多个领域。目前，小学馆旗下的漫画期刊包括《少年 SUNDAY》《CIAO》《少女 COMIC》《YOUNG SUNDAY》等。年销售额为 1600 亿日元(约 15 亿美元)，在日本图书市场上占有 8%份额，位居前三。

(四)GAINAX

GAINAX 是一家日本动画制作公司，于 1984 年 12 月 24 日成立，其最著名的作品为《新世纪福音战士》。

GAINAX 以颠覆传统的动画类型和实验动画而闻名，另外，因为成员兴趣的关系在公司的作品中往往有大量的戏仿或致敬。同时，GAINAX 亦因为一些著名动画的预算问题而声名狼藉,有时甚至会以限制动画格数来紧缩预算。虽然直至《新世纪福音战士》之前,GAINAX只拍摄原创故事的作品,但近年也开始对漫画作品改编为动画,例如《他与她的事情》与《魔力女管家》等。GAINAX亦经常在其作品中引用经典动画的典故,并因此被人称为"御宅公司"。

GAINAX的前身是于1980年代早期成立的Daicon Film,创立时的成员包括冈田斗司夫(初代社长)、庵野秀明、贞本义行、赤井孝美和樋口真嗣。它的第一个企划是为1981年在大阪举行的第20届日本科幻大会(该届大会又被称为DaiconIII)制作开幕动画短片。

三、法国

法国漫画历史悠久。1830年,世界上第一本漫画杂志《漫画》就诞生于法国,此后,法国漫画一直处于世界先锋地位,涌现出以杜米埃为代表的一批闻名世界的大师和脍炙人口的作品。深厚的文化土壤,浪漫的创作情怀,成为法国漫画经典迭出的源泉。法国有许多经年不衰的畅销漫画,这些漫画为动画片的创作提供了源源不断的素材。于是,众多国际知名动漫形象相继问世——描写高卢人反抗罗马人入侵的长篇幽默历史漫画《亚力历险记》中的亚力,由法国世界级导演米歇尔·奥瑟罗和吕克·贝松执导的动画片《叽里咕历险记》中的叽里咕和《亚瑟和他的迷你王国》中的亚瑟,享誉全球的漫画经典《丁丁历险记》中的丁丁等这些在法国家喻户晓的动漫明星,既是影片卖点,也是衍生产品开发中的关键,还是产业产值的增长点。

法国达高动漫集团为例。拥有3.1亿欧元营业额的欧洲动漫领域的第一大集团达高动漫集团(Groupe Média-Participations)创立历史已逾70年,目前年度营业额超过3亿欧元,该集团的漫画在法语国家的市场占有率高达32%,动画片市场占有率达到14%。公司收入中漫画书和插画小说占30%,杂志和小说占18%,电影和电视节目占17%,其他书籍占15%,版权占20%。

达高动漫集团旗下拥有10家出版社和5家音像产品生产公司。在中国,达高动漫集团视频中心已经开展多年业务,范围包括漫画版权的销售,参与面对海外市场的中国原创漫画的开发,负责法语区出版市场版权收购,以及动画片的加工生产、图书印刷和衍生产品的生产等。

发展简史：

1986 年正式成立达高集团(Média-Participations)。

1988 年收购达高公司(出版漫画、插画小说、仿古园艺刊物及版权业务)。

1992 年重新定位 Citel 公司的发展方向，旨在更好地致力于动画电影的制作(其中包括《丁丁历险记》的出版)。收购《布莱克和莫迪马》出版社。售出 Edifa 公司。

2001 年收购《大笨狗酷比多》和《布尔和比利》的产权。收购 Chronique 出版社(出版历史书籍和和主题刊物)。

公司主要作品包括《加菲猫的幸福生活》《丁丁历险记》《阿斯泰利克斯历险记》《黑月编年史》《黑悲殇》《蓝莓上尉》等优秀作品。

四、中国

中国动漫产业从中华人民共和国刚成立时初步发展起来，到 20 世纪 60 年代进一步发展，再到 80 年代的进口加工的服务外包，之后逐渐发展起来。60 年代的中国动漫，是中国动漫史上的辉煌时期，在世界动漫史上也是首屈一指的，80 年代后我国的动漫作品的原创性逐渐没落下来，转向以加工服务外包为主，国产经典动漫角色几乎没有，甚至美国有些动画大片，如《花木兰》的制作项目也在中国完成。进入 21 世纪初，中国动漫在创作上逐渐有了起色，此时国内渐渐产生了一批优秀的动漫企业。

(一)奥飞动漫

广东奥飞动漫文化股份有限公司是中国目前最具实力和发展潜力的动漫文化产业集团公司之一，前身为广东奥迪玩具实业有限公司。广州奥飞文化传播有限公司成立于 2004 年，是奥飞股份旗下以三维动画制作、漫画制作、动画形象设计、版权代理等卡通形象事业为核心业务的动漫文化传播公司。奥飞文化以创作中国原创的经典动漫形象为目标，拥有上百名富有经验的动画制作及管理团队，动画、漫画、电视剧等主要创意、制作人员均来自香港。业务内容包括从动漫内容制作、图书发行、玩具等衍生产品开发制造，乃至形象授权等。近几年已成功出品了《火力少年王1》和《火力少年王2》等优秀影视作品。2011年5月13日，入选第三届"文化企业30强"。2015年8月11日奥飞动漫9亿收购有妖气。其主要作品包括《巴拉拉小魔仙系列》《火力少年王系列》《铠甲勇士系列》等。

（二）华强动漫

深圳华强数字动漫有限公司是深圳华强文化科技集团旗下的一家从事原创动画设计、动画影片制作的专业公司。先后在深圳、芜湖、长沙、重庆等多地成立了三维和二维制作中心，《生肖传奇》《小鸡不好惹》系列等多部作品获得了广电总局国产优秀动画片、中国动画学会大奖、白玉兰奖、金龙奖、金熊猫奖等国内大奖。动画片出口至美国、俄罗斯、新加坡等100多个国家和地区，部分作品进入了全球知名的尼克国际儿童频道。在2010年法国戛纳电视节上，《十二生肖闯江湖》入围儿童评审团Kids Jury大奖，是当中唯一的亚洲动画片。其主要作品包括熊出没、方特卡通等。

（三）功夫动漫

功夫动漫成立于2008年，是国内专业的大型动漫营销公司。建立立体式动漫营销模式和产业动漫化运营服务平台，将动漫与产业结合，创造价值体系。

作为中国动漫界的一匹"黑马"，功夫动漫打破了传统动漫公司的生产模式，整合国内外一线编剧、导演、设计、分镜等高端团队，签约来自中、美、韩的动漫界精英和国际著名动画制作、配音团队，打造最先进的"全球化"制片模式。为特步、小童猫、辉煌水暖、小熊优恩等传统企业定制了多部精品动画片。年制作分钟数近万，并以每年5~10部产量递增，是国内精品3D动画产量领军的动漫公司。

与此同时，功夫动漫整合全球资源、助推产业发展，打造全球首个产业动漫化互联网平台"动漫网"。构建了功夫漫工厂、卡通授权商店、功夫看看、功夫漫世界等八大平台体系，通过制、播、销、授一体化的运作，实现传统产业链与创意产业链双赢，在全国动漫行业转型发展中，取得了突破性的成绩，成为全国首家将动漫与产业结合的专业动漫化运营服务平台。

第八章 国家数字出版基地：聚合产业版图

从党的十七大提出"推动文化大发展大繁荣、文化产业占国民经济比重明显提高"到十八大明确"建设文化强国、推动文化产业成为国民经济支柱性产业"，再到十九大强调要"坚定文化自信"，文化在国民经济与社会发展中的重要性日益提升。"文化建设是灵魂"，已然成为社会主义事业总体布局的重要组成部分。新闻出版作为文化发展的"领跑者"，自 2008 年开始，新闻出版产业发挥着文化产业主力军的作用。其中，数字出版在整个新闻出版行业继续保持较快的增长速度，行业地位继续提升。而新闻出版产业能实现又好又快的科学发展，数字出版业起到了巨大的推动作用。

近年来，新兴数字出版业继续保持高速增长的势头，其中离不开国家政策对数字出版基地(园区)建设的推进。"十一五"时期，新闻出版总署启动国家级数字出版基地的发展战略，目的是通过基地建设为抓手，带动数字出版产业乃至区域整体发展，从而促进我国文化产业的大发展、大繁荣。历经几年发展，我国数字出版产业基地(园区)基本完成了阶段性的蜕变，实现了从无到有，最新数据显示，截至 2020 年 6 月，已累计建成国家数字出版基地 14 家，并且实现了从单一领域建设到多领域的跨越，逐渐发挥出产业集聚效应，为新闻出版产业经济增长作出了重大贡献。

第一节 国家数字出版基地概况

在国家各部委一系列政策的大力指引和推动下，自 2008 年 7 月上海张江国家数字出版基地成立之后，各地区、各省份国家数字出版基地建设项目如火如荼地相继开展。随着 2015 年 6 月江西国家数字出版基地成立之后，以新闻出版总署授牌的与数字出版产业相关的国家数字出版基地已经达到了 14 个，提前完成了新闻出版业"十二五"发展规划中国家数字出版基地的规划布局。详细格局分布见表 8-1。

表 8-1 国家数字出版基地分布格局

地区	所在省份	获批/挂牌时间	基地名称
长三角	上海	2008 年 7 月	上海张江国家数字出版基地
	浙江	2010 年 4 月	杭州国家数字出版基地
	江苏	2011 年 7 月	江苏国家数字出版基地
珠三角及福建地区	广东	2011 年 2 月	广东国家数字出版基地
	福建	2013 年 4 月	海峡国家数字出版基地
环勃海湾地区	天津	2010 年 12 月	天津国家数字出版基地
	北京	2013 年 4 月	北京国家数字出版基地
	山东	2014 年 3 月	青岛国家数字出版产业基地
西南地区	重庆	2010 年 4 月	重庆北部新区国家数字出版基地
华中地区	湖南	2010 年 7 月	湖南中南国家数字出版基地
	湖北	2010 年 9 月	湖北华中国家数字出版基地
	安徽	2012 年 12 月	安徽国家数字出版基地
	江西	2015 年 6 月	江西国家数字出版基地
西北地区	西安	2011 年 5 月	西安国家数字出版基地

从表 8-1 可知，华中地区有 4 家，长三角、环渤海湾地区各有 3 家，珠三角及福建地区有 2 家，西南地区、西北地区各有 1 家，从分布格局来看，初步形成了以东部沿海为带动，以长三角流域为核心，以华北、华中、西北、西南为辐射的综合布局；从每年的增长数量来看，国家数字出版基地增长稳中有进、进中求稳。2008 年成立 1 家、2010 年成立 5 家、2011 年成立 3 家、2012 年成立 1 家、2013 年成立 2 家、2014 年成立 1 家、2015 年成立 1 家，数据表明，2010 年，国家数字出版基地建设出现了一个峰值，自 2011 年开始，基地建设的数量有所下降，同时也说明，2010 年全国各省纷纷落实国家政策。从基地规模来看，长三角、珠三角及福建、环潮海湾等东部地区所建设的国家数字出版基地规模大，华

中地区规模居中，西南、西北地区基地建设规模还有待进一步扩大。从经济影响力来看，长三角、珠三角及福建、环潮海湾等东部地区国家数字出版基地的效益高、知名度高，西南、西北地区效益低、知名度低，华中地区效益及知名度介于两者之间。

国家新闻出版广电总局发布的《2016 年新闻出版产业分析报告》显示：2016 年，30 家国家新闻出版产业基地（园区）①共实现营业收入 2306.2 亿元，拥有资产总额 2934.5 亿元；其中 14 家国家数字出版基地（园区）营业收入较 2015 年增长 17.4%，资产总额增长 36.6%。其中，6 家数字出版产业基地（园区）营业收入和资产总额均超过百亿元，组成"双百亿"基地（园区）阵营。其中，新增广东国家网络游戏动漫产业发展基地和西安国家数字出版基地 2 家，上海张江国家数字出版基地营业收入突破 400 亿元。

一、国家数字出版基地建设环境

国家数字出版基地建设的重要目的之一就是解决数字出版行业投入成本高、盈利模式不成熟、相关标准不统一等问题，并为此提供政策实验的空间。这对于打破行政区划壁垒，培育一批营销模式成熟、产品影响广泛的数字出版龙头企业，参与国际竞争，抵御国外出版集团及网络企业对国内市场的侵蚀，也具有战略意义。

国家政策支持为国家数字出版基地建设提供了一个重要的财政保障，同时，市场的需求为国家数字出版基地建设提供了一个内在动力，在以上两个因素的共同作用下，国家数字出版基地建设上升到了更高的国际层面，原因在于目前我国出版产业在国际上还处在一个相对弱势的位置，迫切需要通过国家数字出版基地的发展提升其在国际上的软实力。因此，综合考虑以上因素，我们需要积极推动落实关于国家数字出版基地建设的政策要求，努力强国家数字出版基地发展之"筋"。

（一）软硬政策环境的外在引力

2002 年党的十六大以来，在党和国家的多次重要会议上提出要不断加强文

---

① 国家新闻出版产业基地（园区）包括国家数字出版基地、国家数字出版产业基地、国家印刷产业基地、国家印刷包装产业基地、国家音乐产业基地、国家绿色创意印刷示范园区等。

化体制改革。而文化体制改革的领跑队伍中少不了新闻出版业,新闻出版业是文化产业龙头,文化产业对经济发展起着重要的作用,有学者指出,一个国家新闻出版业的整体水平已成为该国经济文化发展水平和社会文明进步的标志之一。因此,为了深入贯彻落实党和国家自十六大以来关于文化产业发展的相关会议精神,以新闻出版总署为主体的行政主管部门相继提出新闻出版、数字出版等政策性文件,从舆论导向、出版管理、产业发展、文化引领等多方面都加强了调控,如表 8-2 所示。在相关政策的引导与推动下,我国数字出版产业搭上了快速发展的顺风车,另外,也拉动了我国一大批国家级数字出版基地的建设与发展。

表 8-2　2002—2017 年关于数字出版政策性文件一览

时间	政策名称	相关颁布单位
2002. 11	党的十六大报告	党的全国代表大会、全会的重要论述及论述
2007. 10	党的十七大报告	
2012. 11	党的十八大报告	
2017. 10	党的十九大报告	
2010. 10	党的十七届五中全会《中共中央关于制定国民经济和社会发展第十二个五年规划的建议》	
2011. 10	党的十七届六中全会《中共中央关于深化文化体制改革 推动社会主义文化大发展大繁荣若干重大问题的决定》	
2016. 3	《中华人民共和国国民经济和社会发展第十三个五年规划纲要》	
2009. 7	《文化产业振兴规划》	国务院审议通过,并发布
2014. 2	《关于推进文化创意和设计服务与相关产业融合发展的若干意见》	
2009. 4	《关于进一步推进新闻出版体制改革的指导意见》	新闻出版行政主管部门的相关政策
2010. 1	《关于进一步推动新闻出版产业发展的指导意见》	
2015. 3	《关于推动传统出版与新兴出版融合发展的指导意见》	
2010. 8	《关于加快我国数字出版产业发展的若干意见》	

195

时间	政策名称	相关颁布单位
2011. 4	《新闻出版业"十二五"时期发展规划》	
2011. 9	《数字出版"十二五"时期发展规划》	
2012. 2	《国家"十二五"时期文化改革发展规划纲要》	
2011. 4	《新闻出版业"十三五"时期发展规划》	相关专项规划
2015. 12	《新闻出版业"十三五"时期发展规划》	
2016. 5	《新闻出版业数字出版"十三五"时期发展规划》	
2017. 5	《国家"十三五"时期文化发展改革规划纲要》	

　　细观国家文化、新闻出版、数字出版等政策性文件，这些政策性文件的颁布与推出为国家数字出版基地的建设提供了一种良好的政策环境，且政策环境可划分为硬、软政策环境，不同类型的政策环境同样发挥着强有力的指导性。首先，"硬"政策环境的打造主要通过颁布针对国家、地方层面的政策性文件。第一，针对国家层面的政策性文件，2006 年 12 月 31 日新闻出版总署办公厅印发了《新闻出版业"十一五"发展规划》，规划提出，在"十一五"期间，我国致力发展数字出版产业，将建设 4~15 个数字出版产业基地，加快新闻出版业发展方式的转变，推动数字出版产业的升级。自"十一五"之后，国家《数字出版"十二五"时期发展规划》又进一步明确要求，要以科学发展为主题，以加快转变发展方式为主线，大力发展数字出版产业。到"十二五"期末，"我国数字出版总产出力争达到新闻出版产业总产出的 25%，在全国形成 8~10 家各具特色，年产值超百亿的国家数字出版基地或国家数字出版产业园区，建成 5~8 家集书报刊和音像电子出版物于一体的海量数字内容投送平台，形成 20 家左右年主营业务收入超过 10 亿元的具有国际竞争力的数字出版骨干企业"①。第二，针对地方层面的政策性文件，在国家发布一系列文化产业振兴规划、新闻出版、数字出版等政策性文件的前提背景下，文化产业日益成为国民经济支柱性产业中不可或缺的一部分。

　　国家数字出版基地作为推动文化产业发展的重要抓手，各省级政府则纷纷引起高度重视，如上海、重庆、西安、杭州等多个省市则建立了省、区、市合作机

---

　　① 数字出版"十二五"时期发展规划[EB/OL].［2015-02-01］.中国出版网，http://www.chuban.cc/ztjj/shierwu/zxgh/201105/t20110509_87970.html.

制，并且各省也出台了相关政策规划，如湖北省将数字出版基地建设作为湖北省"十二五"发展的重点项目，并制定了《湖北省新闻出版业"十二五"发展规划》《关于加快发展文化产业的意见》《湖北文化强省建设纲要》等一系列政策措施和规范性文件，提出将大力推动科技与新闻出版融合，促进产业转型升级，将其作为湖北省文化产业和新闻出版业的重点发展方向。上海在全国首次将数字出版产业规划列入市发改委文化规划，浦东新区制定了包括税收、投融资、财政扶持、办公用房租赁、人才等方面在内共 42 条的《张江国家数字出版基地发展政策》，还设立了"张江国家数字出版基地专项资金"，使入驻企业和人才可享受众多优惠政策。重庆相关政府部门为促进重庆北部新区国家级数字出版基地建设，加快培育和发展重庆市数字出版产业，也纷纷颁布了相关政策，如《中共重庆市委关于推动文化大发展大繁荣的决定》（渝委发［2009］12 号）、2011 年 1 月重庆市政府办公厅下发《关于加快重庆数字出版产业发展的指导意见》。其次，"软"政策环境的打造主要是针对基地地产、人才等方面。为了使企业招得来、留得住、建设快、发展好，近年来，一些新闻出版产业基地（园区）在加强基础设施和公共服务平台建设的同时，坚持改革创新，着力突破资金、土地、人才等制约发展的瓶颈。如重庆北部新区国家级数字出版基地则采取了以下措施："'建审批快速通道'，对符合条件的入驻基地的企业授予数字出版权；从 2009 年到 2012 年，重庆市每年将拿出 5000 万元专项资金打造基地，给予入驻企业免 3 年房租、减免收费、税收返还、奖励入驻等优惠政策，并负责建设数字出版监控平台和新闻出版数据库。北部新区政府承诺，拿出一亿元的产业基金，用于扶持软件服务外包和数字出版企业。"①

（二）市场竞争环境的内在推力

市场环境"是指影响产品生产和销售的一系列外部因素"②，其中，市场需求是影响市场环境，并决定市场份额的重要因素。市场需求是指"一定的顾客在一定的地区、一定的时间、一定的市场营销环境和一定的市场营销计划下对某种商

---

① 重庆北部新区国家数字出版基地产业发展规划［EB/OL］.［2015-01-01］. http://wenku.baidu.com.
② 罗党论.市场环境、政治关系与企业资源配置［M］.北京：经济管理出版社，2010：54.

品或服务愿意而且能够购买的数量"①。在互联网时代的推动与冲击下，传统出版业已然无法满足用户的需求，市场份额在逐渐流失；而数字出版业却迎来了新的春天，市场份额在逐渐攀升，传统出版业与数字出版业两者之间形成了此消彼长的形势。为此，在我国传统出版业市场环境并不乐观的大背景下，促进国家数字出版基地建设的巨大推动力继而也源自市场因素的推动。为了更深入分析国家数字出版基地建设的市场竞争环境，有必要对我国传统出版业的市场现状进行相关说明，主要体现在以下两个层面。

首先，数字化浪潮下，传统出版业受到巨大冲击。人民出版社党委副书记沈水荣表示，"在未来的5—10年内，传统出版社将发生严重分化，有约25%的传统出版社将成功从传统出版转型为数字出版单位，另有约25%的传统出版社将不得不面临转行或倒闭的命运，剩下50%的传统出版社将难逃成为发展良好的数字出版企业和成功转型的传统出版社的编辑机构的命运"②。在数字出版方面，传统出版业市场发展严重滞后，造成这样的结果主要源自两个方面：第一，技术和渠道能力不足，导致市场主导权丧失；第二，国家体制安排不均衡，例如，部分传统出版业还未完全进入市场化环境中，还停留在事业单位体制的保护下，缺乏市场动力，忧患意识淡漠。

其次，随着互联网的快速发展，人们的阅读习惯发生了巨大变革。越来越多人可以通过互联网、手机免费下载、阅读和使用数字出版产品。据中国新闻出版研究院发布的第17次全国国民阅读调查报告显示，2019年我国成年国民包括书报刊和数字出版物在内的各种媒介的综合阅读率为81.1%，数字化阅读方式（网络在线阅读、手机阅读、电子阅读器阅读、平板电脑阅读等）的接触率为79.3%。而从读者的年龄层次看，超过半数成年国民倾向于数字化阅读方式，我国成年数字化阅读方式接触者中，近八成（79.6%）是18~49周岁人群。这无疑使数字出版有着强大的市场基础，为产业发展奠定了优渥的发展土壤。

同时，随着李克强总理在政府工作报告提出了"互联网+"战略，"互联网+"

---

① 钱旭潮，王龙. 市场营销管理 需求的创造与传递（第4版）[M]. 北京：机械工业出版社，2016：54.

② 董嘉，陈影. 数字化浪潮下 传统出版业将何去何从（文化问答）——访人民出版社党委副书记沈水荣[EB/OL].［2014-01-20］. http://finance. people. cn/n/2013/0718/c1004-22232839.html.

理念也开始改变传统阅读，例如，喜马拉雅 FM 发布的 2018 有声书榜单显示：
"在这个拥有 4.7 亿用户的音频平台上，仅 2018 年上半年，用户累计收听总时长
超过 30.8 亿小时，活跃有声书用户每天平均收听时长超过 180 分钟。"①

　　根据以上探讨的两大市场环境状况可知，国家建设国家数字出版基地有两大
主要市场环境的内在推动：第一，整合传统出版产业资源，促进产业集群发展，
开发数字出版核心技术，推动技术提升，实施数字化转型，成为实现数字化带动
出版业现代化的关键，同时，也引进新兴的数字出版产业，从而推动国家数字出
版业的市场发展速度；第二，建设国家数字出版基地，有利于提高数字出版产业
劳动生产率，丰富数字出版产品，可以不断满足人们日益增长的数字出版物消费
需求，"消费者是上帝"，人们消费需求是推动市场快速发展的有力保障。社会
的广泛需求，要求国家数字出版基地在发展过程中选择效率和效益。同时，就目
前来说，人们对数字阅读产品的接触率已逐渐上扬。如图 8-1 所示。

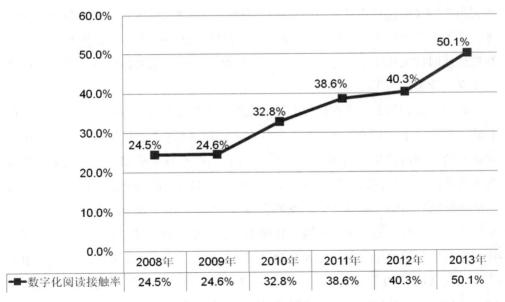

图 8-1　数字阅读接触率逐年上扬

---

　　①　2018 喜马拉雅有声书用户行为洞察报告［EB/OL］.［2018-09-06］. https://www.sohu.
com/a/252371408_99900352.

（三）出版产业国际竞争力存鸿沟

在全球化背景下，国际竞争日趋激烈，国际竞争力包括两个层面，一是微观层面，指的是本国产品、企业、产业等；二是宏观层面，指的是国家及所在区域组织在全球经济中的整体竞争能力。根据瑞士洛桑国际管理发展学院（IMD）发布的《2018年世界竞争力报告》，中国在2018年世界竞争力评估中排名第13位。在近三年的排名中，中国内地从2016年的第25位升至2017年的第18位，再到2018年升至第13位。这表明，中国整体排名呈上升趋势，其在世界中竞争力上升。同时，随着互联网的快速发展，文化产业如数字出版产业，从属于微观层面的竞争力指标，成为了提升国家软实力、国际竞争力的重要衡量指标，有利于促进国家文化产业的发展。

党的十八大提出了全面建成小康社会的宏伟目标和建设文化强国的战略部署，并首次把新闻出版、全民阅读、"扫黄打非"和知识产权保护等内容写进十八大报告，其中包括建设社会主义文化强国、增强文化整体实力和竞争力的新任务；党的十九大则进一步提出："坚定文化自信，推动社会主义文化繁荣兴盛"，在论述新时代文化建设目标时提出，要"激发全民族文化创新创造活力，建设社会主义文化强国"。①

在以上大背景下，纵观目前中国文化产业的发展现状，与西方国家相比还存在较大差距。第三节国际文化产业大会相关数据显示："近几年来，美国文化产业的经营总额高达几千亿美元，占到了美国GDP的18%至25%；其电影、音像等视听产品出口额仅次于航空航天工业，成为利润最大的行业之一；在全美最富有的400家公司中，从事文化产业的企业有72家；在全球500强企业中，美国的时代华纳、迪士尼、维亚康姆、新闻集团、贝塔斯曼等都是典型的文化企业，而仅这几家公司的年收入额之和就超过了1000亿美元；从事文化艺术及其相关产业的人员达1700多万人。半个多世纪以来，完备的市场经济体制和不断扩张的产业发展策略对创造这些辉煌起到了决定性的作用。"②

---

① 中国政府网. 习近平提出，坚定文化自信，推动社会主义文化繁荣兴盛［EB/OL］.［2017-10-18］. http://www.gov.cn/zhuanti/2017-10/18/content_5232653.htm.

② 中国产业经济信息网. 解密国际文化产业形势的五大特点［EB/OL］.［2014-10-23］. http://www.cinic.org.cn/site951/whpd/2014-10-23/768778.shtml.

数据表明，随着出版体制改革的日益深化，我国出版产业呈现出良好的发展态势，数字文化产业已占据了较大市场份额，但仔细分析我国出版产业的国际化发展进程，与西方强国相比，中国在全球出版市场竞争的能力依然较为有限。例如，2016 年国家数字出版基地的营业收入显示，全国 14 家国家数字出版基地中仅有 6 家国家数字出版基地营业收入超 100 亿，其他 8 家国家数字出版基地营业收入不等，营业收入最低的不足 1 亿。另外，国内国家数字出版基地发展过程逐渐凸显品牌优势的基地数量较少，目前仅有上海张江的网络游戏和超算服务，天津和重庆的云计算技术服务，杭州的移动阅读和网游动漫，江苏扬州园区的数字教育(电子书包)和电子阅读等产品略显品牌优势，与西方国家相比，竞争力薄弱。

为此，中国需要不断加大文化产业的发展力度，努力追赶或赶超其他西方国家，从而提升中国在国际上的软实力。作为社会主义文化建设主力军的出版产业，应把握机遇，切实担当起推动社会主义文化大发展大繁荣的重任，努力提高国际竞争力，实现出版走出去。同时，国家推动数字出版基地的建设，也成为提升中国在国际上的软实力、促进文化产业大发展大繁荣的有效切入口。

二、国家数字出版基地的功能

国家数字出版基地是以集中优质资源、优势企业，以新技术、新方式形成产业集群从而带动产业整体发展，具有多种功能，国家数字出版基地各项功能简单结构示意如图 11-5 所示。

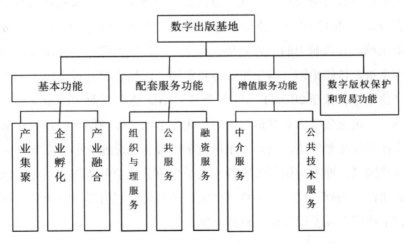

图 8-2 国家数字出版基地各项功能简单结构示意图

（一）基本功能

1. 集聚产业

学者迈克·波特 1990 年在著作《国家竞争优势》中第一次提出"产业集群"一词，其内涵是指"在一个特定区域的一个特别领域，集聚着一组相互关联的公司、供应商、关联产业和专门化的制度和协会，通过这种区域集聚形成有效的市场竞争，构建出专业化生产要素优化集聚洼地，使企业共享区域公共设施、市场环境和外部经济，降低信息交流和物流成本，形成区域集聚效应、规模效应、外部效应和区域竞争力"①。产业集群形式作为一种产业组织形式，起着非常重要的作用，不仅可以推动区域经济增长，即提高区域生产效率，吸引更多的相关企业聚集于此，促进集群内新生企业的快速成长；而且可以提升区域竞争力。产业集群是工业过程中普遍的现象，但是产业集群的理念也慢慢渗透到新闻业，目前，在国内，各行各业都在纷纷采用产业集群的产业组织形式，国家数字出版基地就是产业集群的一种较好表现。

正因国家数字出版基地具有资源集聚功能，已成立的 14 家国家数字出版基地产业集聚效应也已凸显，主要体现在两个方面：第一，大量的企业涌入推动了资源的集聚。例如，国内第一家上海张江国家数字出版基地自 2008 年成立以来，聚集了阅文集团、B 站、盛大游戏、喜马拉雅、上海方正、上海游族信息有限公司、三七互娱科技有限公司等一批具有代表性的数字出版龙头企业和其他中小数字出版企业，且 2017 年底入驻企业达 500 家，年营收超过 480 亿元，成为我国数字出版领域最具影响力的品牌聚集区域之一。江苏国家数字出版基地也已初步形成以南京报业传媒集团、新华报业传媒集团、深圳宝德科技集团等知名企业为核心的产业集聚，截至 2016 年入驻各类数字出版核心企业 300 多家、年营收过百亿。第二，国家数字出版基地选址时，优先考虑了周围即有的产业优势，有利于基地发挥资源集聚效应。例如，张江数字出版基地选址上海浦东新区，依托于张江高科技园区，原本集聚了大批的微电子企业、电子电器制造企业以及通讯设备制造企业作为基础。杭州国家数字出版基地也充分利用现有资源分布和产业基础，为数字出版产业发展提供了良好基础。

---

①　吴勇. 基于产业集群理论的创新系统研究[M]. 南京：东南大学出版社，2017：34.

总之，集群产业是国家数字出版基地最基本功能之一，政府也从政策上大力支持基地发展，为基地发展提供配套良好的基础设施、优质的服务支持、优惠的税收等，最大力度吸纳众多数字出版企业向基地集聚，这样众多数字出版企业就会带来先进的技术、优秀的人才、丰富的信息资源、巨大的资金等，从而发挥产业集群效应。

2. 孵化企业

孵化器"本义指人工孵化禽蛋的专门设备。后来引入经济领域，指一个集中的空间，能够在企业创办初期举步维艰时，提供资金、管理等多种便利，旨在对高新技术成果、科技型企业和创业企业进行孵化，以推动合作和交流，使企业'做大'"①。企业孵化器又可称为创业服务中心，企业孵化器这种形式在全世界范围内得到了较快的发展。

事实上，国家数字出版基地则可视为孵化器，国家数字出版基地规划的"孵化功能"成为了基地的标配功能，主要为成长型数字出版企业和项目提供融资担保、技术研发、人才培养、信息交易等孵化支持，为数字出版产业聚集发展提供环境。国家数字出版基地的企业孵化器是指"在新媒体、数字内容、数字化技术、数字版权保护技术等方面有自主创新能力的中小企业，提供全方位的服务，以打造基地良好的投资环境。为基地内的数字内容出版企业提供投资平台，拓宽融资渠道"②。顾名思义，企业孵化基地就是辅助数字出版中小企业，并且帮助孵化成具有一定规模的大企业，为数字出版行业的创业者提供良好的环境和条件，帮助创业者快速成长、壮大，所打造的商品能够顺利流通到市场中，同时，也可辅助性的培养有能力的企业家、骨干性人才，即孵化人才。孵化功能是国家数字出版基地最基本、最原始的功能。例如，在上海国家数字出版基地规划的五大功能中明确指出："建立数字出版企业孵化器，配备孵化单元与公共实验室。"重庆北部新区国家数字出版基地规划的五大功能中也明确提出："数字出版企业孵化"。③

---

① 王柏轩，刘小元. 企业孵化器的运营与发展［M］. 武汉：中国地质大学出版社，2006：1.

② 张江国家级数字出版基地体系结构［EB/OL］.［2015-01-05］. http://www.docin.com/p-555207910.htm.

③ 张江国家级数字出版基地［EB/OL］.［2015-01-12］. 上海市数字内容产业促进中心，http://www.chinadcic.org.cn/lshy/news/d6341d14f5714118a5beba44f6fcdb1e.html.

3. 融合行业

融合行业是指"不同产业或同一产业不同行业相互渗透、相互交叉，最终融合为一体，逐步形成新产业的动态发展过程"①。事实上，一旦国家数字出版基地发展到成熟阶段，行业融合功能的实现则是水到渠成。

目前，所有国家数字出版基地入驻的企业包含新型数字出版业和传统出版业，而对于数字出版基地来说，一个很重要的功能就是利用基地现有信息资源帮助传统出版业的产业升级和结构优化。如杭州数字出版基地打造"八大功能区"，包括滨江数字出版核心园区、杭报数字出版园区、中国移动手机出版园区、中国电信数字阅读园区、华数数字出版园区、数字娱乐出版园区、滨江动漫出版园区、人民书店数字出版园。这样的规划有利于不同性质的出版业，无论是做传统内容提供商，还是技术服务商，可实现良好的合作，达到质的行业融合形成产业集聚效应。

（二）延伸功能

1. 配套服务

国家数字出版基地要达到良好的经营与管理，离不开基地内配套的服务功能，例如，基本的办公服务区、日常生活管理区域（包括住宿、出行、餐饮、生活服务、娱乐、商务等）、融资服务，基地为进一步完善数字出版产业基地投、融资体系，扶持中小企业快速健康成长，大力建立中小企业融资平台。以上海张江国家数字出版基地为例，其为基地内的运营单位提供一体化的数字出版公共服务，"提供价格低廉、物业精致的创业公寓，博士后公寓、科技公寓、大学生公寓；园区内设有40余家特色餐厅，主要分布于圆环传奇广场、集电港、张江镇等人流密集区域；园区内有15家银行、30多个综合性购物超市和便利店、家乐福大型超市、三级甲等医院、幼儿园、知名初高中级教育机构、知名大学、中国移动、中国联通营业厅、中国石油、中国石化加油站、各品牌汽车4S专营店、邮政局等生活配套设施；园区有张江体育休闲中心、电影院、试验剧场和张江现代艺术馆；五星级宾馆东郊宾馆、四星级宾馆博雅酒店、准四星级宾馆龙东商务

---

① 郑明高. 产业融合——产业经济发展的新趋势［M］. 北京：中国经济出版社，2011：21.

酒店和会展中心，园区还配备如家快捷酒店、汉庭快捷酒店"①。同时，也为基地提供了较为完善的融资服务区，如有华人文化产业投资基金、上海东方惠金文化产业投资有限公司、张江汉世纪创业投资有限公司、"易贷通"业务、知识产权质押融资服务等。

2. 增值服务

国家数字出版基地除基本功能、配套服务功能以外，还包含中介服务、技术平台等增值服务功能。以上海张江国家数字出版基地为例，设立了中介配套服务，如上海宣传系统人才交流中心、浦东新区人才交流中心张江分中心，包含人事代理服务、员工派遣服务等；西安国家数字出版基地提供企业发展过程中各阶段所需求的相关服务与指导，比如项目申报指导、行业资质认定、政策解读、企业员工成长培训等。各地区的政府为国家数字出版基地规划预算了体量可观的扶持资金，一般包括文化产业专项资金和数字出版产业专项资金。如武汉市文化产业基金规模达5亿元、文化企业信贷风险池基金规模达4亿元，陕西省每年投入超过4000万元专项资金支持西安国家数字出版基地建设。随着文化与金融的快速融合，国家数字出版基地的资金注入方式也随之变化巨大，通过市场化的金融手段实现融资成为各国家数字出版基地的首选。如上海市发挥市场资本聚集地的优势，吸纳骅伟基金、华人文化产业投资基金、上海文化产业股权投资基金等为基地企业提供金融服务。

3. 数字版权保护和贸易

版权交易是指"作品版权中全部或部分经济权利，通过版权许可或版权转让的方式，以获取相应经济收入的交易行为"。② 伴随着互联网的发展，数字版权保护显得尤其重要，数字产品具有网络复制功能，数字出版产品容易出现版权纠纷，同时，基于这种情况，版权保护也可进入商业环节，成为一大经济来源。例如，上海张江国家数字出版基地自成立起，就着力建设数字作品版权登记保护平台，并开通上海版权产权交易中心；江苏省文化产权交易所与江苏国家数字出版基地合作共建"音乐版权交易中心"，保护与运营互联网音乐版权，打通音乐版

① 张江国家级数字出版基地体系结构[EB/OL].[2015-01-05].http://www.docin.com/p-555207910.htm.
② 王斌.中国版权贸易逆差产生的经济学分析[J].科技与出版，2008(5)：18.

权市场与互联网金融市场；重庆国家数字出版基地，明确规划了数字版权保护和贸易功能，通过设立版权工作站，完善数字版权保护制度，推广数字版权保护技术，建立数字版权授权体系和交易市场，推动数字版权产业发展。

三、各省国家数字出版基地的特色

2010 年 8 月，国家新闻出版总署发布了《关于加快我国数字出版产业发展的若干意见》，提出到"十二五"末，在全国形成 8 ~ 10 家各具特色、年产值超百亿元的国家数字出版基地或国家数字出版产业园区。此要求明确了国家数字出版基地在建设推进过程中应实施差异化竞争，这是国家数字出版基地得以长久发展的关键所在。因此，在国家数字出版基地建设过程中，14 家国家数字出版基地，凭借本身优势资源、能力等因素，提出了基地发展定位、发展重点等，大多数基地在申报审批就注意差异化、特色化发展的定位，从而形成较为明晰的特色与优势。为了更加精准地定位各基地的发展模式，经研究各基地当前的发展轨迹，以下归纳总结出各基地的发展模式。

（一）"综合型"发展模式

"综合型"发展模式是指国家数字出版基地发展过程中突出重点、明确战略格局、且形成了一条较为清晰的，集原创、研发、孵化、生产、培训、交易、运营为一体的综合性数字出版产业链。经分析，上海张江国家数字出版基地、浙江杭州国家数字出版基地、湖南中南国家数字出版基地、湖北华中国家数字出版基地、陕西西安国家数字出版基地、北京国家数字出版基地、青岛国家数字出版产业基地、江西国家数字出版基地属于"综合型"发展模式，以上几家国家数字出版基地在保持"综合型"发展模式主线的同时，在具体运作过程中依然保持各自特色，但运作思路存在着细微差距。具体阐释见表 8-3 所示。

表 8-3　国家数字出版基地综合型发展模式

名称	运作思路	特色
上海张江国家数字出版基地	聚焦重点在新兴领域，建设数字出版产业高地，成为我国数字出版的领头羊	第一家国家数字出版基地，唯一开通官方网站

名称	运作思路	特色
浙江杭州国家数字出版基地	建成由杭州国家数字出版产业基地核心区块和数大功能区块组团式发展格局，集原创、研发、孵化、生产、培训、交易、运营为一体的综合性数字出版产业链，各功能园区具有鲜明的产业定位	第一家以一个城市为单位来申报国家级数字出版基地
湖南中南国家数字出版基地	湖南大力发展数字出版产业，将为湖南大力实施"四化两型"发展战略，打造"数字湖南"特色名片	第一家与省级发展战略直接关联的国家级数字出版基地
湖北华中国家数字出版基地	采取"定向开发、市场主导、多元投资、联合运营、主体突出"的运作模式，大力引进和培育数字产业链上"高成长、高回报"的优质项目	国内首个以"打造产业生态"为概念的数字出版产业园区
陕西西安国家数字出版基地	以发展现代服务业为核心，以生态经济、总部经济、休闲经济及循环经济为特色，重点发展金融、休闲娱乐、商贸、会展、文化产业及战略性新兴产业，培养一批具有国际竞争能力的企业	西部最大的国家数字出版基地
北京国家数字出版基地	培育具有核心竞争力的发展模式，主要内容是以满足客户需求为核心，建立"一体两翼"发展模式	原国家新闻出版总署批准建设的第13个国家级数字出版基地，首都北京唯一一家国家级数字出版基地
青岛国家数字出版产业基地	将该基地建成以终端研发和市场品牌为特色，内容创意和平台投送为核心，数字出版技术领先、国内外出版企业分支机构聚集的综合性基地	第13家国家数字出版基地
江西国家数字出版基地	围绕数字传媒、动漫出版、数字内容、手机应用、人才培训等五大产业集群大力发展数字出版产业	第14家国家数字出版基地

　　为了进一步明晰"综合型"发展模式的特色，接下来，以东部地区的"上海张江国家数字出版基地"为代表进行相关论述。2008年7月16日，上海张江国家数字出版基地(简称"张江基地")正式揭牌，它是新闻出版总署授牌的第一家国

家数字出版产业基地，是国家出版基地建设的第一块"试验区"，也是我国新闻出版产业改革的"先行者"。新闻出版总署署长柳斌杰认为，张江基地"起点非常高，在全国具有示范意义"。作为数字出版产业的领跑者，张江基地在发展过程中取得了一定成果，"2018 年，张江国家数字出版基地的数字出版及相关产业销售收入 560 亿元，较上一年增长 15%，基地累计引进企业 691 家……上海网络文学销售收入 47 亿，占全国近 40%，全国网络文学作者 90% 签约上海文学网站；上海网络游戏市场销售收入 712 亿，占全国 33%；多款网络文学作品和网络游戏产品获得全国级别的奖项，数量在全国名列前茅"①。

上海张江国家数字出版基地注重打造品牌，包括内容平台、终端等数字出版品牌，目前已形成了国内有影响力的内容平台和终端品牌，例如，在内容平台方面，有"辞海天下""新华 E 店""云中书城"等三大平台；随着移动互联网的发展，三大内容平台载体形式已从单一的 PC 终端逐渐向移动终端、电视终端等延伸；在终端方面，有"辞海悦读器""亦墨"两个品牌产品。

总之，采用"综合型"发展模式的国家数字出版基地，除上海张江国家数字出版基地以外，还有浙江杭州国家数字出版基地、湖南中南国家数字出版基地、湖北华中国家数字出版基地、陕西西安国家数字出版基地、北京国家数字出版基地、青岛国家数字出版产业基地等，以上几家基地在全国国家数字出版基地领域都各自拥有一定的社会地位、资质以及产业资源。例如，2016 年起，杭州国家数字出版基地、陕西西安国家数字出版基地营业收入过百亿元，位于 14 家国家数字出版基地的前列；湖南中南国家数字出版基地是第一家与省级发展战略直接关联的国家级数字出版基地、陕西西安国家数字出版基地是西部最大的国家数字出版基地。同时，在发展的过程中，各家国家数字出版基地着重发展重点项目、特色项目，坚持走差异化发展道路，打造优势竞争力。

（二）"云平台"模式

"云平台"模式是通过打造云计算中心，构建数字出版云平台。数字出版云平台（Digital Publishing Cloud Platform）是指"利用互联网、云计算技术为数字出版

①　上观新闻. 2018 年上海网络出版业快速发展：出版游戏市场收入 712 亿，网络文学收入 47 亿［EB/OL］.［2019-03-27］. https：//web. shobserver. com/news/detail？id＝141372.

领域提供数字内容管理、在线阅读、在线教育、数字图书馆、电子商务等产品与服务。协调出版单位、渠道商、读者等数字出版产业链的关系，帮助出版单位解决数字出版产业内容、版权和运营核心问题等"①。"数字出版云计算平台的搭建，为数字出版产业达成合作联盟，统一行业标准，完善产业链分工，优化高效利用和使用资源、提供更好和更便捷的服务，起到直接的推动作用。构建数字出版云生态系统，有利于完善产业生态，从根本上推动数字出版业的科技水平和信息化水平，助力数字文化及数字出版产业。"②近年来，全国多家数字出版基地为发挥比较优势，走差异化发展道路，纷纷成立云出版中心，如表8-4所示。

表8-4　"云平台"模式的国家数字出版基地

名称	运作思路	特色
重庆北部新区国家数字出版基地	以"云端智能城市"为基础，以云数据处理基地和全球云计算智能终端设备生产基地为支撑，逐步形成以"云端"计划为特色的重庆数字出版产业发展新模式	有重庆市统筹城乡综合配套改革试验区和两江新区先行先试的优势
天津国家数字出版基地	依托天津空港，具有优越的区域优势，依托数字出版公共服务平台、数字版权交易中心、云计算中心，建立全国最大、最全、最新版权库	全国最大的数字出版产业数据中心

由表8-4可见，多地区公司企业、国家数字出版基地成立了云出版中心，以打造"云计算"为发展模式的国家数字出版基地，包括以西部地区的"重庆北部新区国家数字出版基地"、环渤海地区的"天津国家数字出版基地"。

重庆北部新区国家数字出版基地于2010年4月26日挂牌成立，是全国第二个、西部首家国家数字出版基地，基地采取"园中园"方式，坚持"打造完整的数字出版产业链，形成核心层、外围层和关联层三大产业层次"的指导思想，基地最大特色是"以'云端智能城市'为基础，以云数据处理基地和全球云计算智能终端设备生产基地为支撑，逐步形成以'云端'计划为特色的重庆数字出版产业'1+

① 杨明，陈少志，陈志文. 近5年我国云出版研究述评[J]. 现代出版，2015(3)：16.
② 北京数字出版云中心正式启动[EB/OL]. [2014-12-22]. http://tech.huanqiu.com/Cloud/2012-05/2755494.html.

3+10+N'的发展新模式"①。需要指出的是，"云端"的"云"是核心数据中心，"端"是各种电子信息终端产品。"1+3+10+N"具体内涵是："'1'即打造一个高地，以'云端'计划为依托、数字出版企业为核心、产业基地为载体、产业联盟为支撑，立足重庆、面向全国、服务世界，将重庆北部新区国家数字出版基地打造成为国内首个'云端结合的数字出版产业高地'。'3'即建成3个平台——即数字内容监管平台、数字出版公共服务平台和中国出版发行交易云平台。'10'即培育十大产业门类——重点打造数字图书、数字报刊、互联网出版、手机出版、数据库出版、按需出版和数字印刷、网络游戏和动漫、数字音乐、数字教育、跨媒体复合出版。'N'即建设N个拓展园区——以基地为核心区，条件成熟时在重庆市建设若干个数字出版产业拓展园区，形成全市联动的数字出版产业发展格局，并形成完整的产业链条。"②

重庆北部新区国家数字出版基地还建设亚洲最大的云计算中心——"两江国际云计算中心"，吸引国内大中型企业入园提供数据服务，为数字出版相关企业提供数据存储、运营平台建设等全套优势服务。两江国际云计算中心作为数字出版基地"云"计划的基石，打造"大数据、海存储、精传感、云应用"等前沿技术，谋划智能数据感知、云存储、数据挖掘等核心产业，形成消费行为大数据平台、智能语音识别系统平台、移动云计算解决方案平台等，对数字出版基地企业具有较好的支撑作用。

就目前重庆北部新区国家数字出版基地发展现状来看，与东部地区相比，无论是投资环境与实力还是市场优势、资源结构等存在一定的差距，2014年营业收入为50.45亿元，同比上海张江国家数字出版基地、江苏国家数字出版基地营业收入相差超150亿以上。

另外，虽然"重庆北部新区国家数字出版基地"、环渤海地区的"天津国家数字出版基地"的最大特色都是打造"云计算"模式，但天津国家数字出版基地在发展过程中依然有所不同，天津国家数字出版基地于2011年4月，中启创集团与天

① 陈雅，李文文. "十二五"时期江苏省数字出版发展模式研究[J]. 淮阴师范学院学报哲学社会科学版，2013(2)：259-260.

② 陈雅，李文文. "十二五"时期江苏省数字出版发展模式研究[J]. 淮阴师范学院学报哲学社会科学版，2013(2)：259-260.

津空港政府签署云计算数据中心合作协议，成立启云科技，建设、运营国内第一家数字出版云计算中心，并建设了数字版权交易中心和"天下出版网"网络平台，重点发展书刊出版、动漫、游戏、数字音乐、软件开发、网络原创等重点领域，同时，也加大对基地发展过程中薄弱环节的支持力度，如加大力度打造与数字出版相关的品牌产品。

（三）"一体两翼"发展模式

"一体两翼"发展模式主要是国家数字出版基地按照"一个基地，多个园区"的模式，打造各具特色的差异化发展的数字出版产业集群。目前，在 14 家已审批的国家数字出版基地中，江苏南京国家数字出版基地、安徽国家数字出版基地、广东广州国家数字出版基地、海峡国家数字出版基地 4 家从战略上设计了"一基地，多园区""一体两翼，差异发展"的国家数字出版基地发展模式。具体阐释见表 8-5 所示。

表 8-5　国家数字出版基地"一体两翼"发展模式

名称	运作思路
江苏南京国家数字出版基地	多园区运作，走产业集群发展之路
安徽国家数字出版基地	按照一个基地两个园区(即合肥园区、芜湖园区)的模式，打造各具特色的差异化发展、重点打造电子图书、数字报刊、网络动漫、手机出版、数字教育等产业的数字出版产业集群
广东广州国家数字出版基地	以广州为核心，采取"一个中心、多园区"建设方式，以"择优定点"竞投招标"试点先行、重金扶持、限期试验、先试后推"的运作方式，重点实施"八大核心工程"，自主创新的数字出版技术领先全国已经成为"数字广东"建设中突出的亮点
海峡国家数字出版基地	海峡国家数字出版基地将对接两岸数字出版产业资源，形成上连长三角、下通珠三角、辐射中西部的沿海数字出版产业带。采用园中园的模式，实行管理主体、运营主体、生产主体、服务机构四位一体的运营模式。发展为集原创、研发、生产、孵化、培训、交易、运营为一体的具有闽台特色的综合性数字出版产业基地

　　长三角第三个国家数字出版基地、全国第 9 个国家数字出版基地——江苏国家数字出版基地于 2011 年 7 月底正式成立，是南京市"十二五"文化产业重点基地项目，基地倚靠江苏省现有实际资源，如中国(南京)软件谷资源，"立足江苏省及南京市文化产业特点，坚持'差异创建、错位发展'，打造'两优两新'建设特色，即：集中优势资源、优势企业，体现新技术、新方式"①。同时，本着"不求最快，只求最稳"的发展理念，努力抢占数字出版发展高地。

　　江苏国家数字出版基地产业总体发展规划是，"按照'一体两翼'的总体布局、'一个基地、多个园区'的整体规划，以江苏省雨花经济开发区为基础，依托凤凰出版传媒集团和新华日报报业集团、南京日报报业集团等南京地区的新闻出版的内容资源，借助众多高校、科研院所的技术和人才资源，聚集民营文化创意企业和各类数字出版企业，并发挥无锡、苏州、扬州等地的区域、产业优势，形成全省性、跨区域的整体发展格局，形成差异化、特色化产业集群，推动新闻出版产业的升级转型，发展新闻出版新兴业态"②。江苏国家数字出版基地构建是"一体两翼"的组成模式，以南京为核心、一体，无锡园区、苏州园区作为一侧翼，扬州园区、镇江园区作为另一侧翼，各大园区各自打造重点发展领域，如表 8-6 所示。

表 8-6　江苏国家数字出版基地多园区分布

分区名称	特色优势
南京雨花经济开发区基地	南京雨花经济开发区依托南京大学、南京理工大学的教育资源，打造产学研基地，将实施传统出版数字化转型工程，支持传统新闻出版企业进行数字化、网络化转型。在电子报纸、手机报、新闻网站、城市多媒体终端等载体的基础上，通过与平板电脑、智能手机、电子阅览器等客户端的结合，研发各类数字报纸出版平台

---

　　①　搜狐资讯. 文化与科技交融的新天地[EB/OL]. [2013-11-20]. http://roll.sohu.com/20131120/n390431288.shtml.

　　②　陈雅，李文文. "十二五"时期江苏省数字出版发展模式研究[J]. 淮阴师范学院学报哲学社会科学版，2013(2)：259-260.

分区名称	特色优势
无锡太湖园区	无锡园区最大特色是发展物联网、动漫产业两大主要领域，两大领域在全国都处于领先地位
苏州阳澄湖园区	苏州园区最大特色是发展游戏、电子图书等领域，其中游戏产业较为发达，园区整合苏州地区和周边上海地区的资源优势，将园区打造为游戏研发基地以及一个游戏后期制作的综合服务平台
扬州瘦西湖园区	扬州园区以川奇光电电子纸核心技术为龙头，在扩大产能的基础上，积极联合网络运营商、内容提供商，打造电子阅读器、数字读物出版、数字内容服务"三位一体"的电子书城
镇江园区	镇江园区是江苏数字出版基地的延伸园区，镇江园区拟创建的镇江园区将以"一园区，双引擎"的形式，整合润州、句容两个基地资源，形成各具特色、资源共享、规模竞争、差异化发展的园区特征

广东国家数字出版基地同样采取"一中心、多园区"的发展模式，以广州、深圳为核心，逐一建设广州天河园区、广州东圃园区、深圳前海园区、佛山园区等四大园区，凭借技术、地理位置、基地融合、联合会合作共赢等资源优势，着力将广东打造成数字出版的龙头企业，并使广东国家数字出版基地在全国范围内形成强大的影响力。

综上所述，全国各省在数字出版基地建设之路上都立足于差异化定位、集群化发展，经过几年时间，初见成效，使我国数字出版完成了从点到线到面的三级跨越，形成立体化发展格局。截至目前，国家数字出版基地发展格局与 2011 年 9 月《数字出版"十二五"时期发展规划》基本吻合，建设了 14 家功能各异、重点突出的数字出版产业基地，这些基地分布于华东、华南、华中、华北、东北、西北、西南等全国各个区域，但国家数字出版基地分布格局依然存在不平衡性，存在数量和质量上的显著地域差异，从数量层面来看，华东地区最多，有 7 家国家数字出版基地，拥有的数量占全国国家数字出版基地的 50%，华南、华北、西北、西南相对较少，总共仅有 7 家。这种情况下，国家数字出版基地会形成不平衡发展，从而也会衍生出一系列问题，例如，华东地区对人才、资源、市场等的抢夺与竞争，形成新的区域壁垒。

国家数字出版基地总体发展项目基本上都包括数字图书、数字报刊、互联网出版、手机出版、数据库出版、按需出版和数字印刷、跨媒体复合出版等方面。在这几年发展中，各基地在引进重点企业、实施重大项目、研发重大技术、开发重点产品、孵化辐射等方面都进行了大量开拓性工作。在发展过程中，研发重大技术、开发重点产品、孵化辐射等方面仍存在很大的发展空间。在未来发展之上，将继续推动国家数字出版产业基地建设与发展，逐步形成政策引导、重点扶持、项目带动、孵化辐射的数字出版产业发展新格局。

第二节 国家数字出版基地管理模式

国家数字出版基地不仅是一个文化性质的基地，而且涉及管理，文化内容是基地运营的前提，管理是基地发展的保障。文化性质和管理紧紧围绕着发展数字文化产业，将其作为工作重心。由于国家数字出版基地所在区域、层次不尽相同，因此在管理模式方面也并不完全一致。纵观 14 家国家数字出版基地，各基地在管理模式上仍处在积极探索的阶段，目前，其管理模式大致可分为行政主导型、"公司制"以及混合型三大类型。

一、行政主导的事业型管理模式

（一）行政主导的事业型管理模式的涵义

国家数字出版基地采用行政主导的事业型管理模式，这种模式又包含两种形式：第一种是分权制管理模式，如图 8-3 所示。由国家新闻出版总署、地方新闻出版局、地方政府组成三大管理主体，三大管理主体构成一个管理生态圈，管理主体之间权力相互制衡，各司其职，又通力合作，做到环环相扣、无缝衔接。第二种是由国家新闻出版总署、地方新闻出版局、地方政府构成三大管理主体，管理主体之间会组建管理委员会对基地进行统一指挥和下达命令，属于政府派出机构，如图 8-4 所示。事实上，两种管理模式性质上都是属于行政主导的事业型管理模式。从管理机制上来看，第二种类型的行政主导的事业型管理模式更加完善，所有机构最后还是要集中到一个管理机构，即管理委员会，这样有利于统一管理与分配日常事务及资源。第一种类型的行政主导的事业型管理模式在具体工作运作中，管理上的协调性不够，工作效率不高，不利于日常事务的管理。

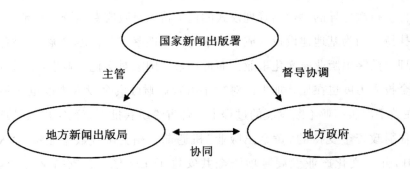

图 8-3　国家数字出版基地分权制管理模式

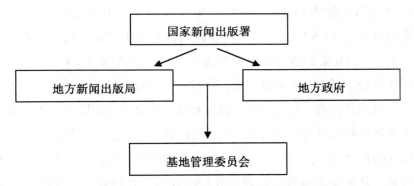

图 8-4　国家数字出版基地管理委员会管理模式

目前，行政主导型的事业型管理模式被上海张江、江苏等国家数字出版基地广泛运用，例如，以上海市张江国家数字出版基地为例，其"采用的是'管理三分离'的制度，即由中国新闻出版总署、上海市新闻出版局和浦东区政府担任管理主体"①，管理主体对基地依法监管，并提供政策支持、营造良好发展环境，另外，以江苏国家数字出版基地为例，其管理模式实由新闻出版局和当地政府共同建立园区的管理委员会，随即园区的管理委员会对基地进行管理。

---

① 上海张江国家数字出版基地 借先行优势创示范园区[N]. 出版商务周报，2012-03-05.

（二）行政主导的事业型管理模式的特点

行政主导的事业型管理模式能够有效运作起来很重要的前提条件就是政策扶持。当然，"政府扶持"也是目前全国各省所有国家数字出版基地建设与发展的前提条件。行政主导的事业型管理模式的首个特点是政府专项资金及地方政府产业基金扶持。因为基地建设投入成本非常高，基地落成后，需要庞大的资金对其进行管理，数字出版业属文化事业，而近年来，国家对文化产业发展支持的各类财政资金投入力度也在显著加大，对数字出版业财政资金投入力度也在不断"升温"。在数字出版产业不断发展的过程中，各省纷纷获批国家数字出版基地项目，紧紧抓住财政资金支持的"黄金出版业"机遇期。相关调查数据显示，"从 2008 年到 2014 年，文化产业发展专项资金共安排了 192 亿元，支持文化产业项目 3300 多个。其中支持新闻出版业 75.4 亿元，占资金总量的 39.3%；项目数量是 1107 个，占项目总数的 33.5%。从 2011 年到 2014 年，中央文化企业国有资本经营预算共安排资金 30.6 亿元。其中支持新闻出版业 19.78 亿元，占资金总量的 64.6%。下一步，还要加强与各级财政部门、宣传文化部门、企业的沟通协调，把这项工作做精、做细，对重点领域、重点项目要重点投入。同时要完善财政投入方式，通过项目补助、贴息贷款、保费补贴、绩效奖励等措施，更好地与新闻出版改革发展项目库进行有效对接，实现财政政策、产业政策与企业需求的有机衔接"[1]。同时，在基地后期运营过程中，依然需要庞大的资金支持，政府财政支持也有利于基地稳定运行。行政主导的事业型管理模式第二个特点则是以企业、用户需求为出发点和落脚点。尽管事业型管理模式一定程度上依托于政府资金支持，从政府角度来说，文化产业必须满足广大人民群众的基本文化需求；从基地运营发展来看，强调以企业、用户需求为出发点和落脚点依然显得尤其重要，因为用户是基地发展过程中极具市场竞争力的因素，用户的存在不仅仅印证了基地正在供其所需，而且表明基地发展较为稳定与突出，从而也能保证基地稳定健康的发展，并逐渐在数字出版产业占领较好的市场地位。

另外，为了使国家数字出版基地能得到长远发展，事业型管理模式要求管理主体一方面要合理科学的使用基地建设经费，另一方面要从目前的经济形势出

---

① 中央财政五举措力推出版业转型发展[N]. 中国财经报网，2015-04-30.

发，进行科学的设计与规划，发挥基地的产业效应。

(三)行政主导的事业型管理模式的优缺点

国家数字出版基地在管理过中，无论是分权制的事业管理模式还是管理委员会的事业管理模式，其管理模式依然存在一定的优缺点，优点主要体现在两个方面：第一，各管理部门的信息沟通顺畅，管理三分离有利于权力的制衡；第二，由政府统一管理，统一协调，有利于资源、信息的共享，使得基地的任务和目标更加明确，提高基地发展效益，降低了工作成本。另外，缺点主要体现在两个方面：第一，管理效率低，如对基地相关问题的管理决策，必须通过多次反复讨论，最终才能得出一致性意见，并做出相关决策，经过以上管理程序表明，基地管理效率较低，决策迟缓，并且为达成一致性意见，决策通常会采用折中的方式，这种方式不利于做出最佳决策；第二，基地管理委员会一般采用的是集体决策的方式，如若决策实施过程中出现偏差，随后也无法明确责任方。

二、企业型管理模式

(一)企业型管理模式的涵义

企业型管理模式是政府授权下的特许经营，一般是由政府或新闻出版总署、省级新闻出版局授权，对企业性质的国家数字出版基地进行管理或监管，即这些企业有的是集合国内外几家从事数字出版的大企业组建理事会，也有的是由几大集团共同出资组建数字出版产业发展有限公司，国家数字出版基地管理由理事会或数字出版产业发展有限公司全权负责经营管理。企业型管理模式如图 8-5 所示。

企业型管理模式下的数字出版产业发展有限公司虽然直属人民政府，但它所经营的资产则是由公司统一管理。公司与省级新闻出版局、新闻出版总署并列，公司的所赋予的权力较大，但同样要承担较多责任公司主要负责基地的市场融资，收费经营等；省级政府、省级新闻出版局、新闻出版总署主要负责对基地进行监管。目前，企业型的管理模式被中南国家数字出版基地予以采用，"中南数

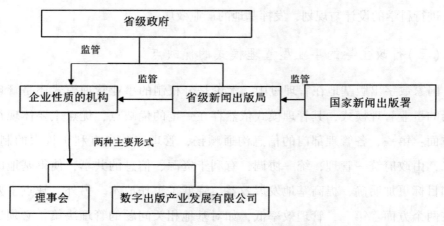

图 8-5　国家数字出版基地企业型管理模式

字基地计划集合国内外几家从事数字出版的大企业组建理事会，成立中南国家数字出版基地投资发展公司，负责园区基地建设管理，招商引资，组建融资担保公司。公司的经营管理、团队要公开招聘，所有者和经营者分离"①。同时，曾准备审批的四川国家数字基地，在产业规划中也提出采用企业型管理模式，即"由几大集团共同出资组建四川数字出版产业发展有限公司，负责基地开发、运营与管理，推进基地各种平台建设和基础设施建设，推进基地规划、物理空间开发、招商引资等"②。

（二）企业型管理模式的特点

"政府扶持"也是目前全国各省所有国家数字出版基地建设与发展的前提条件，但在具体运作过程中，有部分国家数字出版基地脚步迈向了企业型管理模式。

企业型管理模式特点是企业独立管理，政府监管。其特点的存在是由部分因素造成的，或者说其特点存在的逻辑是：为了让国家数字出版基地最大限度地发挥产业效应，同时，为了最大限度地满足用户对数字产品的需求，加大对基地的管理资金和投资建设资金非常有必要，因此，国家数字出版基地发展建设绝大部

---

① 马莹. 六问数字出版基地建设"要害"［N］. 中国图书商报，2011-07-21.
② 马莹. 六问数字出版基地建设"要害"［N］. 中国图书商报，2011-07-21.

分依靠国家投资，在一定程度上给国家财政形成了巨大的压力，也必然带来一定的问题，比如，相关部门的责任互相推卸，以谋取利益的思想出发等，这就会限制国家数字出版基地建设与发展，同样会限制国家数字出版产业发展，为避免此问题的出现，国家政府也采取了有力的发展措施，国家将管理权下放给有实力的公司与企业，国家政府只行使监管权，这些公司与企业不但在财政上给国家减少了压力，而且也给国家数字出版经营公司起到了一定的积极作用。

（三）企业型管理模式的优缺点

在推动文化产业发展及促进经济增长的动力下，企业型管理模式更加符合市场经济发展，但国家数字出版基地采用企业型管理模式存两面性、优缺点。

优点主要体现在以下五个方面。第一，从国家层面来看，它完全符合国家文化产业改革的方向，有利于提高我国经济文化发展水平和社会文玥进步。第二，从盈利层面来看，企业的根本出发点就是获得经济利益，基地采用企业化管理有利于深度挖掘出基地的最大经济效益。第三，从管理手段来看，基地企业化管理手段自主性和灵活性大大提高，增强了基地的自主创新能力，有利于激活基地的活力，从而也可充分调动基地员工的工作积极性。第四，从管理水平来看，基地企业化管理增强了基地员工忧患意识，有利于提高基地的竞争力，从而提高员工的职业素质。第五，从管理效率来看，基地企业化管理会特别注重精简机构，减少人员，降低行政运行成本。

企业型管理模式同样也存在缺点和不足，主要表现在两方面。第一，强调利益至上，规避公益性。企业化管理过程中，基地类似于公司企业，基地投资者进行投资的依据则是利益回报率；而同时，基地作为文化部门，要满足人民群众的文化需求，必须履行文化职能，利益与文化职能存在着悖论。第二，政令下达与执行管理的不协调。基地企业化管理过程中，由于中国文化体制机制的原因，基地依然要受政府部分监管，但为了追求最大利益，政令下达之后，基地在执行过程中未能有效履行，从而容易规避国家利益。

三、探索最优管理模式

目前，已成立的 14 家国家数字出版基地所采用的管理模式并不是最优的管理模式，在具体操作与运作的过程中存在很多弊端，如"在基地管理运营主体方面，虽然各出版基地均有成立基地管理公司的计划或做法，但现实运作中仍问题重重，如有的新闻出版局强调对基地的掌控权、管理权，却尚未成立科技与数字出版处予以针对性管理；有的基地欲建立管理办公室，但是企业属性和事业属性不明确，管理和服务能力跟不上。虽然在管理模式上，各基地无法整齐划一，但是思路上的'混搭'会造成日后的隐患" ①。

经过上文对国家数字出版基地的事业型管理模式和企业型管理模式的探讨，综合分析，笔者尝试探索及总结出一种最佳的国家数字出版基地管理模式，即国家数字出版基地混合型管理模式，如图 8-6 所示。混合型管理模式是指由私营企业和政府共同管理国家数字出版基地，这种管理模式可较好地规避国家数字出版基地事业型管理模式和企业型管理模式存在的问题，不但能缓解政府资金压力，而且有利于实现国家数字出版基地最大效益，推动国家文化产业的高速发展。

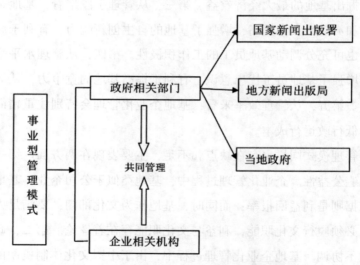

图 8-6　国家数字出版基地混合型管理模式

---

① 马莹. 六问数字出版基地建设"要害"[N]. 中国图书商报，2011-07-21.

第三节　国家数字出版基地经营模式

国家数字出版基地涉及管理，管理是企业经营的前提，管理是指企业内部运作流程，主要为企业在经营过程中利润实现最大化进行合理规划，实现企业资源的有效配置。管理和经营两者相辅相成、关联性强，经营主要针对的是企业对外开展的业务，致力于为管理提供必要的物质基础和良好的规划平台。同理，由于国家数字出版基地所在区域、层次不尽相同，因此在经营模式方面也并不完全一致。纵观 14 家国家数字出版基地，各基地在经营模式上仍处在积极探索的阶段，目前，其经营模式大致可分为公益性经营模式、市场化经营模式。

一、公益性经营模式

党的十七届六中全会提出了建设文化强国的宏伟目标，作为我国文化事业和文化产业的重要组成部分，中国数字出版产业起着至关重要的作用。众所周知，国家数字出版基地大部分是国家或当地政府部门出资扶持兴建，属于国家文化产业。这些基地承担着三个主要目的：首先，满足广大人民群众日益增长的数字化阅读需求。其次，推动先进文化的建设和社会的发展，提升中华民族文化和地方文化形象。最后，推动数字出版实现又快又好发展，增强我国文化软实力和国际竞争力。

审视基地承担的三个主要目的，并综合我国数字出版基地建设背景，国家数字出版基地是在政府领导下的，具有公益性的、非营利的文化事业单位的性质。因此，国家数字出版基地在经营过程中，应该强调其社会效益，以社会效益为主，经济效益和社会效益相统一，两个效益同步增长。但基地在实际经营过程中，其公益性与市场性存在一定的博弈，难以同步实现公益性与市场性的目标。

国家数字出版基地采用公益性经营模式，其优点之处很显然，利国、利民、利社会，使数字出版产业成为文化产业的排头兵。那么，其缺点也是很明显的，如果将基地定义为公益性事业单位，采取公益性运营方式，则需要以"政府投入"为主，财政拨款是基地资金的主要来源，但是目前基地采用此种模式还存在诸多不足。第一，若完全按照公益性经营运作，只强调管理机构的公益性，那么会导致基地的一系列相关服务不到位，与市场脱节，不利于基地的发展。第二，因有政府的财政支持、补贴，员工会出现工作懒散的现象，也会缺乏追求上进的动力。第三，就目前来说，财政政策的跟进存在一定的问题，例如，公益性定位要求基地公益性对外进行产业推广，但政府又没跟进补贴，给基地带来一定困扰。第四，采取公益性的运营模式，过分依赖政府财政拨款，则会加重政府的财政负担。第五，公益性的事业单位性质，由政府部门来管理基地，势必会牵涉政府很多的精力，同时也会混淆政府的职能界限。

二、市场化经营模式

近年来，随着市场经济的不断发展，多家国家数字出版基地在规划及建立之初定位为是市场化运作经营，基地组成理事会、建立数字出版发展公司，其都是政府以及省级新闻出版局下设的，授权或委托管理基地。目前，市场化运作是国家数字出版基地经营管理的主流趋势，建立和完善基地经营制度符合时代的发展要求，也符合现实的实际需要。按照现代企业制度"产权清晰、权责明确、政企分开、管理科学"的要求，设立基地经营公司，该公司在市场经济中要实现自主经营、自负盈亏。这就要求基地按照企业经营模式，不断完善企业的组织架构，完善企业的激励机制和约束机制，完善公司的规章制度，使公司规范化运作，更好地同步实现经济效益。

市场化经营是市场经济条件下的最好选择，但目前我国的市场化经营模式比较粗糙，需要不断完善特许经营，支持基地像企业一样实现自主化经营，尽量发挥国家数字出版基地的经济效益。例如，在国家数字出版基地中，首创公司制运营模式实践的是张江国家数字出版基地，其具体经营管理则是"由上海张江数字出版文化创意产业发展有限公司负责日常运营。基地公司完全采用现代企业法人制度，通过招商引入数字出版企业，并将政府政策、科技服务、金融服务、人才服务等各种资源引入到基地，实现和企业的对接，减少企业发展的成本，加速企业的发展速度，打造完整的数字出版产业链"①。随后，其他国内数字出版基地

① 上海张江国家数字出版基地 借先行优势创示范园区[N]. 出版商务周报，2012-03-05.

纷纷效仿此模式，例如，江苏国家数字出版基地成立江苏国家数字出版基地发展投资有限公司，实施市场化管理。

国家数字出版基地市场化经营模式要求追求利润，然而国家数字出版基地也要求立足文化层面，为广大公众利益服务，追求利润与为广大公众利益服务两者之间存在冲突。例如，以上海张江数字出版基地为例，其运营主体是企业实体的基地公司，必然以追求利润为目标。而基地公司绝大部分的业务是推进基地建设、产业发展等公共服务，直接导致基地的整体发展得越来越大、越来越好，但是基地公司自身未有直接受益，日常运营、扩充发展等受到制约，不能很好地适应基地快速发展的局面。

三、公益性定位、市场化经营模式

数字出版业是我国文化产业的重要组成部分，如何对基地进行经营，不仅直接关系到基地的生存发展，还关系到当地人们的文化生活能否得到满足。同时，对国家文化经济发展也起着至关重要的作用。总体来看，目前我国数字出版基地经营管理模式还处于探索阶段，基于以上对公益性经营模式、市场化经营模式的探讨，总结出两种模式都存在明显的优缺点，结合目前的实际运作情况，提出一条有效的、切实可行的国家数字出版基地经营管理之路。

综合上述分析，国家数字出版基地经营方式须兼顾公益性和市场性经营方式，做到公益性定位、市场化经营模式，避免公益性和市场性定位两者的冲突，致力于做到两者统一发展，这样才能更加有效地管理基地运作。在基地经营过程中引入市场化的创新机制，以适应市场经济的发展。

就目前而言，多家国家数字出版基地管理过程中建立了公司，但在权衡公益性和市场性时，时常有矛盾。对此，可以从三个方面着手。第一，自营的管理公司坚持为基地服务的理念，做好基础设施建设、招商引资、园区空间开发等，这是基地管理公司的首要职能、不可偏废。第二，政府出台针对性扶持政策，对基地管理公司施行一定的补贴、扶持和补助，解放其基本运营成本的部分负担，对管理公司的稳定发展给予基本的保障。第三，管理公司必须提升自身"造血"功能，实现大比例的开源创收才是最终目标。如收取增值服务费、将自有资产以股份参与入驻企业的营收分红等，管理公司再将创收所得反哺基地的公共建设，从而走上真正意义上的良性循环发展道路。

第四节　国家数字出版基地盈利方式

数字出版产业是国民经济和社会信息化的重要组成部分，同时，国家数字出版基地处于数字出版产业链条中的一环，其发展好与坏也直接关乎国民经济发展。纵观国家数字出版基地的发展，大多数运营状况甚好，产生了良好经济效益，初步形成了一套较有效的盈利模式。尽管国家数字出版基地采用的是行政主导的事业管理模式、公益性的经营模式，但就目前而言，国家数字出版基地盈利模式依然有待探索。因此，对国家数字出版基地盈利模式尤其是较为成功的盈利模式进行探索与分析，有利于从中发现问题，及时解决基地的经营问题，也有助于国家数字出版基地的发展。

盈利模式指企业通过嗅察、组织具有盈利机会的商业要素，寻求出利润来源、生产销售价值链的系统方法。盈利模式实际上就是企业获利的方式，也有人直接将盈利等同于利润，也有人指出盈利首先表现的是利润，其次还包括其他延伸方面，如品牌效应、知名度、良好的客户关系等，这些方面在相关因素或条件下，会转化成利润。

另外，也有学者提出，一个好的盈利模式肯定具备四个基本要素："盈利的对象、盈利的措施、盈利的增长点和盈利的屏障。"目前，几乎所有的营利性机构的盈利模式都包含这些要素的不同形式的组合。基于以上四个基本因素，可搭建出国家数字出版基地盈利模式的框架，如图 8-7 所示。

一、盈利对象

国家数字出版基地主要是为上、中、下游企业提供开放、便捷、通畅的销售市场，按照上、中、下游企业归属性质来说，其主要盈利对象包括"数字内容提供商、数字出版商、数字技术支持商、网络服务运营商、数字内容销售商"等。如表 8-7 所示。

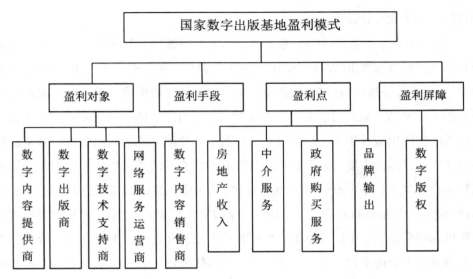

图 8-7　国家数字出版基地盈利模式框架图

表 8-7　国家数字出版基地盈利对象分析图

产业链构成	主体	主要代表性企业				收入来源
上游	数字内容提商	出版社、报社、期刊杂志社、唱片公司等	手机 CP、SP 游戏开发商	原创文学网站		数字内容销售
中游	数字内容出版商 数字技术支持商 网络服务运营商	互联网期刊出版商、电子书出版商等：方正/超星、书生、万方/知网	中国移动 中国电信等运营商	搜索引擎网站读书频道、音乐频道等		收费下载、阅读、广告等
下游	数字内容销售商	数字图书馆、网上电子书店：当当、卓越等网上销售平台	书店、发行集团等传统分销商	报刊亭、超市等传统零售商		批发折扣

具体阐释如下：国家数字出版基地统一做数字出版的产业规划，形成数字生产链，不断协调各企业间的管理，形成整个数字出版基地内容生产、运营平台、内容销售等流程的协同，最大限度地发挥国家数字出版基地整体竞争优势。同时，也便于管理基地内部各中小企业，使整个基地供应链趋于和谐合作，业务流

程也因此标准化和快捷化。

（1）国家数字出版基地的上游主要是数字出版领域的数字内容提供商，主要包括传统出版领域的出版社、报社、期刊杂志社、唱片公司和手机内容提供商（CP）、手机服务提供商（SP）、游戏开发商，以及红袖添香、榕树下、起点中文等原创文学网站。但就目前来说，多家国家数字出版基地上游企业中拥有丰富内容资源的传统出版社很少，出现这种情况的主要原因是传统的出版社对数字出版还存在较为排斥的态度，并分析出自身没有形成有利的盈利模式，利润则被渠道商和平台商拿走，未占有一席之地。对此，华中国家数字出版基地负责人认为，基地"应该以新闻出版业为主"；天津国家数字出版基地负责人基于传统出版业不积极的问题提出一个解决方案："创建一个天下出版网，为所有的出版社建设一个做数字出版的平台，而且免费提供。"①总体来说，数字出版产业链上游企业拥有大量资源，但较同时缺乏先进的数字化技术制作手段、缺乏资金支持的渠道。

（2）国家数字出版基地的中游主要有三个盈利对象分支：一是以互联网期刊出版商、电子书出版商为主的数字内容出版商；二是以为搜索引擎、网站读书频道、音乐频道为主的数字支持技术商；三是以中国移动、中国电信、中国联通为主的网络服务运营商。例如，上海张江国家数字出版基地的企业中，包括上海方正数字出版技术有限公司、百度、世纪创荣、中文在线、盛大、点击书、易狄欧等技术提供商。

（3）国家数字出版基地的下游主要是数字内容销售商，主要包括当当、卓越等网上销售平台，书店、发行集团等传统分销商，报刊亭、超市等传统零售商。

二、盈利手段

（一）内容生产

内容生产是国家数字出版基地重要的盈利手段之一。国家数字出版基地入驻的传统出版社、报社、期刊杂志社、唱片公司、网络文学网站、动漫游戏企业向全球用户生产电子图书、数字报纸、数字期刊、网络原创文学、网络教育出版、

---

① 马莹. 六问数字出版基地建设"要害"［N］. 中国图书商报，2011-07-08（001）.

网络地图、数字音乐、网络动漫、网络游戏、数据库出版、手机出版等数字出版内容。目前，国家数字出版基地运营过程中表明，各基地重点生产的内容产品出现重复现象，例如，互联网出版、手机出版、网络游戏、动漫、影视等数字出版内容的生产已然成为国家数字出版基地的标配。数字出版的内容生产盈利手段主要是通过数字内容收费下载，如收费阅读、收费收看、收费收听等；广告盈利必须建立在拥有足够人气的平台之上，如网站、数字电视等。

（二）技术研发

多家国家数字出版基地要在数字出版发展中脱颖而出，少不了要具有数字自主创新技术，较之传统内容生产能力，数字技术研发能力对数字出版基地的发展起着至关重要的作用。在数字化出版背景下，"更需依托知识和技术创新，彰显知识密集型和高新技术型的产业特点，知识和技术创新的一个重要来源就是数字企业的研发能力，加强产学研协作或自主独立创新是有效的解决途径"①。例如，近年来，青岛国家数字出版基地建设过程中，拥有五大优势，分别是终端产品优势、文化资源优势、地理区位优势、产业基础优势和园区建设优势。并且入驻了一大批拥有雄厚技术力量、研发力量的大型数字出版终端产品研发企业，如海尔、海信等，同时，与传统出版单位、传统制造业企业、技术创新企业通力合作，搭建内容投送平台，研发前沿的数字出版技术，为青岛国家数字出版基地提供数字内容转换、数据压缩等技术服务，提高基地企业在数字出版领域的研发能力和市场化水平，从而使其技术服务辐射全国其他基地及基地内众多企业。

（三）平台服务

国家数字出版基地的平台服务是下游企业非常重要的盈利手段，平台服务主要包括两个层面：数字内容销售平台和基础服务平台。数字内容销售平台包括线上的电子商务平台、线下的实体销售平台、策划创意与营销平台、多种媒体出版平台、数字出版结算平台等，电子商务平台通过销售产品或服务，或者作为交易平台收取服务费为盈利手段，例如，杭州打造了中国移动手机阅读基地、中国电

---

① 肖洋. 我国数字出版产业发展战略研究——基于产业结构、区域、阶段的视角[D]. 南京：南京大学，2009.

信天翼阅读基地、华数数字电视公司三大数字出版内容投送平台。另外，基础服务平台包括版权交易、研发与人才培训平台、投融资平台、创业孵化平台、国际合作平台等。

（四）辅助服务设施

辅助服务设施对于任何性质的基地都是非常重要的一个组成部分，国家数字出版基地也不例外。辅助服务设施属于基地公共服务功能，基地公共服务功能是衡量基地质量的重要指标之一。

辅助服务设施能够充分协调好基地、入驻企业、用户三者之间的关系。其服务设施配置直接影响基地的发展水平，属于基地后勤保障范围，包括住宿、餐饮、娱乐场所、停车场等。做好基地内的服务设施建设，从而便利了工作人员的日常工作生活，有助于吸引更多的企业入驻，例如，重庆国家数字出版基地规划建设一体化便捷的基础服务设施，具备餐饮、购物、会务、教育、文体等功能的办公生活设施环境；从长远发展的角度，建设满足固定生活圈的房地产项目、银行、医疗、邮局等商贸服务区；而且充分考虑公共交通、高速环线、地铁轨道等的选址，以便园区工作人员快速抵达市内主要商务生活圈。

三、盈利的增长点

目前，国家数字出版基地的建设来看，前期投资大，如西安国家数字出版基地建设之初投资30亿，但盈利途径相对有限。具体概括起来主要包括以下五个方面：房地产收入、中介服务、政府购买服务、品牌输出、投资收益，如图8-8所示。

（一）房地产收入

上海张江国家数字出版基地的资金来源主要有两个方面：政府的资金投入、入驻企业所缴纳的租金。因此，入驻企业所缴纳的房租租金以及基地其他房产获得房地产收入是基地重要的盈利手段，有利于基地健康有序的发展。

（1）房屋租赁费用。目前，出版基地布局较偏重地产运作。在国家政策大力支持之下，各省基地通过数字出版土地审批的政策途径，各基地用地较多，少则

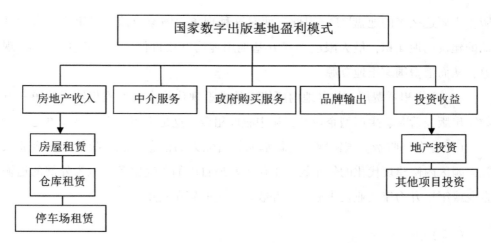

图 8-8　国家数字出版基地盈利模式示意图

几十亩，多则上百亩及以上，例如陕西数字出版产业基地占地面积约 800 亩。这种情况下，基地拥有了丰富的房屋资源，可以通过房屋租赁来获得资金。房屋租赁费用主要包括企业办公区和综合服务区的房屋租金，各省国家数字出版基地会将房产全部出租给企业用于办公，并收取房屋租金，例如，2014 年 2 月，国内数字出版"大佬"北京中文在线数字出版股份有限公司(以下简称"中文在线")入驻华中国家数字出版基地。按照协议，前期投资在 1 亿元左右，中文在线将购买 5000 平方米左右的办公用地，以打造中部地区最大的数字出版企业总部，北京国家数字出版基地将采用一区多园的形式建设，规划面积超过 3.6 平方公里。综合服务区通过招商吸引一部分餐饮、娱乐、购物的服务提供商入驻，并收取租金。

同时，据部分国家数字出版基地负责人透露，一般情况下，一些较大型、有影响力的企业入驻，基地会给予免费入驻的政策，不收取房屋租赁费，采用这种政策意图在于让这样的企业来扩大基地的影响力，发挥有影响力企业的品牌效应：一是可以吸引更多企业的入驻；二是可以吸引更多用户的眼球。

当然，值得指出的是，房屋租赁获取利润对基地发展至关重要，但多省基地想通过数字出版土地审批等方面的便利条件进行地产运作，反而导致了基地资源的浪费。有研究者发现，出版确实实现了编、印、发的数字化，但是"与传统出版业态需要出版大楼、印刷大楼、发行大楼、物流库房、零售网点相比，数字出版不需要这么多的地盘"①。因此，面对这种现象，国家应该严格审查、审批基地的建设用地面积，最大限度地提升基地用地的利用价值，避免产生"圈地"现象，从而浪费国家土地资源。

（2）仓库租赁费用。将基地内所修建的大型现代化仓储设施租给一些第三方数字出版经营商、生产型企业等，从中收取租金，这是出租收人主要来源之一。

（3）停车场收费。国家数字出版基地凭借强大的信息功能，吸引众多企业入驻，园区内修建现代化的停车场，不仅为基地自由的车辆服务，也为外部的运输企业或第三方物流企业提供服务，并收取一定的停车费用。

（二）中介服务

国家数字出版基地的服务费用方面的收入，主要来源于三个方面。

（1）融资中介费用。基地通过与当地银行合作，为企业提供质押贷款的金融服务，并从中收取中介费用。

（2）培训服务费。利用基地运作的成功经验及相关的数字出版发展资讯优势，开展数字出版人才培训业务，并从中收取培训费用。

（3）其他管理费用。包括物业管理费等其他费用。

（三）政府购买服务

自"十一五"期间提出要建设国家数字出版基地以来，国家加大对数字出版产业投入力度，"政府购买服务"是政府财政投入的一种重要手段，党的十八大强调，要加强和创新社会管理，改进政府提供公共服务方式。新一届国务院对进一步转变政府职能、改善公共服务作出了重大部署，明确要求在公共服务领域更多利用社会力量，加大政府购买服务力度。政府购买服务通常是围绕政府所承担的公共服务职能而展开。"从地方实践到顶层设计，政府购买服务已成为处理政府与市场、政府与社会关系的重要工具。在这股改革浪潮中，政府采购积极参与，并寻找着涅槃的机遇。"②政府购买服务采购品目中包括为文化、体育、娱乐

---

① 李南.一周观点：撒豆成兵的数字出版基地[N].出版商务周报，2011-07-04.
② 政府购买服务：改革进入"破冰期"——全国31省市自治区政府购买服务工作梳理[N].中国政府采购报，2014-03-28.

服务等。"政府向社会力量购买服务的内容为适合采取市场化方式提供、社会力量能够承担的公共服务,突出公共性和公益性。教育、就业、社保、医疗卫生、住房保障、文化体育及残疾人服务等基本公共服务领域,要逐步加大政府向社会力量购买服务的力度。"①

(四)品牌输出

我国部分国家数字出版基地明确发展核心与重点,走差异化、特色化道路,打造基地的特色品牌。国家数字出版基地发展过程中都将"围绕重点企业的引进,重大工程的实施,重要技术的研发,重大项目的突破,重点产品的开发,从而推动基地的发展"②。要实现品牌输出,必然先打造品牌,这是基地利用品牌价值挖掘出来的新的盈利增长高点。例如,上海张江国家数字出版基地在终端方面打造了极具竞争力的两大品牌产品,一是"辞海悦读器",二是"亦墨",2010 年两大品牌产品销售收入均超过 4000 万元;在平台方面,打造了三大品牌,即以精品文化内容为主的"辞海天下",图书种类丰富的网上"新华 E 店",网络原创文学出版的"云中书城"。

(五)投资收益

国家数字出版基地投资收益主要来源于地产投资、其他项目投资,地产投资主要是指楼宇设施及其建设费用、土地购置成本等,对于基地投资者来说,可从地产增值中获取巨大收益。目前,14 家国家数字出版基地所在地都位于所在省份经济发达地域,一般是在省会城市。随着基地完成初期基础设施建设并逐步投入使用后,地价将有一定幅度的升值;到基地建设全部完成并正式运营时,还将有上涨空间。其他项目投资主要是指数字出版设备费用、主要信息系统软件。随着国家数字出版基地建设完成、投入运营后,基本投资者则可从这些固定投资中获取收益。

---

① 国务院办公厅关于政府向社会力量购买服务的指导意见国办发〔2013〕96 号〔EB/OL〕.〔2014-12-27〕. http://www.gov.cn.

② 周克勇. 数字出版基地怎么"推"品牌"扶"发展〔EB/OL〕. 中国新闻出版网.〔2014-01-27〕. http://data.chinaxwcb.com/epaper/2011/2011-07-21/12625.html.

四、盈利屏障

所谓盈利屏障，是指企业在为防止其他竞争者掠夺其利润方面具备的优势或采取措施。基地盈利屏障即基地为了防止其他基地的竞争，占领市场，或者能在基地中独占鳌头，基地本身具备的优势或采取的措施。各省国家数字出版基地，版权保护这种模式将会对数字出版行业及其他省份的数字出版基地都产生重要影响。例如，上海张江、青岛国家数字出版基地都非常重视版权保护。近年来，在数字出版行业出现了较为频繁的版权侵权的问题，尤其数字版权方面的问题更加突出，如百度文库等近年来频发版权纠纷案件，这一方面体现数字内容交流平台和数字出版传播的从业者的版权保护意识淡薄，另一方面也反映了国内数字内容消费群体长久以来把数字作品视为免费资源，漠视或一定程度抵制数字内容产品的版权利益。

全国各家国家数字出版基地为了保护基地利益不被他人所侵犯、掠夺，主要通过版本保护、服务、运营等手段，对全国各家数字出版基地都带来了重要影响。例如，"自 2009 年起，张江国家数字出版基地在上海市版权局的指导下，开始建设作品版权登记保护应用平台，旨在实现数字作品的登记、保护和检索功能，为数字作品的确权和维权提供保障"①。但总体来说，数字出版管理模式、防伪保护和版权保护等问题尚未解决，有待进一步完善。

我国国家级数字出版基地在规划之初就肩负着成为数字航母、破浪互联网之海的使命，聚集文化与科技的优势资源、融合内容创意与互联网技术，部署和引导产业的区域布局，衔接不同的行业领域跨界组合产业链，推进产学研一体的协同创新、降低企业个体的创新风险，打造上下游同领域优势互补的竞合机制、由直接竞争转化为合作共赢，进而构建以数字出版基地为航母编制的市场战斗集群。同时，必须注意的是，国家数字出版基地有着鲜明的政府主导色彩，是国家意志明确指引与扶持特定行业发展的体现。因此，在国家数字出版基地在发展过程中，要始终围绕政府各部门出台的规划及指导性意见，在文化引领、思想传播、经济产出等方面紧密扣合国家的各项目标要求，极大激活与释放我国文化出版领域的深层潜力，以此来助力新时代中华民族伟大复兴的新征程。

---

①　邹韧. 张江国家数字出版基地 服务文化科技企业[N]. 中国新闻出版网/报，2014-08-20.

第九章　中国数字出版发展趋势

　　新兴媒体日益蓬勃的发展已从底层改变着出版界生态，其以技术驱动的全新业态推动着数字出版不断发展，大数据、云出版、HTML5、复合出版、增强型阅读等大量科技已从理念成为实用技术，这些技术在未来将成为数字出版的主流。互联网也已经由单纯的技术演变为社会基因融入世界各个领域，"互联网+"从国家战略层面为数字出版指出未来的产业转型方向，产业融合、互联网思维商业模式、IP运营、产业链整合将是数字出版产业未来着力的重点。为进一步提高出版业在信息化条件下的影响力传播力和竞争实力，推动出版业更好更快发展，新闻出版广电总局、财政部联合印发《关于推动传统出版和新兴出版融合发展的指导意见》，提出了创新内容生产和服务、加强重点平台建设、扩展内容传播渠道、拓展新技术新业态、完善经营管理机制和发挥市场机制作用等六项推动融合发展的重点任务。可以看出，政府对出版领域新时期的发展投入更多的关注，也将出台更有利于外部环境改善的系列政策法规和指导性意见。技术的创新应用、产业转型的提速升级和外部环境的良性孵化为数字出版开启出前景无限、潜力无穷的未来。

第一节　科技创新数字出版技术

　　科学技术无疑是数字出版前行发展的原初动力，创新技术不仅仅是一种应用工具，它已经成引发产业革新的不可抗拒力。数字出版企业不管是主动还是被动，都将被席卷到以技术驱动为核心的生产大变革中。关注技术前沿、积极投入实用将是数字出版的内容提供商、平台服务提供商、技术提供商、运营服务提供商、渠道服务商、终端提供商和版权增值服务商等占据市场先机的重要策略。数字出版各产业链也会在技术的推动下呈现出惊人的市场爆发力，进而带动整个数字出版的全新发展。

一、大数据聚合出版服务

自 2009 年大数据的概念在互联网技术行业兴起，其后日渐受到各行各业高度关注，至今已经成为世界范围内市场和技术领域的高频热词。大数据从基于云计算的技术概念，已经发展为重构任何行业的原动力，大数据所展现出的用户需求挖掘、预测分析和精准营销等无比强大可靠的功能，同样吸引着出版领域。2014 年后出版行业对大数据概念的理解更为深入，一些出版机构已开始试水大数据应用。而 2016 年被业内称为真正意义的元年，大数据走上规模化的商用、民用。由此，相续延伸出人工智能、区块链等技术与应用市场。

大数据的前提是拥有海量数据，对于出版行业而言，首先要数据化现有传统 ERP（企业资源）数据，包括选题数据、销售数据、发行数据等，将其整理后录入数据系统。但传统出版数据缺乏系统性和细致性，此外读者的阅读行为数据更是空白。传统出版物要想得知详细的市场和用户情况，只能通过实地调研和问卷调查，其成本往往令出版机构望而却步，而数字出版凭借其先进的技术手段和方法，获知的信息既全面细致，又简便低耗。因此，出版机构要形成海量数据，必须走全面数字化的道路。首先要做的就是开辟数字出版平台，建设具备用户信息接口的网上书城和移动书城，由此积累海量的用户个人信息、行为信息以及市场信息。在此基础上集合大数据的内容智能化生产、精准推送、问题解决系统等知识服务功能。大数据可为数字出版提供以下几个重要助力。

（一）智能化生产内容

通过对用户个人信息和行为的累积和有效判断，大数据能够汇集的海量资料和大量有价值素材，为出版者和作者解决各类实际问题。如基于用户阅读行为和偏好的分析，出版机构和作者可以做出最具市场价值的选题判断，创作出最能吸引读者的内容。此外，在大数据平台上高效的数据聚合、分析功能会在系统内自动生成最佳策划方案和市场预测方案，实现内容生产的自动化、智能化。

在大数据背景下，大量零散具有长尾效应的小众出版需求被日益看重，这些曾被传统出版业忽略且在数字时代极具商业价值的市场，凭借大数据技术结合电商平台、众筹、按需出版等新的销售模式，将给出版内容产业带来新的繁荣。庞大的互联网用户每分每秒都在产生大量的数据信息，如何利用这些数据，利用这些普通用户生产出来的内容更显得尤为重要。对此，中国音像与数字出版协会副秘书长王勤表示："大数据环境下，用户产生资源，应该是受市场驱动，阅读行为引领，关键在于如何聚合优质资源。所谓的优质资源可能不再是出版物，不是意见领袖写的东西，可能是来自'草根'创作的有瑕疵的东西。如何把这些资源提纯，并形成优质的内容是编辑需要加工的地方。"而基于大数据分析技术，能够将一般性资源变成优质资源，将传统的编、印、发模式变革为快速智能化的资源进化和内容生产。

(二)精准推送专属内容

数字阅读产品开发者通过嵌入 SDK（Software Development Kit，软件开发工具包）中的标签应用，为用户在阅读终端的所有行为打上标签，除了性别、家庭情况、地理位置等基本标签，还包括阅读时间、地点，阅读页面、页面停留时间等信息，都可以通过大数据技术精准获取，由此掌握读者的阅读行为趋势和偏好。如，如多看阅读 3.0 版本、VIVA 畅读等，通过与微博、微信等社交账号相对接，借助实时数据挖掘分析用户属性和阅读行为。更具前景的在于，大数据还可根据读者的历史信息，对其尚未显露的兴趣和行为做出预判，而这种"预测"能力就是大数据最核心、最被看重的功能。

通过用户行为大数据的实证分析，出版机构能精准预测用户的知识需求，准确把握各时期畅销书的确切脉络，并且能将图书精确推送到每一个大数据认定有此需求的用户。而且被推送的内容也是经过智能加工，将原始图书碎片化后根据用户的个性需求和兴趣重组，制作出专门针对单个用户的个性化图书。这一服务在业内被称为专属内容定制，现阶段尽管尚未有成功案例，但不少大型出版机构正在积极探索这一模式，如 2013 年中国知网提出"大数据出版"的概念，实现知网学术期刊的内容资源碎片化，加工成不可切分的知识元，形成网络化的知识元块，以备今后大数据用户模型调用。

（三）提供知识解决方案

中国学术期刊电子杂志社社长、同方知网技术有限公司总经理王明亮认为，在大数据的影响下，生产模式上，数字出版将改变以往以书、文献等为单位的粗放型生产模式，转而形成以知识要素为单位的细粒度、数据化生产模式，强调科研全过程发表，新知识传播，跨学科、跨行业、多角度应用，以及多媒体展现。未来数字阅读将实现从书本、文献阅读向知识要素阅读的重要转变。通过对出版内容、读者多元需求的深入了解和把握，一个个高度浓缩的知识要素将与互联网读者的知识需求紧密结合起来，形成一个大数据研究与学习的国际平台，实现读者、作者的直接交流，推动整个数字出版产业向知识服务型转变。

大数据技术带来新型的阅读形态与知识体系改变人们对"图书"的认知，其将知识、人和解决问题更有效地联系在一起，图书记录的不再是静态、原生的知识，而是动态、发展中的实际问题解决方案。与此同时，大数据也促进出版机构角色"从知识出版者向知识服务者"转变，出版者在大数据系统支撑下，深入挖掘各种用户、读者研究和学习的需求，改变过去单纯以内容增值的目标，将出版视为向读者提供知识服务的过程。

二、HTML5 主导跨平台阅读

HTML5（万维网通用描述语言 HTML 技术标准的第五代修订版本）由万维网联盟（World Wide Web Consortium）于 2014 年 10 月 29 日宣布正式发布，HTML5 取代 HTML 4.01、XHTML 1.0 等标准已成为既定趋势。相对于过往版本，HTML5 赋予网页更好的意义和结构，外部应用跨越设备直接连接数据、高效连接提升互动速度，支持更为丰富的多媒体特性，CSS3 排版创作空间更具想象力，一经推出就得到广泛认可和应用。

现在，移动平台上绝大部分 Web App（基于 WEB 形式的应用程序）及 Hybrid App（混合模式移动应用）都将会采用 HTML5 开发，包括各种搜索类、资讯类、社交类、游戏类等移动互联网产品，具体如 YouTube、新浪微博、携程、淘宝。HTML5 更是促进了传统桌面网站的移动化，如百度地图 WAP 版（无线/移动版）就使用了大量 HTML5 新特性。由于其突出的互动性与娱乐性，微信朋友圈的营销活动形式也广泛采取 HTML5 技术。而在数字阅读方面，HTML5 同样具有令人期待的巨大潜力和优势。

（1）优越的跨平台性能。HTML5 采用 B/S 构架，是现阶段唯一一个通吃 PC、Mac、iPhone、iPad、Android、Windows Phone 等主流平台的跨平台语言。因此，它基于 HTML5 设计的数字出版读物，可以通跨所有的终端平台。开发者不再为各类平台的壁垒付出多倍的代码编写工作量，大大缩减了数字出版产品的开发成本；产品的市场覆盖可实现战略性突破，数字出版的分众设计不再考虑终端平台类型，可以更为纯粹地研究用户市场；用户在更换终端设备后，仍能阅读同一数字出版产品，极大增强品牌的忠实度。

（2）自适应的跨屏能力。HTML5 通过 CSS3 的 Media Queries 模块和 Device Adaptation 可以实现"响应式设计"，充分匹配各类设备的实际规格（如屏幕分辨率），开发者仅需设计单一的页面，内容则会根据显示屏幕的长宽尺寸和分辨率自行调整，且不影响页面的功能，解决了多年来 Web 页面设计中动态匹配的难题。读者可以在不同的硬件终端上阅读到最佳版面的内容，满足在 Open Web 的全新环境下用户跨屏幕、跨设备的浏览需求。

（3）快速的迭代效率。基于 B/S 构架的 HTML5 数字出版产品，版本更迭效率更高，HTML5 应用可以不经应用市场的审核限制就可自主实时更新，用户则可快速享受新的服务。而且更新是差量更新，即只更新不同的部分，如果数字出版产品主程序变动不大、仅有小部分文件或组件需要升级，那只需要更新这些改动的部分。对于用户来说，这大大减少了更新的时间和网络流量，比原生 APP 的版本更新有着更好的体验；而对于开发者来说，快速地根据市场反应升级产品是持续占有市场的最有效手段，这在激烈残酷的互联网市场竞争中尤为重要。

（4）优化的阅读操作体验。HTML5 新增的可实现拖拽与拖放的 Drag 与 Drop 事件、绘图的 Canvas 标签，以及旋转、缩放和移动效果的 CSS3 Transform 等功能，阅读终端可以充分发挥多触点和手势操作的优势，优化阅读体验，改进传统数字阅读生硬单一的操作模式。同时 HTML5 还可以充分挖掘数字文献，在不破坏文献信息的基础上，提供标注、笔记、书签等丰富功能，便于读者深度、长期阅读。CSS3 可以实时调整字体的大小颜色、背景图片、翻页特效，按昼夜时间、环境光线匹配屏幕亮度，动态改变页面布局，读者可以根据自身喜好定制显示方式和格局，极大满足读者的个性化需求。

（5）简易的多媒体集合方式。多媒体阅读一直是数字阅读的突出优势，但在相当长的时间里终端硬件和系统必须依赖 Flash 及其他流媒体等外部插件来实现影音动画，以 Flash 为例，尽管其有着优秀的动画制作表现，但多年来的安全漏洞为业界诟病，特别是其与苹果公司的"旧怨"导致 iPhone、iPad 等产品拒不兼容 Flash，更大幅加剧了 Flash 市场萎缩。而 HTML5 无需借助 Flash 或流媒体等技术，仅引入新增的 audio、video 两个标签就可支持绝大多数媒体格式，其开源方式为媒体信息提供丰富的展示形式。作为一种技术语言和表现容器，它不仅能够表现文字、图片，更能很好地表现动画、视频、音频等富媒体交互效果，让出版产品形式更丰富，也进一步展现数字阅读的优势和吸引力。

此外，HTML5 语义网功能能够实现语义搜索，深层次地诠释和注解文章的各个部分，使关键字匹配更加精准、直观，提高搜索结果的有效性和可用性；HTML5 也在读者授权的基础上，实时跟踪读者的阅读习惯和兴趣方向，掌握读者的阅读动态，进而进行基于偏好的用户推送；HTML5 技术还能将图书馆与社交网络融合，构建图书馆社交网络(LIB-SNS)，加深读者的联系。

在国外，HTML5 也被视为 ePub3 等主流数字出版格式的有效替代技术。目前，亚马逊与 Kobo 已经借助各自的云阅读器完全支持 HTML5，包括苹果、微软、Facebook、谷歌和 Mozilla 等越来越多的设备商、应用开发商、电信运营商相继加入 HTML5 阵营中。

三、XML 开发推动复合出版

2015 年年初，国家新闻出版广电总局为推进国家数字复合出版系统工程，先后考察相关核心技术承建公司、召开国家数字复合出版系统工程研发工作推进会、公布列入国家数字复合出版系统工程应用试点单位名单，这标志着国家数字复合出版系统工程已进入实质建设阶段。

国家数字复合出版系统工程作为数字出版的重点工程，已被明确列入《国家"十一五"时期文化发展规划纲要》和《新闻出版业"十一五"发展规划》，该工程将形成数字出版所需的重要技术装备，有力促进传统出版发行业的产业升级和数字出版的发展壮大，进而带动整个文化产业的进步与变革。国家数字复合出版系统工程的内容可概括为：一系列标准规范、两部分研究内容、五类应用示范、六大技术平台、九项关键技术、十六个子项目。其中九项关键技术包括：元数据、结构化信息、知识点标注技术；面向生产过程的数字版权保护体系；痕迹保留以及版本管理技术；科技内容排版技术；并行组版技术；自动化排版技术；版式和流式相统一的多元发布技术；DOI、暗纹和二维码编码、嵌入、解析技术；出版选题的辅助决策分析。

"元数据、结构化信息、知识点标注技术"是其基础核心的关键技术之一，我国选择国际通用的 XML 语言开发此项技术。XML 语言于 1998 年 2 月早已作为 W3C(万维网联盟)的推荐标准，并广泛应用在互联网电子文件制作领域，其在数字内容深度揭示与结构化文档创作方面表现出突出的优势，因此逐渐被引入数字出版领域。特别是当面向主题、多类终端的结构化写作与发布成为急迫需求时，XML 被作为数字出版信息组织开发的首选语言。

现阶段由北大方正公司承建开发具有自主知识产权的"XML 排版系统"，已攻克结构化内容制作和合成技术、复合文档格式描述及转换处理技术、片段化拆解与 XML 转换技术等。"XML 排版系统"基于对出版资源进行碎片化、标引、加工，以及规范分类管理，可以实现内容资源的不同利用，可以针对用户提供不同的资源信息服务，满足复合出版提出的"一次制作、多次发布"的理想要求。

国家数字复合出版系统工程的九项关键技术已陆续进入攻坚阶段，在不久的将来我国出版产业将全面引入数字复合出版系统工程，数字复合出版不仅可以为我国内容产业注入海量、高质的出版资源，实现内容的深度开发和多维应用，并为创意产业提供多样化的表现平台，而且会将我国出版产业的生产力和产业水平提高到一个崭新的高度。

四、增强型出版进化阅读体验

增强型出版物指具有多媒体阅读、交互性功能的阅读物，包括增强型电子书和 MPR 出版物等类型。其中增强型电子书被称为 ebook3.0，其实质为 APP 应用程序，不单是使用图片、声音、视频等多媒体元素增强图书的内容呈现，还可以添加游戏、场景模拟、交互动画等增强阅读体验，是对以往写作和阅读文字方式的一次革新。

　　美国的 Chafie Creative Group 公司推出基于 iPad 的首款新型交互阅览应用 *The Survivors*，由作家 Amanda Harvard 创作，讲述塞勒姆巫师审判事件参与者后代的故事，该互动电子书共有 283 页，书中共有 300 个触点，运用页面水印在 500 多处嵌入了交互内容元素，涉及史实、地图、图片、视频和人物资料的水印会随着阅读的深入而显现。另外，书中嵌入了 3 首原创音乐，而且还嵌入小说中 5 个人物主角的 Twitter 档案，制作团队在 Twitter 上不断地发送推文，让读者了解更多背景资料。英国哈伯·柯林斯出版集团的数字业务领头人斯科特·帕克（Scott Pack）正在研发一种新的交互式电子书，即在故事中嵌入 GPS 元素，电子书会根据读者的地理位置不同而呈现不同的文本。

　　另一个典型案例是增强型电子书《元素》（*The Elemerlts*），内容主要讲化学元素，在书中的化学元素表中随意点击一个化学元素图标，读者就可以直观地看到该元素的原子结构并控制它，如进行旋转之类的操作；在 2013 年 BIBF 北京国际图书博览会上，阅读互动电子书《爱丽丝梦游仙境》，可以用加速器让主角爱丽丝变得跟房子一样大，让馅饼飞起来；儿童科普电子读物 *Bobo Explores Light* 通过书中一个叫 Bobo 的"机器人"来与读者互动，使用视频、纹样、小游戏带领他们去学习激光器、望远镜、闪电反射、生物发光和阳光色彩等所有关于光的科学知识。

　　目前，增强型电子书在教育类和虚构类大众图书中应用前景被业界看好，将近年来方正电子、睿泰科技等公司推出的国产互动式排版工具不断进行完善，进一步推动了电子书刊的发展。但在专业类图书中尚未能找到合适的呈现方式和盈利模式，随着数字出版产业的不断升级、用户市场的持续挖掘，增强型电子书在未来必将有广阔的前景。

　　如图 9-1，图 9-2，MPR（Multimedia Print Reader，多媒体印刷读物）与增强型电子书类似，二者都是将平面单一的书刊改造成集合视频、音频、互动性的新型出版物，但不同的在于增强型电子书是纯电子形态，而 MPR 出版物是在纸质载体上附加多媒体触点响应技术，进而呈现出多媒体信号，是兼具纸质印刷读物、磁带、光盘功能于一身的多媒体复合数字出版物。如国内常见的幼儿教育、中小学教育用点读机器，当然 MPR 出版物远不只点读功能。MPR 应用不仅是一种业务，还是一种被广泛看好的产业服务模式，MPR 产业化应用将会为包括传统出版业在内的很多行业转型升级提供助力。

此外，随着虚拟现实技术的发展，在出版物中嵌入 AR、VR、MR 的显像技术，用户的阅读体验则更为丰富、多样，出版内容将会融入生活的各个场景，基于虚拟交互的场景传播也将成为数字出版的主流形态。

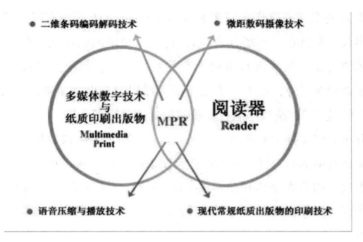

图 9-1　MPR 技术示意图

图 9-2　MPR 出版物

五、区块链终决版权保护与开发

2018 年起，"区块链"成为科技领域的热词，并被各界公认为可以颠覆性改变世界的技术。区块链最早、影响最大的应用是比特币。区块链指的是分布式数据存储、共识机制、点对点传输、加密算法等计算机技术的新型应用模式。其中，最为人们关注的是"共识机制"——区块链系统中实现不同节点之间建立信任、获取权益的数学算法。Facebook 董事长兼 CEO 马克·扎克伯格表示："应该用真正分布式的东西来取代我们在 Facebook Connect 上的现有概念。"①同样，蚂蚁集团董事长井贤栋在公开场合表达观点："区块链是解决数字化时代的信任问题的最佳解决方案，区块链是重构生产关系的技术，其他技术都只是改进生产力。"②除了金融领域外，业界中关注度最为强烈的是出版领域，区块链的"共识机制"被寄予"完美"解决数字版权保护问题的最佳方案。

基于分布式账本技术的区块链，当向区块链中添加版权数据时，就需要公共区参与方验证数据的有效性，该数据就会赋以独特标记并添加到主区块链中。由此，数字版权必须获取全部利益相关方的"共识"才被允许全网传播，而且出版物的全部产权归属等相关信息均可随时查询、追溯，任何剽窃均能实时预警、快速发现和追责。

区块链提供的智能合约功能，可以最大程度为作者提供利益保障和潜力挖掘。智能合约是以智能化的数字合约来自动匹配、完成相关方的权利、义务履行，而且与传统的纸质合约以及以往的互联网合约不同的是，区块链智能合约是以行为来自动触发，不需要第三方"见证"参与，且执行可追溯、不可逆转。如在数字出版领域，作者不需要跟电子书城平台签约，而用户也不需要在安装电子书城阅读器时签署确认使用协议，用户在确认阅读作者作品时就由智能合约匹配并直接达成版权协议，而且用户在阅读、使用作品内容时任何涉及违反版权的行为都会被智能技术给予警告、行为终止、要求达成义务等，实现及时追责。由此，实现了过去技术上一直未能彻底解决的版权维权追溯问题。

智能合约无中间商的交易方式，也为作者创造了更为有利的利润分配模式，作者可以在智能合约中自由定价、安全便捷地与购买者进行 P2P 交易。而且智能合约平台不会收取任何相关方的佣金，彻底打破了原有的利润分配模式，真正

---

① 搜狐网. Facebook CEO：畅谈区块链技术利与弊［EB/OL］.［2019-02-21］. https://www.sohu.com/a/296121611_758952.

② 腾讯新闻网. 蚂蚁金服董事长：区块链是解决数字化时代信任问题最佳方案［EB/OL］.［2020-06-19］. https://xw.qq.com/cmsid/20200619A0MQET00.

实现内容创作者、读者的受益最大化，进而营造出更加公平、更具创意激励的系统机制。

而未来出版机构则将转型为区块链服务商、信息开发商，不再成为版权市场运营最大的主体，这无疑对整个出版行业来说是颠覆性的改变。正如业内所述，区块链的革新性体现在重塑生产关系，而生产关系变化所引发的往往都是整个产业生态乃至社会宏观层面的变革。此外，从某种层面上说，区块链是将社会契约精神进行技术化实现，这无疑是人类科技文化史上又一个里程碑意义的技术发明。

除了上述科技外，更具未来性的人工智能、机器人、智能城市、5G 通信、虚拟现实、3D 视觉、可穿戴设备、高精确度移动定位技术等已经开始实用化研究和应用，随着这些互联网创新科技的不断涌现，势必再次引发互联网的新革命，同时数字出版结合这些科技后也将诞生出更新的出版样式，给用户带来更具科技感的丰富体验。

第二节　"互联网+"变革数字出版产业

互联网自成为当今社会生活的基础设施，已演变成通用目的技术①，并形成独特的"技术经济"范式，促使着互联网经济日益蓬勃发展，还直接融入传统行业的底层，触发各行各业一系列技术和商业的改革，而且在国民经济的宏观层面展现出极具期待的产业活力。2015 年 3 月 5 日十二届全国人大三次会议上，李克强总理在政府工作报告中首次提出"互联网+"行动计划。李克强在政府工作报告中提出，"制定'互联网+'行动计划，推动移动互联网、云计算、大数据、物联网等与现代制造业结合，促进电子商务、工业互联网和互联网金融健康发展，引导互联网企业拓展国际市场"。② 自此，"互联网+"被纳入国家战略。

---

① 通用目的技术(General Purpose Technology)，1995 年由美国斯坦福大学教授 Timothy F. Bresnahan 和以色列特拉维夫大学教授 Manuel Trajtenberg 共同提出，指对人类经济社会产生巨大、深远而广泛影响的革命性技术，能够被广泛地应用于各个领域，持续促进生产率提高、降低使用者的成本，促进新技术创新和新产品生产，技术应用会不断促运生产、流通和组织管理方式的调整和优化，如像蒸汽机、内燃机、电动机、信息技术等。

② 央广网. 李克强：制定"互联网+"行动计划 推动大数据等与现代制造业结合[EB/OL].［ 2015-03-05]. http://news.cnr.cn/native/gd/20150305/t20150305_517890133.shtml.

　　而"互联网+"也正是中国出版业的发展方向，为此，国家新闻出版广电总局、财政部联合发布的《关于推动传统出版和新兴出版融合发展的指导意见》中也提出，要坚持以先进技术为支撑、内容建设为根本，充分运用新技术，创新出版方式、提高出版效能，进一步掌握网络空间话语权，进一步提高出版业的影响力、传播力和竞争实力，推动出版业更好更快发展。出版产业要突破当前发展的各种困局，必须应用互联网的创新理念和思维方式，将大数据、云计算、物联网等先进的技术科学快速、高效地应用到出版领域，推进出版产业的优化升级和创新发展。

一、"互联网+"加速出版产业融合

　　随着互联网技术的日益渗透，中国数字出版行业在 2010 年以后迎来阶段性发展高峰，并形成"传统出版业数字化改造"和"IT 企业主导数字出版"两条主要发展路径，也就是"内容商主导"和"技术商主导"两种模式。这两种模式都取得了辉煌的成绩，但也暴露出各自的短板。传统出版社难以真正把握互联网思维，不能及时跟进市场和用户；而 IT 企业缺乏优质资源，无法完成规模化的内容生产。现阶段两种模式均面临着难以逾越的障碍，而跨越障碍唯一的途径只有产业融合，而"互联网+"为传统出版业和 IT 行业的融合提供了最具可行性的途径。"互联网+"在产业变革运行中具有极强的融合力和包容性，可以从技术融合、业务与市场融合、组织融合、环境融合多个层面来推进数字出版的新发展，进而构建出数字出版产业融合的新模式和新路径。

　　"互联网+"驱动的技术融合，不是简单地要求出版业引入云计算、大数据、协同编撰、移动应用等新技术，而是触动出版产业技术底层的变革，全面革新技术核心要素、技术处理对象、技术结构系统、技术手段形式，进而形成技术融合的外向推动力，完成产业真正意义上的"互联网+"技术更迭。无论是传统出版业的数字化转型，还是互联网企业数字出版的迈进飞跃，都需要打破旧有的技术观念，创新技术的应用不仅是外部范畴的手段辅助或形式丰富，而应该是行业整体和机构个体技术核心的一次"阵痛"改革，才能使产业融合触及最深层面、最广范围和达到最高效力。

　　业务与市场融合是技术融合外化的结果，由融合技术研发的数字出版产品是为满足融合型业务的需求，而融合型业务必然促成融合性市场。互联网时代用户需要集合多样性和一体化的产品，即在同一个设备终端、应用或渠道上尽可能多地享受不同的服务，而且这些服务往往是跨行业、跨产业链的，单个出版企业或机构无法完成产品研发、业务执行和市场开拓。由此，具备跨界渗透力和平台供给力的"互联网+"可以为各类数字业务和市场形态创造出更为理想的融合环境。

组织融合是由业务与市场融合倒逼促成的，也是产业融合达到高级阶段的表现。"互联网+出版"是正在探索进程中的产业变革，而体制改革是产业转型中历来的难点，由理念直接衍生的组织构架难以经受实践的检验，只有通过业务和市场的竞争试炼才能确立适应性的机构。但一旦组织和市场相匹配后，将发挥出行业强大、持续的生命力。"互联网+"要求出版行业聚合既有组织和新型组织，充分协调多方组织在产业融合中的关系和作用，构建出适应互联网经济发展需求的高治理、运营水平的组织系统。

环境融合则是产业融合可持续发展的土壤，指政策、法规、文化、人才等因素能够为"互联网+出版"创造良好的发展环境，并融入"互联网+出版"产业的各个环节。自"互联网+"上升为国家战略后，中央各部委积极出台了扶持政策和指导意见，"互联网+出版"已具备明确的顶层设计方案。"财政部自 2008 年到 2014 年，先后累计拿出 6.27 亿元的文化产业发展专项资金和 5.02 亿元的国有资本经营预算资金用于支持新闻出版业转型升级，其力度之大、比例之高是前所未有的。"[1]相应的地方性法规和落地政策也将陆续出台和实施。互联网时代的科技氛围和人文热潮不输于人类历史上任何一次技术革命，2015 年 3 月，李克强总理在政府工作报告中同时提出，要大力"推动大众创业、万众创新"，互联网创业必将成为主角，而"互联网+出版"也将引来最具活力的文化新气象。人才或缺一直也困扰是出版产业转型的问题，这其实是现阶段互联网行业的整体现象，其原因是互联网变化太快，人才培养机构还来不及培养，人才的需求立刻就发生了变化，指向性人才培养目标的不稳定导致出版人才的供需不对称。但随着技术和市场逐步走向成熟，"互联网+出版"产业呈现持续旺盛的生命力，必然会促使行业和教育机构不断涌现具备融合素质的大量人才。

---

① 张新新. 融合发展的现状认知与路径思考——以传统出版单位为视角[J]. 科技与出版，2015（5）：19.

二、"互联网+"催生新型市场格局

在移动互联、云计算、物联网等一系列新兴互联网信息技术的支持下，社交媒体、智能终端、电子商务等得到了快速发展和广泛运用，社会各领域产生的数据量呈现出前所未有的爆炸式增长，并产生出网络文学、自媒体、网络游戏、视听新媒体等欣欣向荣的互联网文化。而数字出版与这些互联网文化形态具有天然的紧密联系，在内容生产和技术应用都有着巨大的市场空间，过去不受重视的这类小众市场被互联网集聚成庞大的可挖掘富矿。同时以"草根""小众"为特征的互联网资源通过 IP 运营（知识产权运营）由小变大，成为包括出版领域在内整个文化市场的主流之一，进而形成"长尾与主流蓝海共生"的市场格局。

"互联网+"对数字出版市场带来的"长尾效应"已日渐彰显，长尾理论的提出者克里斯·安德森认为，网络时代是关注"长尾"、发挥"长尾"效益的时代。"长尾理论"的基本原理是"只要存储和流通的渠道足够大，需求不旺或销量不佳的产品所共同占据的市场份额，可以和那些少数热销产品所占据的市场份额相匹敌甚至更大，即众多小市场可汇聚成与主流大市场相匹敌的市场能量"。①

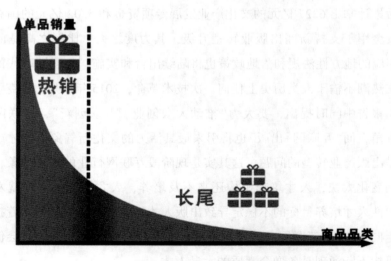

图 9-3　长尾理论模型

---

① 《管理的艺术》编写组. 管理的艺术[M]. 哈尔滨：哈尔滨出版社，2017：366.

数字时代信内容出版领域正呈现出长尾理论所描述的市场形态，表现有三。第一，数字出版的出版门槛和发行成本几乎为零，由此产生大量的非传统创作人群。据腾讯微信官方公布，2018 年一季报数据，微信及 WeChat 合并 MAU 达到10.4 亿；而网络文学的作者群已超过传统作家数量的数百倍。这些创作者按照兴趣群体生产出各类互联网内容，尽管单个类型来看基本属于小众市场，但类型庞杂、总体规模巨大，符合长尾理论提出的单体数量少、产品数量多、区域积分大的特点。第二，长尾效应得以体现的前提之一是企业必须拥有长尾"集合器"，即企业能够将成千上万小众产品聚合起来并通过集中、简便的方式销售给消费者，也就是在互联网语境中经常被提及的"平台"，平台实际就是集合器的概念。谷歌的定制广告、亚马逊的网上书店、起点的小说站点、各类社交软件等都是一个个互通产品和用户的"集合器"。"集合"已经是绝大多数互联网应用的普遍功能，获取长尾市场也成为易实现的操作目标。第三，数字出版内容越来越呈现多样性需求，用户希望阅读和体验更贴近自我个性的数字出版物，因此出版市场在未来会加剧细分，如小类题材、个性定制、按需出版、众筹出版、众包出版等小规模的出版生产仍将保持旺盛的生命力。出版商从这些小规模生产和销售里，可以取得过去只有靠大规模出版才能达到的低成本、高总额水平，并从中获得丰厚利润。在"互联网+出版"的良性运行下，出版市场里的"长尾"将变得更长，市场空间将更大。

IP（知识产权）运营作为权利人充分运用知识产权的确权和保护等制度利用自他的知识产权获得财产收益的专业化管理，涵盖专利技术、文学作品等的市场化经营。但自专利制度诞生起，知识产权经营早就在企业转化技术中应用。随着第三次科技革命，大量新兴的科学技术、文化现象井喷式出现在各个领域，对知识产权的保护和开发逐渐受到世界范围内的重视，尤其是互联网时代对优质技术和内容的市场拓展出现跨行业、跨领域特征，使得知识产权运营再度成为行业聚焦的热点。在文化产业中，IP 运营更多的指文学作品的跨行业延伸经营，如经典小说、热销漫画改编成影视剧，而到了互联网时代，更为典型的 IP 运营是网络小说除了改编成电影、电视剧、动漫外，还以其为题材开发网络游戏、手机游戏，并形成手办玩具、卡牌、主题服饰、箱包饰品、Cospaly 会展等游戏周边市场。

中国近几年的 IP 市场持续火爆，优质 IP 成为各大互联网公司疯抢的资源，纷纷开启泛娱乐化战略，争夺互联网文化消费跨界市场。2014 年百度正式宣布成立百度文学，从源头上把控大量 IP 资源；乐视着手储备大量热门 IP 资源，建立生态型 IP 商业模式；腾讯力推的泛娱乐战略也是以 IP 授权为核心，进行跨平台的商业拓展，如图 9-4。正如爱奇艺 CEO 龚宇所说，"如今已经不存在一个单一的出版行业，也不存在单一的影视或者游戏行业，这些行业都是打通的，其核心正是 IP。""互联网+"下的市场融合为 IP 跨界运营打通产业渠道，突破过去内容产业各自独立发展的格局，进而形成基于优质 IP 的多元丰富市场生态。

图 9-4　腾讯 IP 运营战略格局

三、"互联网+"拓展复合型商业模式

传统出版以追求传播最大化为市场目标，但随着互联网科技浪潮和互联网经济对传媒产业的冲击，单一的优质内容生产和传播已不符合受众市场的需求，而且在互联网"免费、开放"基本精神的影响下，传统纸质内容售卖的商业模式越来越不被市场认可。由此，出版行业商业模式顺应时代趋势，开始从单一的传播型逐渐向"服务+传播"型、"应用+传播"型转变，而"互联网+"行动也将进一步催化出版领域商业模式的创新。

数字出版商不仅要发现和制作优质的传播内容，也要善于挖掘和迁移内容的二次价值，在互联网时代出版内容的二次延伸主要指提供内容相关的服务和创造可作用现实的应用体验。"内容为王"是传统出版经营者根深蒂固的理念，在互联网时代"内容"依然是出版物的价值核心，但不再是唯一的核心。数字出版物核心价值的扩展必然促使产品功能、业务形态、营销方式等的变化。

以《中国国家地理》期刊为例,其打造以网络为旗舰,融合手机媒体、电子杂志等新媒体形式,其中开发的 APP 不再仅限于纸质版的内容数字化,而是以"地理内容"作为平台,吸引摄影爱好者的注意力,为用户提供与主题内容关联的各种消费服务,如其介绍的旅行地和景点的 GPS 定位、在线机票、酒店预定、户外装备购买、景区服务直通等。《男人装》手机杂志通过点击页面上的品牌链接,可以链接到导航地图,准确告诉读者其实体店位置;美国时尚购物指南杂志 Lucky 杂志与英国权威奢侈品购物网站 Net-A-Porter 旗下 Outnet. com 合作推出专门的电子商务项目:杂志订户可享受专属服务——拥有规定时间段的奢侈品特价活动资格。这种主打专属性和稀缺性的营销方式极大地带动了电子期刊的销售。如果用户通过付费订阅带来超过付费的收益,付费就不再成为阻碍;天猫母婴推出"宝宝计划",联合众多母婴品牌商家联合打造的会员关怀计划,从孕期开始,到宝宝出生和妈妈产后护理,再到宝宝各个成长期,满足母婴消费群体各阶段商品和服务需求。除了母婴产品外,天猫还提供育儿保健全方位的知识指导,如相关的图书推荐、推送消息、客服互动等,将实物商品与精神产品结合销售,并创建一站式服务平台。

这些新型的商业模式不是笼统的"线上+线下"组合营销,而是按照垂直领域①市场的规律创新产品和销售方式,深度挖掘用户需求和细分市场,不仅仅是对内容的售卖,而是强调提供专业化的服务和直接作用生活的应用。充分应用互联网带来的融合市场,将内容出版作为基础平台,融合内容资源和实物销售,这种复合型市场模式不再受限于阅读付费的单一盈利方式,其绝大部分产品甚至都是免费,但通过打通横向相关消费市场,消除媒体与电商、信息消费与实体消费的界限,最终实现"媒体产品化、产品媒体化"的互联网市场理念。

四、"互联网+"推进全产业链整合

近年出版业界有一种观点:"全产业链者王,残产业链则亡。"虽有失武断但

---

① 垂直领域,电子商务专业名词,是相对于多元领域提出的概念,指专注于特定产品或人群的细分市场,如只针对房地产的"FANG 搜房网",只服务于创意图片交易的"CFP 汉华易美",只为程序开发培训的"CSDN 程序员之家"等;而多元领域指面向绝大多数群体和拥有多类产品的市场,开展此类领域的公司如三星、索尼、阿里巴巴等,这些公司涉及的行业领域众多,不单限于某一类产品和用户群体。

非常贴近地描述出互联网时代产业链整合对出版领域的意义。中国的出版业还处在上游和下游各行其是，很多环节都处于断链状态，尽管偶有突破的亮点但大多是小幅度的环节拓展，缺乏长跨度、可持续的联合发展模式。但在产业融合的背景下，原先割裂的各领域产业链将被"互联网+"重新整合，进而使整个产业链得以优化形成共振合力，推动出版行业的转型大发展。

　　融合语境下的出版全产业链呈现横纵两向交织的特点，横向有纸质出版产业链、互联网出版产业链、移动出版产业链和相关延伸产业链（包括影视、会展等），纵向则有内容产业链、技术产业链、渠道产业链和平台产业链等。这些产业链几乎囊括现有出版单位、互联网数字出版商和周边文化传播公司，在"互联网+"下原本分属不同领域、不同游段的出版市场主体将被整合成两类新型产业形态。第一种为跨界龙头集团，这一类企业凭借雄厚的实力通过扩建、吞并等手段，打造具有自主控制力的跨产业链集团，以此涉猎全产业出版领域。但这种方式对集团实力、运营能力和风险控制能力提出很高的要求，并不适用于大多数出版企业，但却能产生出版领域的龙头企业，引领全行业的发展方向，成为落实国家出版文化战略的旗手。第二种为价值联盟，由各领域、各游段高度专业化的出版企业在市场竞争合作中自发组成利益联盟，建立长效的合作机制共同完成跨界出版项目，在合理利益分配下进一步提升专业化程度、市场占有率、市场地位等企业实力，由于传统出版和互联网企业的行业隔膜难以消除，加上不同企业在跨界合作中主动意愿强度不一，也使得跨界价值联盟组织需要较长时间的磨合。从现阶段的发展情况看，不管是传统出版机构还是互联网出版企业，打破壁垒仍有相当大的难度，这也直接导致出版领域各自为阵，不善于借助外部力量，转型进程缓慢、难以深入，或实力不济陷入困顿僵局，或绕避核心选择小众市场。

　　从我国出版转型发展的现实出发，全产业链整合的结构布局应该分两步走。第一阶段，培育数量众多的跨界价值联盟发展成为出版产业融合的主体，通过市场竞争提高出版企业的产业融合专业化程度，以及加速全行业底层基础的融合，如已经推进的国家数字出版基地，或以行业协会、战略联盟等形式建立出版领域的价值联盟。第二阶段，从第一阶段中竞争占得优势并积累出集团化实力的企业中，或从现有转型发展具备基础的出版龙头企业中，重点扶持几家出版集团发展成为跨界龙头集团，带领出版行业走出国门向世界竞争。

第三节　多元政策提升数字出版管理

新时期数字出版无论是作为文化产业对经济社会的振兴，还是在意识形态和文化安全方面的重要作用日益突出，进一步加强对数字出版的管理已成为国家和行业层面的共识。数字出版的提升发展需要创新管理方法，营造良好的产业发展环境，以此加速数字出版的转型升级、引导数字出版发展方向、调节产业结构优化配置、规范市场秩序。

一、产业政策着力结构调整

自 1990 年起，国务院、原新闻出版总署、信息产业部、文化部等中央部委先后出台 30 多部行政规章和规范性文件，从产业发展规划、出版管理办法、权利保护措施，到各类指导性意见以规范数字出版产业的发展，并多次组织出版博览会、出版年会探讨数字出版的发展问题。2006 年数字出版纳入列为"十一五"时期文化发展规划的重点，国家数字复合出版系统工程、国家知识资源数据库出版工程、中国古籍数字化工程、国家版权保护技术开发工程、数字化文化传播工程等 8 项数字出版工程相应启动；2009 年国务院常务会议审议通过我国第一部文化产业专项规划——《文化产业振兴规划》，这是继钢铁、汽车、纺织等十大产业振兴规划后出台的又一个重要的产业振兴规划，标志着文化产业已经上升为国家的战略性产业，并把发展数字出版、电子阅读提上重要日程。2008 年根据国务院新的"三定方案"，原新闻出版总署完成机构调整，新设立数字出版专门管理机构——科技与数字出版司。自此，我国数字出版产业政策不断增多，政策支持力度不断加强，特别是对促进数字出版各行业的发展、加强数字出版技术研发等方面都提出了相应的政策保障。

2010 年是我国数字出版发展的重要拐点，被称为"中国数字出版元年"，其后中央政府数字出版产业政策陆续出台，如《新闻出版业"十二五"时期发展规划》《数字出版"十二五"时期发展规划》《文化部"十二五"时期文化产业倍增计划》《"十二五"时期国家动漫产业发展规划》《关于加快我国数字出版产业发展的若干意见》《关于推动新闻出版业数字化转型升级的指导意见》《加强数字出版内

251

容投送平台建设和管理的指导意见》《关于推动传统出版和新兴出版融合发展的指导意见》等。截至 2016 年，新闻出版项目获中央文化产业发展专项资金累计支持 242 亿元，支持项目 4100 多个。

在这些产业政策的扶持下，中国数字出版产业收入从 2006 年的 213 亿元扩增到 2018 年的 8330.78 亿元，13 年时间实现收入近 39 倍增长，充分说明我国的数字出版产业政策取得了积极的市场效果，特别是在促进产业增长、促进地区协调发展、加快技术进步等方面的而政策正向绩效尤为明显。

同时需要指出的是，手机出版、网络游戏、互联网广告一直数字出版的产值大户，三者收入合计均占数字出版总值的 80% 以上。然而尽管数字报纸、互联网期刊、在线音乐等收入逐年增长，但份额占比依旧微弱。产业发展不均衡的问题也反映在扶持政策出台的不均衡上，相对于手机出版的《手机出版标准体系表》；网络游戏纳入 863 计划、"民族网络游戏出版工程"项目，出台有《财政部等部门关于推动我国动漫产业发展的若干意见》《文化部关于扶持我国动漫产业发展的若干意见》；互联网广告的《互联网广告监督管理暂行办法》等，数字报纸、互联网期刊、在线音乐等数字出版领域尚未有专门的管理文件和专项发展指导意见。此外，政府牵头设立的专项资金和信贷支持多倾向于大型出版机构，导致中小企业发展空间不足，在一定程度上有损数字出版市场活力。鼓励和促进多种所有制资本进入数字出版产业的政策有待加强，应加大对中小型数字出版企业的扶持力度，在信贷、融资、税收等方面给予经济扶持。随着数字出版的转型进入深入阶段，加强产业结构调整势必成为国家政策聚焦的重点之一。

二、改善产业组织促进有效竞争

产业组织一般指产业内呈现全部市场关系的企业形态集合，产业组织是否合理决定产业能否健康发展的关键因素之一，其对资源利用效率及产出效益都着直接影响。政府为实现资源有效利用、收益公平分配等目标会对某一产业或企业采取的鼓励或限制性的政策措施。在我国数字出版领域，政府相应制定了一系列产业合理化政策，如推行文化体制改革、实行新闻出版集团化战略、鼓励民营资本参与出版经营，以提高产业集中度，促进专业化和规模经济。我国 1600 多家非时政类报刊出版单位被要求截至 2012 年 9 月底完成登记或转制为企业，49 家出版企业在境内外上市，120 多家出版集团组建成功，九大出版产业基地总产值超千亿。自推行出版社企业改制、出版集团合并重组、鼓励大型出版集团上市以来，我国数字出版产业规模化、集约化逐渐发展，形成了一批数字出版领军企业，说明我国数字出版产业组织政策产生了较好的积极影响。

但是我国数字出版产业组织仍存在一些不足。首先，数字出版产业链条中内容提供商、网络运营商、技术提供商、电信服务商等由于利益分配问题，无法达成积极合作，出现各自为政、社会资源重复建设等局面。表现在掌握内容资源的传统出版社不愿提供内容，自立门户投入资金建设数字出版分销平台，由于技术的弱势，使得高投入并未得到高的回报。而移动、联通、电信等网络运营商则想利用自身的垄断地位，在产业链中提高自己的利润分成比例等。其次，在数字出版市场秩序方面，盗版侵权行为依旧普遍，严重阻碍出版业的健康持续发展。而且以劣质、低俗内容博取市场关注度的恶性竞争行为屡禁不止。最后，数字出版定价混乱，其中纸质图书阶梯折扣定价和电子图书的低值固定定价存在巨大的策略差异，二者在定价模式上一直难以协调。特别是电子书市场价格战内耗严重，内容供应商之间的"掠夺性定价"①导致行业内无效竞争加剧，极大影响产业链的融合并进。

为解决中国数字出版现阶段的产业组织问题，可以通过出台市场集中度、市场进入壁垒、市场行为控制等细致政策，以规范数字出版市场秩序，依法打击恶性竞争和无序竞争，建立科学的数字出版物定价制度，协调数字出版产业链各环节企业利益分配，使数字出版企业间形成以提高质量、降低价格、提供优质服务等正当竞争手段而进行的有利于增进社会福利的竞争，促进有效竞争，保持数字出版市场活力，从组织上保证资源的充分利用。

三、出版标准体系日益完备

标准体系建设是数字出版产业发展的重要基础，然而随着大量 IT 技术商、电信运营商、电商进入数字出版领域，各自开发的电子出版物标准不一，以至于

①　掠夺性定价又称劫掠性定价、掠夺价、掠夺性定价歧视，是指一个厂商将价格定在牺牲短期利润以消除竞争对手并在长期获得高利润的行为。掠夺性定价是一种不公平的低价行为，是以排挤竞争对手为目的的故意行为，实施该行为的企业以低于成本价销售，会造成短期的利益损失，但是这样做的目的是吸引消费者，以此为代价挤走竞争对手，行为人在一定时间达到目的后则会提高销售价格、独占市场。

数字出版的格式庞杂、数据对接困难，已经严重影响出版企业数字化转型和产业持续健康的发展。建立数字出版标准体系，要使不同的电子阅读设备在文本格式上实现相互兼容和共享，用户使用同一个阅读终端就可以享受不同数字技术提供商的服务。另外，统一的出版标准体系对产业融合框架下的技术合作铺垫良好基础，极有利于数字出版市场的规范管理。

中国数字出版的标准体系建设已经得到政府越来越高的重视，并取得初步成效。我国先后成立全国新闻出版标准化技术委员会、全国新闻出版信息标准化技术委员会、全国新闻出版发行标准化委员会、全国印刷标准化技术委员会和全国版权保护标准化技术委员共同推动我国数字出版与印刷的标准化建设工作；《电子书内容标准体系》《电子书内容术语》《电子书内容元数据》《电子书内容格式基本要求》《手机出版标准体系》《手机内容审核要求》《手机出版数据格式技术规范》《数字内容存储复用与交换规范》《数字内容终端内容呈现格式》《数据库出版物质量评价规范》《数字出版统计系列标准》《数字版权唯一标识符》《数字内容版权元数据》等一系列标准已正式发布，填补产业领域的空白。我国数字出版标准化的整体框架基本形成，数字出版的规范化程度正在不断加深。

现阶段我国数字出版标准的质量问题，"体现为'两多两少'——企业标准居多，行业标准与国家标准偏少；国际标准居多，中文标准偏少"①。垄断性大型出版企业自行制定的标准可能会对行业公平竞争和公共利益发生矛盾，因此，应形成政府部门、行业协会、龙头企业、中小型企业和专家学者共同组成的标准协商制定机制，增强数字出版标准体系的公平性、公益性、科学性和合理性；尽管近年来，我国主持和参与的国际标准日益增多，如首次主持制定的《国际标准文档关联编码》，正式成为 ISO/TC130(国际标准化组织的第 130 号技术委员会——印刷标准化技术委员会)秘书处承担国，但从整体上以中国为主体的国际标准仍旧太少，和我国从出版大国向出版强国转变的目标还有较大距离；此外，还缺少如富媒体文档结构标准、数据交换规范、阅读终端适配标准、新旧标准衔接、传统出版与数字出版融合等亟待施行的标准。下一步还需健全我国数字出版标准建设和发展机制，提高相关法规的权威性和相关标准的适应性，不断创新数字出版标准，在与国际标准兼容的基础上积极参与自主制定国际标准，完成《新闻出版

---

① 黄玉寅，陈思. 浅析我国数字出版标准化现状与出路[J]. 中国出版，2014（4）：27.

业"十二五"时期发展规划》提出的"要加快推进新闻出版行业标准化建设，推进数字出版相关标准制定与推广工作，在完成行业基础性标准编制工作的基础上，探索研究编制新业态核心标准"的规划目标。

四、数字版权管理多维发力

出版版权一直以来是困扰行业发展的难题，这一内容产业的重要基石长期受到盗版侵权的损伤，给版权权利人和出版商造成巨大的利益侵害。特别是在以免费服务为惯性思维的互联网时代，侵权行为隐蔽、取证难、维权成本高等使得版权主张遭遇强大的阻碍。而且侵权行为不单发生在民间盗版，还包括行业龙头，如百度侵权案例。多年来，各国都在积极探索完善的版权管理体系，但由于国情的不同，发展中国家的版权保护还存在一定的缺失。中国一直致力于加强版权管理的规范化建设，并加强版权保护的执法力度，取得了较好的成效。自数字出版兴起后，数字版权保护也成为我国政府及行业重点关注的问题，在版权保护体系建设上也形成了明确的思路和可行的框架。

今后，数字版权保护一般从技术保护、司法行政保护和社会保护三个层面着力。我国已重点推进数字版权保护标准，制定《数字版权唯一标识符》（DCI）等 8 项标准、《基于加解密技术数字版权保护平台基本要求》和数字版权保护技术研发工程标准研发包的 27 项标准，涵盖版权保护标准体系框架、数字版权服务组件接口、作品身份标识、数字版权保护技术等多个领域，为数字版权作品的识别、登记、交易、结算、取证提供规范和引导；法规方面，现行《著作权法》《信息网络传播权保护条例》《计算机软件保护条例》分别针对数字出版进行修订，还出台了《使用文字作品支付报酬办法（修订稿）》明确提出文字作品的网络付酬标准和版税率，并为侵权纠纷的司法审判提供具体的依据。自 2005 年起，国家版权局联合国家网信办、工信部、公安部每隔 1～2 年启动打击网络侵权盗版的专项治理"剑网行动"，"剑网 2019"专项行动则重点院线电影、媒体融合发展、流媒体、图片等重点领域等侵权盗版；随着中国网络版权维权联盟、首都版权联盟、网络音乐维权联盟相继成立，这些行业内日益增多的自发民间协会组织将进一步发挥其专业性和灵活性的作用，和技术保护、司法行政保护共同形成全方位的数字版权保护体系。

参 考 文 献

［1］徐丽芳，刘锦宏，丛挺. 数字出版概论［M］. 北京：电子工业出版社，2014.

［2］赵滢. 数字出版发展历史与现状［J］. 西北大学学报（自然科学版），2013（8）.

［3］张祥合. 数字出版的概念、特征及相关技术分析［J］. 长春师范学院学报（人文社会科学版），2013（9）.

［4］吕欢. 数字出版概念辨析及发展预测［J］. 中国传媒科技，2012（8）.

［5］王子龙，王宇红，马玥琳. 数字出版概念浅析［J］. 科技向导，2012（15）.

［6］李新祥. 出版定义的类型研究［J］. 出版科学，2011（1）.

［7］陈生明. 数字出版概论［M］. 南京：南京大学出版社，2011.

［8］王勤. 数字出版的思索与展望［J］. 出版参考，2011（1）.

［9］金更达，王同裕. 数字出版及其产业认识与思考［J］. 中国出版，2010（9）.

［10］聂震宁. 数字出版：距离成熟还有长路要走［J］. 出版参考，2009（1）.

［11］张建明. 论数字出版泛化的出版概念对出版产业的影响［J］. 出版发行研究，2009（3）.

［12］葛存山，张志林，黄孝章. 数字出版的概念和运作模式分析［J］. 北京印刷学院学报，2008（10）.

［13］徐丽芳. 数字出版的发展、迷惘与破局［J］. 出版广角，2007（7）.

［14］张立. 数字出版相关概念的比较分析［J］. 中国出版，2006（12）.

［15］戚德祥. 融合发展时代出版企业管理生态重构研究［J/OL］. ［2020-12-24］. 科技与出版：1-5，http://yc.wsyu.edu.cn:80/rwt/CNKI/https/MSYXTLUQPJUB/10.16510/j.cnki.kjycb.20201210.009.

［16］胡明亮，孙越，童晓雯. 我国出版集团融合发展演进路径探析［J/OL］. ［2020-12-24］. 科技与出版：1-6，http://yc.wsyu.edu.cn:80/rwt/CNKI/https/

MSYXTLUQPJUB/10.16510/j.cnki.kjycb.20201210.018.

[17]张新新，杜方伟. 科技赋能出版："十三五"时期出版业数字技术的应用[J]. 中国编辑，2020(12).

[18]杨磊. 2019 年出版传媒类上市公司发展透视[J]. 新闻传播，2020(23).

[19]黄先蓉，常嘉玲. 我国出版产业转型升级趋势与政策建议——出版业"十三五"时期回顾与思考[J]. 中国出版，2020(22).

[20]侯圣慈，黄孝章. 国家数字出版政策导向探析[J]. 北京印刷学院学报，2020，28(3).

[21]吴良柱. 数字时代出版模式多元化的挑战和应对策略[J]. 出版广角，2019(23).

[22]陈洁，吴申伦. 顺应知识与阅读需求的兴与变：新中国编辑出版学 70 年(1949—2019)[J]. 新闻与传播研究，2019，26(12).

[23]游翔. 欧洲数字出版产业发展探析[J]. 传媒，2019(23).

[24]张立. 2018—2019 中国数字出版产业年度报告[M]. 北京：中国书籍出版社，2019.

[25]范军. 国际出版业发展报告(2017 版)[M]. 北京：中国书籍出版社，2018.

[26]王卉，楼小龙. 中国出版走出去数字化模式与路径分析[J]. 中国出版，2018(24).

[27]聂震宁. 新时代：阅读与出版共生发展[J]. 编辑之友，2020(4).

[28]向晴. 中国电子图书发展历史研究(1991—2018)[D]. 重庆：重庆大学，2019.

[29]韦克，樊文，赵依雪，贾子凡. 预见未来：人工智能如何赋能图书出版[N]. 国际出版周报，2019-12-16(007).

[30]王珺. 出版业助力"一带一路"文化传播的作用与启示——以丝路书香工程为例[J]. 出版广角，2019(21)：6-9.

[31]周蔚华. 从自在、自为到自觉：新中国成立后我国出版公共服务的探索[J]. 编辑之友，2019(9).

[32]刘晖. 电子图书和纸质图书的协调发展问题研究[J]. 中国管理信息化，2017，20(1).

[33]杨涛. 电子图书用户持续使用行为研究：期望确认模型的扩展[J]. 图书馆学研究，2016(22).

[34]王琦. 电子图书出版模式及其版权保护策略探讨[J]. 传播与版权，2016(9).

[35]陈月巧，张春，阎惠丽. 美国电子图书馆配市场渠道及销售模式分析[J]. 出版发行研究，2015(11)：98-100.

[36]翟建雄，邓茜. 电子图书与电子借阅权——数字和网络时代"首次销售原则"的困惑与出路[J]. 法律文献信息与研究，2014(Z1)：33-45.

[37]安小兰. 中国电子书发展商业模式类型分析[J]. 出版发行研究，2014(2).

[38]徐景学，唐乘花. 数字时代纸质图书的另类突围[J]. 出版发行研究，2014(7).

[39]李鹏，刘益. 电子书营销模式研究[J]. 科技与出版，2012(10).

[40]王丹丹. 数字时代专业图书出版的发展路径研究[J]. 出版发行研究，2012(3).

[41]郑淼磊. 近10年国外数字图书馆重大项目进展研究[J]. 科技情报开发与经济，2010(21).

[42]陈子冰. 美国报业数字变现的可行之道——以《纽约时报》付费墙为例[J]. 传媒论坛，2020，3(7).

[43]万智，艾顺刚，孙晓翠，庄子匀，潘疃，陈丽. 2017—2018中国数字报出版产业年度报告[J]. 中国传媒科技，2018(11).

[44]程飞. 我国新闻阅读收费模式的变化及成因[J]. 青年记者，2018(2).

[45]徐萍. 国内数字报发展回望与思考[J]. 中国报业，2016(18).

[46]马亚芳. "付费墙"制度及在中国的推行[J]. 新闻前哨，2015(3).

[47]迟强. 我国数字报纸商业模式的构建与探索[J]. 编辑之友，2015(12)

[48]杜国清，邵华冬. 媒介融合背景下传统媒体的数字化突围[J]. 电视研究，2014(12).

[49]范以锦，李惠媛. 数字报发展现状与经营困境的突破[J]. 新闻传播，2010(4).

[50]白丽媛，杨芳，张公鹏. 我国"互联网+期刊"研究现状与发展探析[J/OL].

［2020-12-24］．科 技 与 出 版：1-10，https：//doi. org/10. 16510/j. cnki. kjycb. 20201210. 017.

［51］李亭亭，金建华，彭芳，董燕萍. "互联网+大数据"下学术期刊的转型模式 ［J］. 中国编辑，2020(4).

［52］李前. 移动互联网时代专业期刊内容多元化联动体系探析［J］. 中国传媒科 技，2020(9).

［53］汪全莉，陈瑞祥. 国内学术数据库手机出版 APP 营销力调研及优化策略 ［J］. 出版发行研究，2019(9).

［54］袁阳，肖洪. 学术期刊二次数字化转型出版新模式分析——以"协创场"为例 ［J］. 科技与出版，2019(7).

［55］肖荻昱. 我国"互联网+图书馆"研究的现状与趋势探析——基于 CNKI 数据 库核心期刊［J］. 当代图书馆，2019(1).

［56］李广宇，戴铁成，高默冉，王友平. 2017—2018 中国互联网期刊出版产业年 度报告［J］. 中国传媒科技，2018(11).

［57］张恬，刘凤红. 数据出版新进展［J］. 中国科技期刊研究，2018(5).

［58］崔玉洁，包颖，廖坤. 全媒体出版中增强出版的模式研究［J］. 编辑学报， 2018(1).

［59］倪劼. 共享经济理念引入阅读推广探析［J］. 图书馆建设，2017(11).

［60］李祖平，汪新红. 融合再造(期刊创新密码与互联网+研究)［M］：北京：科 技文献出版社，2017.

［61］毛振钢，刘素琴，张利田. 国际 OA 出版平台现状及"互联网+学术期刊"出 版模式改革建议［J］. 编辑学报，2017，29(3).

［62］史峰，吴承忠，马慧. 网络游戏对外投资国别(地区)分布特征及影响因素分 析［J］. 管理现代化，2019，39(2).

［63］薛海燕. 网络游戏企业合并的商誉风险研究［J］. 中国商论，2019(3).

［64］中国动漫游戏产业年度报告课题组，张立，王飚，牛兴侦，孟晓明. 2017 年 中国动漫游戏全国产业年度报告(摘要版)［J］. 出版发行研究，2018(10).

［65］李梦，肖燕雄. 论我国网络游戏规制中的制度失调问题［J］. 广西大学学报 (哲学社会科学版)，2018，40(5).

[66]陈佳铭，张永庆. 中国网络游戏市场代理运营与自主研发经营战略选择研究——基于演化博弈分析[J]. 电子商务，2018(2).

[67]刘校羽，丁焙烽. 中国网络游戏产业集中度测度与分析[J]. 东南传播，2018(4).

[68]韩智培. 云游戏：一个基于云计算平台的新型产业[J]. 信息与电脑（理论版），2017(17).

[69]中国网络游戏社会化分发白皮书[C]//上海艾瑞市场咨询有限公司. 艾瑞咨询系列研究报告(2017 年第 6 期)，上海艾瑞市场咨询有限公司，2017.

[70]陈党. 网络游戏产业发展与政策扶持 [J]. 河南理工大学学报（社会科学版），2016(2).

[71]高嘉阳. 网络游戏产业的政府行为与企业市场决策[J]. 学术研究，2015(3).

[72]聂庆璞. 基于产业组织理论 SCP 范式的我国网络游戏产业研究[D]. 长沙：中南大学，2012.

[73]朱春阳，曾培伦. 基于网络平台的动画产业集群创新网络再造与虚拟化转型——以美日中为例[J]. 同济大学学报（社会科学版），2020，31(5).

[74]魏玉山，张立，王飚，牛兴侦，孟晓明. 2019—2020 年中国动漫游戏产业发展状况[J]. 出版发行研究，2020(9).

[75]魏薇. 激活网游产业的文化属性[N]. 人民日报，2020-05-11(005).

[76]陈玲. 跨媒体叙事视角下网络漫画 IP 动画化问题研究[J]. 新闻传播，2019(18).

[77]白寅，陈俊鹏. "场景符号"与"符号场景"：融媒体时代网络游戏的审美体验格局[J]. 新闻界，2019(7)：48-55.

[78]吕娜. 网络游戏上市企业价值影响因素的实证研究[D]. 北京：首都经济贸易大学，2019.

[79]牛兴侦，宋迪莹. 我国动漫产业驶入快车道——动漫产业的发展现状与趋势分析[J]. 出版广角，2018(18).

[80]汤梦箫. 基于场域视野的国产网络动画类型探析[J]. 当代电影，2017(2).

[81]方亭. 基于中国网络平台的日本动漫文化传播研究[J]. 兰州学刊，2016

（3）．

[82]赵毅，张晓玲．动漫影视作品的商业模式：视角、角色与功能实现[J]．编辑之友，2014（8）．

[83]史达．社会网络视角下的产业集群演化路径研究——以中国动漫产业为例[J]．社会科学辑刊，2013（4）：93-96．

[84]朱春阳，黄筱．基于钻石模型视角的区域动漫产业扶持政策比较研究——以杭州、长沙为例[J]．新闻与传播研究，2013（10）．

[85]杨庆国，甘露．结构演化与机制生成：数字出版产业集群的企业网络治理[J]．出版发行研究，2020（3）．

[86]杨波，王璐璐．小世界网络视角下数字出版基地集群治理研究[J]．科技与出版，2019（12）．

[87]葛莺莺，申超红．数字出版产业竞争力评价体系研究——以江苏省为例[J]．市场周刊，2019（11）．

[88]杨庆国，王新月．数字出版基地集群治理绩效研究[J]．出版发行研究，2019（2）．

[89]裴永刚，杨俊磊．重庆两江新区国家数字出版基地创新发展研究[J]．淮阴师范学院学报（哲学社会科学版），2019，41（1）．

[90]孙晓翠．浅析国家数字出版基地的运营模式[J]．出版发行研究，2018（12）．

[91]刘凯．产业基地运营管理平台的职责与使命[N]．中国新闻出版广电报，2018-05-02（004）．

[92]叶骏强，贺涵甫．我国国家数字出版基地发展瓶颈与破解途径——以"张江经验"为例[J]．中国报业，2017（22）．

[93]胡芳豪．中南国家数字出版基地的社会效益研究[J]．科技与出版，2017（10）．

[94]许桂芬，金永成．数字出版的产业集聚影响因素分析[J]．出版广角，2017（11）．

[95]袁毅．国家数字出版基地治理的特征及问题研究[J]．出版发行研究，2017（10）．

[96]朱伟峰．深化基地带动战略　促进产业健康发展[J]．出版参考，2017（6）．

[97]聂震宁. 我国数字出版基地建设的六点经验[J]. 出版参考，2017(6).

[98]蒋博文. 数字出版产业基地发展现状与建设对策[J]. 现代视听，2016(9).

[99]代杨，肖超. 基于自组织理论的我国国家数字出版基地发展策略[J]. 出版发行研究，2016(3).

[100]章红雨. 我国数字出版产业发展呈八大趋势[N]. 中国新闻出版广电报，2019-08-23(003).

[101]游翔. 国际数字出版产业发展现状及趋势分析[J]. 科技与出版，2019(6).

[102]王跃军. 数字出版产业在文化科技融合背景下的发展趋势[J]. 新闻传播，2018(15).

[103]秦艳华，路英勇. 出版数字化转型：条件、路径与未来[J]. 现代传播（中国传媒大学学报），2016，38(12).

[104]董子铭，刘肖. 转型·融合·协同——论数字出版的理念叠进与实践发展[J]. 中国出版，2015(7).

[105]邓凤仪，邓海荣. 大数据时代数字出版的"长尾效应"[J]. 出版发行研究，2015(4).

[106]范禄荣. 中小出版企业数字化发展战略探究[D]. 北京：北京印刷学院，2014(1).

[107]尹达. 我国数字出版产业市场行为现状分析及规范机制构建研究——基于产业组织理论视角[J]. 中国出版，2014(3).

[108]孙玉玲. 大数据时代数字出版产业的发展趋势[J]. 出版发行研究，2013(4).

[109]崔毅然. 创新型国家建设视角下我国数字出版的发展[J]. 湖北社会科学，2012(6).

[110]曾元祥. 论数字出版产业链主体及其功能定位[J]. 出版科学，2013(3).

[111]赖政兵，廖进球. 产业融合背景下我国出版产业发展战略的思考[J]. 中国出版，2011(3).

[112]张晋升，杜蕾. 数字出版产业链融合的价值和路径[J]. 中国出版，2010(8).

后　记

与数字出版研究结缘始于笔者 2013 年前往湖北省新闻出版广电局调研，座谈期间的一个延伸话题启发了选题灵感，申报并获批了湖北省社会科学基金项目《湖北数字出版产业集群研究》，由此在个人研究领域中将数字出版作为主要方向之一。后期进一步深入这个领域，还获批了湖北省教育厅人文社科项目"'互联网+'下湖北传统出版的产业链转型研究"。多年来也保持着深刻关注中外数字出版动态的工作习惯，所幸略有积累，并在所在的高等院校面向多个专业常年开设"数字出版"的专业课。而本书的成稿也是上述经历之后的成果。

本书撰稿初期，武昌首义学院同事曾毅老师，本人所指导的付婕、庞丽蓓、刘定方等学生参与了部分章节的资料搜集与文献整理工作。而第八章由武昌首义学院同事樊国庆老师完成，本人做了部分修订与完善。此外，武汉大学出版社胡国民编辑悉心指导成书的全过程。在此，一并表示诚挚的谢意和由衷的感激。本书虽经著者精心撰写、编辑多次校对，但恐仍有疏漏谬误之处，祈望读者不吝指教。

余林

2020 年 12 月 28 日于武汉